පින් මතුවෙන

වන්දනා

පූජ්‍ය කිරිබත්ගොඩ ඤාණානන්ද ස්වාමීන් වහන්සේ

පින් මතුවෙන වන්දනා

පූජ්‍ය කිරිබත්ගොඩ ඤාණානන්ද ස්වාමීන් වහන්සේ

© සියලුම හිමිකම් ඇවිරිණි.

ISBN : 978 955 0614 14 1

නව මුද්‍රණය : ශ්‍රී බු.ව. 2554 ක් වූ මැදින් මස පුන් පොහෝ දින
දෙවන මුද්‍රණය : ශ්‍රී බු.ව. 2555 ක් වූ නවම් මස පුන් පොහෝ දින
තෙවන මුද්‍රණය : ශ්‍රී බු.ව. 2556 ක් වූ පොසොන් මස පුන් පොහෝ දින
සිව්වන මුද්‍රණය : ශ්‍රී බු.ව. 2557 ක් වූ උඳුවප් මස පුන් පොහෝ දින

- පරිගණක අකුරු සැකසුම, පිටකවර නිර්මාණය සහ ප්‍රකාශනය -

මහාමේඝ ප්‍රකාශකයෝ
වඩුවාව, යටිගල්ඔළුව, පොල්ගහවෙල.
දුර : 037 2053300, 0773216685
mahameghapublishers@gmail.com | www.mahameghapublishers.com

- මුද්‍රණය -

ලීඩ්ස් ග්‍රැෆික්ස් (පුද්.) සමාගම,
අංක 356 E, පන්නිපිටිය පාර, තලවතුගොඩ.

පින් මතුවෙන වන්දනා

පූජ්‍ය කිරිබත්ගොඩ ඤාණානන්ද ස්වාමීන් වහන්සේ

මහාමේඝ
MAHAMEGHA

ප්‍රකාශනයකි

"දසබලසේලප්පභවා නිබ්බානමහාසමුද්දපරියන්තා
අට්ඨංග මග්ගසලිලා ජිනවචනනදී චිරං වහතූති"

දසබලයන් වහන්සේ නමැති ශෛලමය පර්වතයෙන් පැන නැගී
අමා මහා නිවන නම් වූ මහා සාගරය අවසන් කොට ඇති
ආර්ය අෂ්ටාංගික මාර්ගය නම් වූ සිහිල් දිය දහරින් හෙබි
උතුම් ශ්‍රී මුඛ බුද්ධ වචන ගංගාව
(ලෝ සතුන්ගේ සසර දුක නිවාලමින්)
බොහෝ කල් ගලාබස්නා සේක්වා!

(සළායතන සංයුත්තය - උද්දාන ගාථා)

පෙරවදන...

මීට දොළොස් වසරකට පමණ පෙරයි මා මේ ධර්මදූත සේවය පටන් ගත්තේ. දහම් වැඩසටහනක් අවසානයේ මා එය නිමාකළේ කිසියම් පද්‍ය පන්තියකින්. එමෙන්ම ඇතැම් වන්දනාවන් වලදීද මා පද්‍ය නිර්මාණය කළා. දඹදිව වන්දනාවේදීත් එය කළා. තුනුරුවන්ගේ ගුණ පැහැදිලිව තේරෙන අයුරින් පද්‍යයට නැගුවා. ඒ තුළින් බොහෝ සැදෑහැවතුන් පින් රැස් කරගත්තා. හඬ නගා වන්දනා කිරීමට පෙළඹුණා.

එකල මා මේ පද්‍ය නිර්මාණය කිරීමේදී අනාගතයෙහි පොතක් හැටියට සකස් වෙන බවක් සිහිනෙන් වත් දැනුනේ නැහැ. මා කළේ අවස්ථාවට ගැලපෙන නිර්මාණයක් කොට සැදෑහැවතුන්ගේ සිත් සතන් ප්‍රබෝධවත් කිරීමයි. නමුත් මේ වන විට බොහෝ සැදෑහැවතුන්ගේ ජීවිත සමඟ මේ අපූරු පද්‍යපන්තීන් එක් වී හමාරයි. ඔවුන් එයින් අසීමිත ලොව්තුරු සතුටක් විඳිනවා.

ගෞතම බුදුරජාණන් වහන්සේගේ තෘතීය මහා ශ්‍රාවක වූ මහා ධුත ගුණැති දෙව් බඹුන්ගේ අසීමිත පූජෝපහාර ලද මහා කස්සප මහරහතන් වහන්සේ පිළිබඳව ද අලුතෙන්ම ලියැවුණ පද්‍ය පන්තියක් මෙහි ඇතුළත්ව ඇත.

සිදුහත් මහබෝසතාණන් වහන්සේ පසුපසින් පැමිණි යසෝදරාවන් හට කෙලෙහි ගුණ සළකන්නටත් මා හට අවස්ථාව ලැබුණේ මේ පද්‍යපන්ති තුළින්මයි.

ඇතැම් විට බොහෝ විස්තර කළ යුතු තන්හිදී ඒ කිසිවක් නොකොට පද්‍යයක් පැවසූ විට සියල්ල සම්පූර්ණ වෙනවා. පද්‍යයක ඇති ආනුභාවය එයයි. පද්‍යයෙන් යමක් කියනවා නම් එය බුදුරජාණන් වහන්සේ ගැන විය යුතුයි යන්න පැරණි බෞද්ධයන් තුළ තිබූ උදාර හැඟීමක්. 'පෙදෙන් බුදුසිරිත' යනුවෙන් සඳහන් වන්නේ එයයි.

මෙහි සඳහන් වන පද්‍යයන් තුළින් ඔබට බොහෝ බුදු ගුණ

සිහි කරගත හැකියි. මෙහි තවත් විශේෂ වන්දනාවක් තිබේ. එනම් මාතර අපරැක්කේ ඉදිවූ ස්වර්ණමාලි චෛත්‍යරාජයාගේ පාදමෙහි රන්තහඩුවේ ලියා තැන්පත් කළ විශේෂ වන්දනාවයි. එය පාළියෙන් මෙන්ම සිංහලෙන්ද ගද්‍ය ස්වරූපයෙන් සඳහන් වෙනවා. එහිදී තුනුරුවන් ගැනත්, චතුරාර්ය සත්‍යය ගැනත්, අමා නිවන ගැනත් වන්දනාවක ආකාරයෙන් මා විසින් සකසන ලද්දේ මෙහි ඇති දුර්ලභත්වය සළකාගෙනයි. මෙය වන්දනා කිරීමෙන් බලවත් පුණ්‍ය ධර්මයක් උපදවා ගත හැකියි.

කොටින්ම මෙම වන්දනා පොතෙහි සඳහන් කවර නම් වන්දනාවක් වුවද විවේක කාලයෙහි නිරතුරුව මිහිරි ලෙස සජ්ඣායනා කිරීමෙන්, එසේත් නැතිනම් විවේකීව කියැවීමෙන් ද අපූර්ව වූ සන්තෝෂයක් ලැබිය හැකිය. තෙරුවන් සරණ ගිය අපට තුනුරුවන්ගෙන් තොරව උදාර සතුටක් කෙසේ ලබන්නද!

කලක් මුලුල්ලෙහි මේ කවි ආදිය රැස් කොට තිබෙන්නේ අපගේ ශිෂ්‍ය ස්වාමීන් වහන්සේලාය. මහමෙව්නාවේ පැවිදිව ගුණගරුකව පිළිවෙත් පුරන සඟ පිරිසටත්, සැදැහැවත් දායක කාරකාදීන්ටත් මේ ගෞතම බුදු සසුනේ උතුම් දහම් රස විඳින්නට වාසනාව ලැබේවා!'යි මම පතමි.

තෙරුවන් සරණයි!

මෙයට,
ගෞතම බුදු සසුන තුළ
මෙත් සිතින්,
පූජ්‍ය කිරිබත්ගොඩ ඤාණානන්ද ස්වාමීන් වහන්සේ
ශ්‍රී බු.ව. 2554 ක් වූ ඉල් මස 01 දින (2010.11.01)

පෙළගැස්ම...

ඒ භාග්‍යවත් වූ අරහත් වූ සම්මා සම්බුදුරජාණන් වහන්සේ සරණ යමු

නමෝ තස්ස භගවතෝ අරහතෝ සම්මා සම්බුද්ධස්ස!!!
නමෝ තස්ස භගවතෝ අරහතෝ සම්මා සම්බුද්ධස්ස!!!
නමෝ තස්ස භගවතෝ අරහතෝ සම්මා සම්බුද්ධස්ස!!!

බුද්ධං සරණං ගච්ඡාමි
ධම්මං සරණං ගච්ඡාමි
සංඝං සරණං ගච්ඡාමි

දුතියම්පි බුද්ධං සරණං ගච්ඡාමි
දුතියම්පි ධම්මං සරණං ගච්ඡාමි
දුතියම්පි සංඝං සරණං ගච්ඡාමි

තතියම්පි බුද්ධං සරණං ගච්ඡාමි
තතියම්පි ධම්මං සරණං ගච්ඡාමි
තතියම්පි සංඝං සරණං ගච්ඡාමි

සාදු! සාදු!! සාදු!!!

● අපි අවබෝධයෙන්ම පන්සිල් සමාදන් වෙමු:-

පාණාතිපාතා වේරමණී සික්ඛාපදං සමාදියාමි.
(මම) සතුන් මැරීමෙන් වැළකීම නම් වූ සිල් පදය සමාදන් වෙමි.

අදින්නාදානා වේරමණී සික්ඛාපදං සමාදියාමි.
(මම) සොරකමින් වැළකීම නම් වූ සිල් පදය සමාදන් වෙමි.

කාමේසු මිච්ඡාචාරා වේරමණී සික්ඛාපදං සමාදියාමි.
(මම) වැරදි කාම සේවනයෙන් වැළකීම නම් වූ සිල් පදය සමාදන් වෙමි.

මුසාවාදා වේරමණී සික්ඛාපදං සමාදියාමි.
(මම) බොරු කීමෙන් වැළකීම නම් වූ සිල් පදය සමාදන් වෙමි.

සුරාමේරය මජ්ජපමාදට්ඨානා වේරමණී සික්ඛාපදං සමාදියාමි.
(මම) මත්පැන් හා මත්ද්‍රව්‍ය භාවිතයෙන් වැළකීම නම් වූ සිල් පදය සමාදන් වෙමි.

උතුම් තිසරණ සහිත වූ, මා සමාදන් වූ මේ සීලය, මේ ජීවිතයේ යහපත පිණිස ද, පරලොව සුගතිය පිණිස ද, සංසාර දුකින් නිදහස් වීම පිණිස ද, හේතු වේවා!.......වාසනා වේවා!......

සාදු! සාදු!! සාදු!!!

- **අපි උතුම් බුද්ධ රත්නයත්, ශ්‍රී සද්ධර්ම රත්නයත්, ආර්ය මහා සංඝරත්නයත් වන්දනා කරමු :-**

ඉති'පි සෝ භගවා අරහං සම්මා සම්බුද්ධෝ විජ්ජාචරණසම්පන්නෝ සුගතෝ ලෝකවිදූ අනුත්තරෝ පුරිසදම්මසාරථී සත්ථා දේවමනුස්සානං බුද්ධෝ භගවා'ති.

මෙසේ ඒ භාග්‍යවතුන් වහන්සේ අරහං වන සේක. සම්මා සම්බුද්ධ වන සේක. විජ්ජාචරණ සම්පන්න වන සේක. සුගත වන සේක. ලෝකවිදූ වන සේක. අනුත්තරෝ පුරිසදම්මසාරථී වන සේක. සත්ථා දේවමනුස්සානං වන සේක. බුද්ධ වන සේක. භගවා වන සේක.

ස්වාක්ඛාතෝ භගවතා ධම්මෝ සන්දිට්ඨිකෝ අකාලිකෝ ඒහිපස්සිකෝ ඕපනයිකෝ පච්චත්තං වේදිතබ්බෝ විඤ්ඤූහී'ති.

භාග්‍යවතුන් වහන්සේ විසින් මේ ශ්‍රී සද්ධර්මය මැනැවින් දේශනා කරන ලද්දේ ය. මේ ජීවිතයේ දී ම අවබෝධ කළ හැකි බැවින් මේ ශ්‍රී සද්ධර්මය සන්දිට්ඨික වන්නේ ය. ඕනෑම කාලයක දී අවබෝධ කළ හැකි බැවින් අකාලික වන්නේ ය. ඇවිත් බලන්න යැයි කිව හැකි බැවින් ඒහිපස්සික වන්නේ ය. තමා තුළට පමුණුවා ගත යුතු බැවින් ඕපනයික වන්නේ ය. බුද්ධිමත් මිනිසුන් විසින් තම තම නැණ පමණින් අවබෝධ කර ගත යුතු බැවින් පච්චත්තං වේදිතබ්බෝ විඤ්ඤූහි වන්නේ ය.

සුපටිපන්නෝ භගවතෝ සාවකසංඝෝ. උජුපටිපන්නෝ භගවතෝ සාවකසංඝෝ. ඤායපටිපන්නෝ භගවතෝ සාවකසංඝෝ. සාමීචිපටිපන්නෝ භගවතෝ සාවකසංඝෝ. යදිදං චත්තාරි පුරිසයුගානි අට්ඨපුරිසපුග්ගලා ඒස භගවතෝ සාවකසංඝෝ. ආහුනෙය්‍යෝ පාහුනෙය්‍යෝ දක්ඛිණෙය්‍යෝ අඤ්ජලිකරණීයෝ අනුත්තරං පුඤ්ඤක්ඛෙත්තං ලෝකස්සා'ති.

භාග්‍යවතුන් වහන්සේ ගේ ශ්‍රාවක සංඝයා සුපටිපන්න වන සේක. භාග්‍යවතුන් වහන්සේ ගේ ශ්‍රාවක සංඝයා උජුපටිපන්න වන සේක. භාග්‍යවතුන් වහන්සේ ගේ ශ්‍රාවක සංඝයා ඤායපටිපන්න වන සේක. භාග්‍යවතුන් වහන්සේ ගේ ශ්‍රාවක සංඝයා සාමීචිපටිපන්න වන සේක. භාග්‍යවතුන් වහන්සේ ගේ ශ්‍රාවක සංඝයා මාර්ග ඵල යුගල වශයෙන් හතරක් ද වන අතර මාර්ග ඵල පුද්ගල වශයෙන් අට දෙනෙක් වන සේක. ආහුනෙය්‍ය වන සේක. පාහුනෙය්‍ය වන සේක. දක්ඛිණෙය්‍ය වන සේක.

අංජලිකරණීය වන සේක. ලොවට උතුම් පින් කෙත වන සේක.

සාදු! සාදු!! සාදු!!!

- **කල්ප සියයක් ඇතුළත පහළ වී වදාළ විපස්සී, සිඛී, වෙස්සභූ, කකුසඳ, කෝණාගමණ, කාශ්‍යප, ගෞතම යන ඒ භාග්‍යවත් අරහත් සම්මා සම්බුදුරජාණන් වහන්සේලා සත්දෙනා වහන්සේ වන්දනා කරමු :-**

1. විපස්සිස්ස නමත්ථු - චක්ඛුමන්තස්ස සිරීමතෝ
සිඛිස්ස'පි නමත්ථු - සබ්බභූතානුකම්පිනෝ

සදහම් ඇස් ඇති - සොඳුරු සිරිය ඇති
විපස්සී බුදුරජාණන් හට - නමස්කාර වේවා
සියළු සතුන් හට - අනුකම්පා ඇති
සිඛී බුදුරජාණන් හට - නමස්කාර වේවා

2. වෙස්සභුස්ස නමත්ථු - නහාතකස්ස තපස්සිනෝ
නමත්ථු කකුසන්ධස්ස - මාරසේනාපමද්දිනෝ

සියළු කෙලෙස් නැති - වෙර වීරිය ඇති
වෙස්සභූ බුදුරජාණන් හට - නමස්කාර වේවා
දස මර සේනා - ඔද තෙද බිඳ හළ
කකුසඳ බුදුරජාණන් හට - නමස්කාර වේවා

3. කෝණාගමනස්ස නමත්ථු - බ්‍රාහ්මණස්ස වුසීමතෝ
කස්සපස්ස නමත්ථු - විප්පමුත්තස්ස සබ්බධී

කෙලෙස් බැහැර කළ - බඹසර නිම කළ
කෝණාගමන බුදුරජාණන් හට - නමස්කාර වේවා
හැම කෙලෙසුන්ගෙන් - හොඳින් මිදී ගිය
කස්සප බුදුරජාණන් හට - නමස්කාර වේවා

4. **අංගීරසස්ස නමත්ථු - සක්‍යපුත්තස්ස සිරීමතෝ**
යෝ ඉමං ධම්මමදේසේසී - සබ්බදුක්ඛාපනූදනං

ලොවේ සියලු දුක් - මැනවින් දුරු වන
මේ සිරි සදහම් පවසා වදහළ-යම් කෙනෙකුන් වෙද
සොඳුරු සිරිය ඇති - ශාක්‍ය පුත්‍ර වූ
අංගීරස වූ අපගේ ගෞතම බුදු සමිඳුන් හට
නමස්කාර වේවා

5. **යේ චාපි නිබ්බුතා ලෝකේ - යථාභූතං විපස්සිසුං**
තේ ජනා අපිසුණා - මහන්තා වීතසාරදා

ඒ බුදුවරු ලොව - නිවනට වැඩි සේක් ම ය
හැම දේ ගැන සැබෑ තත්වය - විදසුන් කළ සේක්මය
ඒ නරෝත්තමයන් වහන්සේලා
- පිසුණු බස් නොපවසත්මය
මහානුභාව සම්පන්න ම ය
- සසර බිය නැති සේක් ම ය

6. **හිතං දේවමනුස්සානං - යං නමස්සන්ති ගෝතමං**
විජ්ජාචරණසම්පන්නං - මහන්තං වීතසාරදං
විජ්ජාචරණසම්පන්නං - බුද්ධං වන්දාම ගෝතමං

දෙවි මිනිසුන් හට - හිත සුව සලසන
ගෞතම නම් වූ - විජ්ජාචරණ සම්පන්න වූ
මහානුභාව සම්පන්න වූ - හැම බියෙන් නිදහස් වූ
බුදු රජාණන් වහන්සේට
- දෙවි මිනිසුන් නමස්කාර කරන්නාහු ය
ගෞතම නම් වූ විජ්ජාචරණ සම්පන්න වූ
ඒ බුදු රජාණන් වහන්සේට
- අප ගේ නමස්කාරය වේවා

• ත්‍රිවිධ චෛතිය වන්දනා කරමු :-

වන්දාමි චේතියං සබ්බං - සබ්බඨානේසු පතිට්ඨිතං
සාරීරික ධාතු මහා බෝධිං - බුද්ධරූපං සකලං සදා

යස්ස මූලේ නිසින්නෝව - සබ්බාරි විජයං අකා
පත්තෝ සබ්බඤ්ඤුතං සත්ථා - වන්දේ තං බෝධිපාදපං

ඉමේ ඒතේ මහා බෝධි - ලෝකනාථේන පූජිතා
අහම්පි තේ නමස්සාමි - බෝධිරාජා නමත්ථුතේ

සාදු! සාදු!! සාදු!!!

• ඒ භාග්‍යවත් වූ අරහත් වූ සම්මා සම්බුදුරජාණන් වහන්සේ උදෙසා උතුම් සම්බුද්ධ පූජාව පූජා කරගනිමු :-

ඒ භාග්‍යවත් වූ අරහත් වූ, ගෞතම නම් වූ අපගේ සම්මා සම්බුදුරජාණන් වහන්සේ, සියලු රාග ද්වේෂ මෝහ, දුරු කළ සේක. වීතරාගී වූ සේක. වීතදෝෂී වූ සේක. වීතමෝහී වූ සේක. සියලු අකුසල ධර්මයන්, ප්‍රහාණය කළ සේක, සියලු කුසල ධර්මයන්, උපදවා ගත් සේක. සිත කය වචනය, පිරිසිදු කළ සේක.

බුදුරජාණන් වහන්සේ, දසබල ඤාණයන්ගෙන්, සමන්විත වූ සේක. සිව් විශාරද ඤාණයන්ගෙන්, සමන්විත වූ සේක. මහා කරුණා සමාපත්ති ඤාණයෙන්, සමන්විත වූ සේක. අනන්ත බුද්ධ ඤාණයන්ගෙන්, සමන්විත වූ සේක. බුදුරජාණන් වහන්සේ, ගුරු උපදේශ නැතිවම, සියලු දුක් නිවාලන, අමා මහ නිවන, සාක්ෂාත් කළ සේක.

බුදුරජාණන් වහන්සේ, අනන්ත සිල් ඇති සේක.

අනන්ත සමාධි ඇති සේක. අනන්ත ප්‍රඥා ඇති සේක. අනන්ත විමුක්ති ඇති සේක. අනන්ත විමුක්ති ඥාණදර්ශන ඇති සේක. මෙසේ අනන්ත වූ අප්‍රමාණ ගුණ ඇත්තා වූ, අග්‍ර දක්ෂිණෙය්‍ය වූ, අසම වූ, අසමසම වූ, තුන්ලෝකාග්‍ර වූ, අසරණසරණ වූ, ලෝකනාථ වූ, තථාගත වූ බුදුරජාණන් වහන්සේ උදෙසා, අප විසින් ඉතා ශ්‍රද්ධාවෙන් පිළියෙළ කරන ලද,

- මේ දැල්වෙන පහන් ආලෝකය, පූජා කරමි පූජා වේවා!
- මේ පැතිරෙන සුවඳ දුම්, පූජා කරමි පූජා වේවා!
- මේ සුපිපුණු සුවඳ මල්, පූජා කරමි පූජා වේවා!
- මේ පිවිතුරු සිසිල් පැන්, පූජා කරමි පූජා වේවා!
- මේ සුමධුර ගිලන්පස, පූජා කරමි පූජා වේවා!

මේ සියලුම පූජාවෝ, ඒ භාග්‍යවත් වූ, අරහත් වූ, සම්මා සම්බුදුරජාණන් වහන්සේ උදෙසා, සාදර ගෞරවයෙන්, පූජා කරමි පූජා වෙත්වා! පූජා කරමි පූජා වෙත්වා! පූජා කරමි පූජා ම වෙත්වා!

සාදු! සාදු!! සාදු!!!

(පිරිත් සජ්ඣායනා කිරීම සහ මෙත් සිත පැතිරවීම මෙතැන් සිට සිදුකළ හැකිය.)

- **පුණ්‍යානුමෝදනා :-**

ආකාසට්ඨා ච භුම්මට්ඨා - දේවා නාගා මහිද්ධිකා
පුඤ්ඤං තං අනුමෝදිත්වා - චිරං රක්ඛන්තු සාසනං

ආකාසට්ඨා ච භුම්මට්ඨා - දේවා නාගා මහිද්ධිකා
පුඤ්ඤං තං අනුමෝදිත්වා - චිරං රක්ඛන්තු දේසනං

ආකාසට්ඨා ච භුම්මට්ඨා - දේවා නාගා මහිද්ධිකා
පුඤ්ඤං තං අනුමෝදිත්වා - චිරං රක්ඛන්තු මං පරං

ඉදං මේ ඤාතීනං හෝතු - සුඛිතා හොන්තු ඤාතයෝ
ඉදං මේ ඤාතීනං හෝතු - සුඛිතා හොන්තු ඤාතයෝ
ඉදං මේ ඤාතීනං හෝතු - සුඛිතා හොන්තු ඤාතයෝ

ඉමිනා පුඤ්ඤකම්මේන - මා මේ බාලසමාගමෝ
සතං සමාගමෝ හෝතු - යාව නිබ්බාණ පත්තියා
ඉදං මේ පුඤ්ඤං ආසවක්ඛයා වහං හෝතු.
සබ්බදුක්ඛා පමුඤ්චතු.

- **තෙරුවන් ඛමා කරගැනීම :-**

කායේන වාචා චිත්තේන පමාදේන මයා කතං
අච්චයං ඛම මේ හන්තේ භූරිපඤ්ඤ තථාගත.

කායේන වාචා චිත්තේන පමාදේන මයා කතං
අච්චයං ඛම මේ ධම්ම සන්දිට්ඨික අකාලික.

කායේන වාචා චිත්තේන පමාදේන මයා කතං
අච්චයං ඛම මේ සංඝ සුපටිපන්න අනුත්තර.

සාදු! සාදු!! සාදු!!!

සත්බුදු වන්දනාව...

- **කල්ප සියයක් ඇතුළත පහළ වී වදාළ විපස්සී, සිඛී, වෙස්සභූ, කකුසඳ, කෝණාගමණ, කාශ්‍යප, ගෞතම යන ඒ භාග්‍යවත් අරහත් සම්මා සම්බුදුරජාණන් වහන්සේලා සත්දෙනා වහන්සේ වන්දනා කරමු. උතුම් බුද්ධ පූජාවන් පවත්වමු.**

කල්ප සියයක් ඇතුළත, ලොව පහළ වී වදාළ විපස්සී නම් වූ බුදුරජාණන් වහන්සේ ද, සිඛී නම් වූ බුදුරජාණන් වහන්සේ ද, වෙස්සභූ නම් වූ බුදුරජාණන් වහන්සේ ද, කකුසඳ නම් වූ බුදුරජාණන් වහන්සේ ද, කෝණාගමණ නම් වූ බුදුරජාණන් වහන්සේ ද, කාශ්‍යප නම් වූ බුදුරජාණන් වහන්සේ ද, ගෞතම නම් වූ බුදුරජාණන් වහන්සේ යන සත්බුදුරජාණන් වහන්සේලා ඒකාන්තයෙන්ම අරහං වන සේක, සම්මා සම්බුද්ධ වන සේක, විජ්ජාචරණ සම්පන්න වන සේක, සුගත වන සේක, ලෝකවිදූ වන සේක, අනුත්තරෝ පුරිසදම්ම සාරථී වන සේක, සත්ථා දේවමනුස්සානං වන සේක, බුද්ධ වන සේක, භගවා වන සේක.

ඒ සත්බුදුරජාණන් වහන්සේලා ඒකාන්තයෙන්ම අසම වන සේක. අසමසම වන සේක. අනාථනාථ වන සේක. අග්‍ර දක්ෂිණෙය්‍ය වන සේක. තුන්ලෝකාග්‍ර වන සේක. තුන්ලොව දිනූ සේක. මහා කාරුණික වන සේක. තථාගත වන සේක. තුන් ලෝකයෙහිම ආලෝකය වන

සේක. අනන්ත සිල් ඇති සේක. අනන්ත සමාධි ඇති සේක. අනන්ත ප්‍රඥා ඇති සේක. අනන්ත විමුක්ති ඇති සේක. අනන්ත විමුක්තිඤාණදර්ශන ඇති සේක. මහා කරුණා ඇති සේක. මහා ප්‍රඥා ඇති සේක.

මෙසේ අනන්ත වූ අප්‍රමාණ ගුණ ඇත්තා වූ, ඒ භාග්‍යවත් වූ අරහත් වූ විපස්සී නම් වූ සම්මා සම්බුදුරජාණන් වහන්සේගේ පටන් ඒ භාග්‍යවත් වූ අරහත් වූ ගෞතම නම් වූ අපගේ සම්මා සම්බුදුරජාණන් වහන්සේ දක්වා මේ කල්ප සියය ඇතුළත, ලොව පහළ වූ සත් බුදුරජාණන් වහන්සේලාට මම නමස්කාර කරමි. මාගේ නමස්කාරය වේවා!

ඒ භාග්‍යවත් වූ අරහත් වූ සත් බුදුරජාණන් වහන්සේලා උදෙසා;

මේ බබලන පහන් ආලෝක පූජා කරමි. පූජා වේවා!

මේ පැතිරෙන සුවඳ දුම් පූජා කරමි. පූජා වේවා!

මේ පිවිතුරු සුවඳ මල් පූජා කරමි. පූජා වේවා!

මේ සිසිල් පැන් පූජා කරමි. පූජා වේවා!

මේ මිහිරි ගිලන්පස පූජා කරමි. පූජා වේවා!

මේ සුමිහිරි අෂ්ටපාන වර්ග පූජා කරමි. පූජා වේවා!

ඉතා යහපත් ලෙස පිළියෙල කරන ලද, චතුමධුර සහිත වූ සියලු පූජාවන් පූජා කරමි. පූජා වේවා!

මේ අෂ්ට පරිෂ්කාර ද පූජා කරමි. පූජා වේවා!

මේ සියලුම පූජාවෝ ඒ භාග්‍යවත් වූ අරහත් වූ විපස්සී නම් වූ සම්මා සම්බුදුරජාණන් වහන්සේගේ පටන් ඒ භාග්‍යවත් වූ අරහත් වූ ගෞතම නම් වූ අපගේ සම්මා සම්බුදුරජාණන් වහන්සේ දක්වා ලොවෙහි මහා කරුණාවෙන් වැඩසිටියා වූ, දෙව් මිනිසුන්ගේ හිතසුව

පිණිස ලෝකානුකම්පාවෙන් යුතුව දහම් අමා වැසි වස්සවා වදාළ ඒ සත් බුදුරජාණන් වහන්සේලා උදෙසා සාදර ගෞරවයෙන් පූජා කරමි. පූජා වෙත්වා! පූජා කරමි. පූජා වෙත්වා! පූජා කරමි. පූජාම වෙත්වා !

සාදු! සාදු!! සාදු!!!

- **අපි ඒ භාග්‍යවත් වූ අරහත් වූ විපස්සී නම් සම්මා සම්බුදුරජාණන් වහන්සේට වන්දනා කරමු :-**

මෙයට අනූඑක් කල්පයකට පෙර ලොව වාසය කළ මිනිසුන්ගේ ආයුෂ අවුරුදු අසූදාහක්ව පැවතුණා. එකල දෙවිමිනිසුන්ගේ යහපත පිණිස බුදුරජාණන් වහන්සේ නමක් ලොව පහළ වුණා. උන්වහන්සේ විපස්සී යන නාමය ලැබුවා. උන්වහන්සේ උපන්නේ ක්ෂත්‍රිය වංශයට අයත් රජපවුලක කොණ්ඩඤ්ඤ ගෝත්‍රයේයි. උන්වහන්සේගේ පියාණන් වූයේ බන්ධුම රාජධානියෙහි රජකළ බන්ධුම රජතුමාය. මෑණියන් වූයේ බන්ධුමතී රාජ දේවියයි. උන්වහන්සේ පළොල් රුක් සෙවණකදී සම්මා සම්බුද්ධත්වයට පත් වූ සේක. අරහත්වයට පත් වූ ශ්‍රාවක භික්ෂූන් වහන්සේලා එක් ලක්ෂ සැටදහසක් පිරිවැරූ එක් මහා සංඝ සන්නිපාතයක් ද, එක් ලක්ෂයක් රහතුන් පිරිවැරූ මහා සංඝ සන්නිපාතයක් ද, අසූ දහසක් රහතුන් පිරිවැරූ මහා සංඝ සන්නිපාතයක් ද වශයෙන් සන්නිපාත තුනක් පිරිවරා වැඩසිටි සේක. අග්‍රශ්‍රාවකයන් වහන්සේලා වශයෙන් ඛණ්ඩ මහරහතන් වහන්සේ ද, තිස්ස මහරහතන් වහන්සේ ද වැඩසිටි සේක. අසෝක නමින් අග්‍රඋපස්ථායකයන් වහන්සේ නමක් වැඩසිටි සේක.

මෙසේ සම්බුද්ධත්වය ලබා දෙව්මිනිස් ලෝසතුන් හට පිළිසරණ දුන් ඒ භාග්‍යවත් වූ අරහත් වූ විපස්සී සම්මා සම්බුදුරජාණන් වහන්සේට මේ සියලුම පූජාවෝ පූජා කරමි, පූජා වේවා!

01. ලොවේ ඇති හැම අඳුර නසනා
- මහා නුවණැති මුනිරජාණෙනි
සදා සැනසිලි සුවය සදනා
- ලොවේ අසදිස දම් රජාණෙනි
විපස්සී යන නමින් තිලොවේ
- වැඳුම් ලබනා බුදුරජාණෙනි
දෑත නළලේ තබා වඳිනා
- වැඳුම් පිළිගත මැන සුවාමිනි

02. නසා සියලුම කෙලෙස් සතුරන්
- ජය ලැබූ ලොව දම් රජාණෙනි
පළොල් රුක් සෙවනේදී බුදුරැස්
- විහිදුවාලූ සිහ රජාණෙනි
මල් පහන් හා සුවඳ දුම් හා
- සිසිල් පැන් හා මේ ගිලන්පස
පුදමි සම්බුදු පියාණෙනි මම
- පතාගෙන ඒ අම නිවන් සුව

සාදු! සාදු!! සාදු!!!

• අපි ඒ භාග්‍යවත් වූ අරහත් වූ සිඛී නම් සම්මා සම්බුදුරජාණන් වහන්සේට වන්දනා කරමු :-

මෙයට තිස්එක් කල්පයකට පෙර ලොව වාසය කළ මිනිසුන්ගේ ආයුෂ අවුරුදු හැත්තෑදාහක්ව පැවතුණා. එකල දෙව්මිනිසුන්ගේ යහපත පිණිස බුදුරජාණන් වහන්සේ නමක් ලොව පහළ වුණා. උන්වහන්සේ සිඛී යන නාමය ලැබුවා. උන්වහන්සේ උපන්නේ ක්ෂත්‍රිය වංශයට අයත් රජපවුලක කොණ්ඩඤ්ඤ ගෝත්‍රයේයි. උන්වහන්සේගේ පියාණන් වූයේ අරුණවතී රාජධානියෙහි රජකළ අරුණ රජතුමාය. මෑණියන් වූයේ ප්‍රභාවතී රාජ දේවියයි. උන්වහන්සේ හෙළඹ රුක් සෙවණකදී සම්මා සම්බුද්ධත්වයට පත් වූ සේක. අරහත්වයට පත් වූ ශ්‍රාවක භික්ෂූන් වහන්සේලා ලක්ෂයක් පිරිවැරූ එක් මහා සංඝ සන්නිපාතයක් ද, අසූදහසක් රහතුන් පිරිවැරූ මහා සංඝ සන්නිපාතයක් ද, හැත්තෑ දහසක් රහතුන් පිරිවැරූ මහා සංඝ සන්නිපාතයක් ද වශයෙන් සන්නිපාත තුනක් පිරිවරා වැඩසිටි සේක. අග්‍රශ්‍රාවකයන් වහන්සේලා වශයෙන් අභිභූ මහරහතන් වහන්සේ ද, සම්භව මහරහතන් වහන්සේ ද වැඩසිටි සේක. ඛේමංකර නමින් අග්‍රඋපස්ථායකයන් වහන්සේ නමක් වැඩසිටි සේක.

මෙසේ සම්බුද්ධත්වය ලබා දෙව්මිනිස් ලෝසතුන් හට පිළිසරණ දුන් ඒ භාග්‍යවත් වූ අරහත් වූ සිඛී සම්මා සම්බුදුරජාණන් වහන්සේට මේ සියලුම පූජාවෝ පූජා කරමි, පූජා වෙත්වා!

01. හෙළඹ රුක් සෙවණෙදී බුදුරැස්
- විහිදුවාලූ බුදුරජාණෙනි

බිම්බරක් දස මාර සේනා
- පරදවාලූ වීරයාණෙනි
සිඛී යන නාමයෙන් තිලොවේ
- පිදුම් ලබනා බුදුරජාණෙනි
දෑත නළලේ තබා වඳිනා
- වැඳුම් පිළිගත මැන සුවාමිනි

02. ලොවේ ඇති දුක් තැවුල් නිවනා
- කාරුණික සම්බුදුරජාණෙනි
නුවණ වසනා අඳුර නසනා
- මහා නුවණැති ගුණවතාණෙනි
මල් පහන් හා සුවඳ දුම් හා
- සිසිල් පැන් හා මේ ගිලන්පස
පුදමි සම්බුදු පියාණෙනි මම
- පතාගෙන ඒ අම නිවන් සුව

සාදු! සාදු!! සාදු!!!

● අපි ඒ භාග්‍යවත් වූ අරහත් වූ වෙස්සභූ නම් සම්මා සම්බුදුරජාණන් වහන්සේට වන්දනා කරමු :-

මෙයට තිස්එක් කල්පයකට පෙර ලොව වාසය කළ මිනිසුන්ගේ ආයුෂ අවුරුදු හැටදාහක්ව පැවතුණා. එකල දෙවිමිනිසුන්ගේ යහපත පිණිස බුදුරජාණන් වහන්සේ නමක් ලොව පහළ වුණා. උන්වහන්සේ වෙස්සභූ යන නාමය ලැබුවා. උන්වහන්සේ උපන්නේ ක්ෂත්‍රිය වංශයට අයත් රජපවුලක කොණ්ඩඤ්ඤ ගෝත්‍රයේයි. උන්වහන්සේගේ පියාණන් වූයේ අනෝම රාජධානියෙහි

රජකළ සුප්පතීත රජතුමාය. මෑණියන් වූයේ යසවතී රාජ දේවියයි. උන්වහන්සේ සල් රුක් සෙවණකදී සම්මා සම්බුද්ධත්වයට පත් වූ සේක. අරහත්වයට පත් වූ ශ්‍රාවක භික්ෂූන් වහන්සේලා අසූ දහසක් පිරිවැරූ එක් මහා සංඝ සන්නිපාතයක් ද, හැත්තෑදහසක් රහතුන් පිරිවැරූ මහා සංඝ සන්නිපාතයක් ද, හැට දහසක් රහතුන් පිරිවැරූ මහා සංඝ සන්නිපාතයක් ද වශයෙන් සන්නිපාත තුනක් පිරිවරා වැඩසිටි සේක. අග්‍රශ්‍රාවකයන් වහන්සේලා වශයෙන් සෝණ මහරහතන් වහන්සේ ද, උත්තර මහරහතන් වහන්සේ ද වැඩසිටි සේක. උපසන්ත නමින් අග්‍රඋපස්ථායකයන් වහන්සේ නමක් වැඩසිටි සේක.

මෙසේ සම්බුද්ධත්වය ලබා දෙව්මිනිස් ලෝසතුන් හට පිළිසරණ දුන් ඒ භාග්‍යවත් වූ අරහත් වූ වෙස්සභූ සම්මා සම්බුදුරජාණන් වහන්සේට මේ සියලුම පූජාවෝ පූජා කරමි, පූජා වෙත්වා!

01. වෙස්සභූ යන නමින් තිලොවේ
- එළිය කරනා බුදුරජාණෙනි
සාල රුක් සෙවණෙදී බුදුරැස්
- විහිදුවාලූ සිහ රජාණෙනි
සියලු ලෝ සත වෙත දයාවෙන්
- නිවන් සැප දුන් බුදුරජාණෙනි
දෑත නළලේ තබා වඳිනා
- වැඳුම් පිළිගත මැන සුවාමිනි

02. සිල් සමාහිත නුවණ පැතිරූ
- වෙස්සභූ සම්බුදුරජාණෙනි
මිහිරි සදහම් සුවය සැලසූ
- ලොවේ අසදිස දම් රජාණෙනි

මල් පහන් හා සුවඳ දුම් හා
- සිසිල් පැන් හා මේ ගිලන්පස
පුදමි සම්බුදු පියාණෙනි මම
- පතාගෙන ඒ අම නිවන් සුව

සාදු! සාදු!! සාදු!!!

• අපි ඒ භාග්‍යවත් වූ අරහත් වූ කකුසඳ නම් සම්මා සම්බුදුරජාණන් වහන්සේට වන්දනා කරමු :-

මේ මහා භද්‍ර කල්පයේ ලොව වාසය කළ මිනිසුන්ගේ ආයුෂ අවුරුදු හතළිස්දහසක්ව පැවතුණා. එකල දෙව්මිනිසුන්ගේ යහපත පිණිස බුදුරජාණන් වහන්සේ නමක් ලොව පහළ වුණා. උන්වහන්සේ කකුසඳ යන නාමය ලැබුවා. උන්වහන්සේ උපන්නේ බ්‍රාහ්මණ වංශයට අයත් කාශ්‍යප ගෝත්‍රයේයි. උන්වහන්සේගේ පියාණන් වූයේ ක්ෂේමවතී රාජධානියේ අග්ගිදත්ත පුරෝහිත බ්‍රාහ්මණතුමාය. මෑණියන් වූයේ විසාඛා බ්‍රාහ්මණතුමියයි. උන්වහන්සේ මහරි රුක් සෙවණකදී සම්මා සම්බුද්ධත්වයට පත් වූ සේක. අරහත්වයට පත් වූ ශ්‍රාවක භික්ෂූන් වහන්සේලා හතළිස් දහසක් රහතුන් පිරිවැරූ මහා සංඝ සන්නිපාතයක් පිරිවරා වැඩසිටි සේක. අග්‍රශ්‍රාවකයන් වහන්සේලා වශයෙන් විධුර මහරහතන් වහන්සේ ද, සංජීව මහරහතන් වහන්සේ ද වැඩසිටි සේක. බුද්ධිජ නමින් අග්‍රඋපස්ථායකයන් වහන්සේ නමක් වැඩසිටි සේක.

මෙසේ සම්බුද්ධත්වය ලබා දෙව්මිනිස් ලෝසතුන්

හට පිළිසරණ දුන් ඒ භාග්‍යවත් වූ අරහත් වූ කකුසඳ සම්මා සම්බුදුරජාණන් වහන්සේට මේ සියලුම පූජාවෝ පූජා කරමි, පූජා වේවා!

01. උදා හිරු ලොව දිලෙන විලසින්
- ලොවට වඩිනා බුදුරජාණෙනි
මහරි රුක් සෙවණෙදී බුදුරැස්
- විහිදුවාලූ දම් රජාණෙනි
නමින් කකුසඳ ලෙසින් තිලොවේ
- වැඳුම් ලබනා බුදුරජාණෙනි
දෑත නළලේ තබා වඳිනා
- වැඳුම් පිළිගත මැන සුවාමිනි

02. හඬා වැළපෙන ලොවට සැනසුම
- බෙදා දෙන සම්බුදුරජාණෙනි
අමා සැප ඇති නිවන් සැප දෙන
- කාරුණික වූ දම් රජාණෙනි
මල් පහන් හා සුවඳ දුම් හා
- සිසිල් පැන් හා මේ ගිලන්පස
පුදමි සම්බුදු පියාණෙනි මම
- පතාගෙන ඒ අම නිවන් සුව

සාදු! සාදු!! සාදු!!!

• අපි ඒ භාග්‍යවත් වූ අරහත් වූ කෝණාගමණ නම් සම්මා සම්බුදුරජාණන් වහන්සේට වන්දනා කරමු:-

මේ මහා භද්‍ර කල්පයේ ලොව වාසය කළ මිනිසුන්ගේ ආයුෂ අවුරුදු තිස්දහසක්ව පැවතුණා. එකල දෙව්මිනිසුන්ගේ යහපත පිණිස බුදුරජාණන් වහන්සේ නමක් ලොව පහළ වුණා. උන්වහන්සේ කෝණාගමණ යන නාමය ලැබුවා. උන්වහන්සේ උපන්නේ බ්‍රාහ්මණ වංශයට අයත් කාශ්‍යප ගෝත්‍රයේයි. උන්වහන්සේගේ පියාණන් වූයේ සෝභවතී රාජධානියේ යඥ්ඥදත්ත පුරෝහිත බ්‍රාහ්මණතුමාය. මෑණියන් වූයේ උත්තරා බ්‍රාහ්මණතුමියයි. උන්වහන්සේ දිඹුල් රුක් සෙවණකදී සම්මා සම්බුද්ධත්වයට පත් වූ සේක. අරහත්වයට පත් වූ ශ්‍රාවක භික්ෂූන් වහන්සේලා තිස් දහසක් රහතුන් පිරිවැරූ මහා සංඝ සන්නිපාතයක් පිරිවරා වැඩසිටි සේක. අග්‍රශ්‍රාවකයන් වහන්සේලා වශයෙන් භීයෝස මහරහතන් වහන්සේ ද, උත්තර මහරහතන් වහන්සේ ද වැඩසිටි සේක. සොත්ථිජ නමින් අග්‍රඋපස්ථායකයන් වහන්සේ නමක් වැඩසිටි සේක.

මෙසේ සම්බුද්ධත්වය ලබා දෙව්මිනිස් ලෝසතුන් හට පිළිසරණ දුන් ඒ භාග්‍යවත් වූ අරහත් වූ කකුසඳ සම්මා සම්බුදුරජාණන් වහන්සේට මේ සියලුම පූජාවෝ පූජා කරමි, පූජා වේත්වා!

01. දෙව්මිනිස් ලොව එළිය කරනා
 - මහා නුවණැති බුදුරජාණෙනි
 දිඹුල් රුක් සෙවණෙදී බුදුරැස්
 - විහිදුවාලූ සිහ රජාණෙනි
 නමින් කෝණාගමණ ලෙස ලොව

- වැඳුම් ලබනා ගුණවතාණෙනි
දෑත නළලේ තබා වඳිනා
- වැඳුම් පිළිගත මැන සුවාමිනි

02. මහා කරුණා නෙතින් බලනා
- කාරුණික සම්බුදු පියාණෙනි
වළාකුළු නැති අහසෙ දිලෙනා
- සුපුන් සඳවන් පින්වතාණෙනි
මල් පහන් හා සුවඳ දුම් හා
- සිසිල් පැන් හා මේ ගිලන්පස
පුදමි සම්බුදු පියාණෙනි මම
- පතාගෙන ඒ අම නිවන් සුව

සාදු! සාදු!! සාදු!!!

- **අපි ඒ භාග්‍යවත් වූ අරහත් වූ කාශ්‍යප නම් සම්මා සම්බුදුරජාණන් වහන්සේට වන්දනා කරමු :-**

මේ මහා භද්‍ර කල්පයේ ලොව වාසය කළ මිනිසුන්ගේ ආයුෂ අවුරුදු විසිදහසක්ව පැවතුණා. එකල දෙවිමිනිසුන්ගේ යහපත පිණිස බුදුරජාණන් වහන්සේ නමක් ලොව පහළ වුණා. උන්වහන්සේ කාශ්‍යප යන නාමය ලැබුවා. උන්වහන්සේ උපන්නේ බ්‍රාහ්මණ වංශයට අයත් කාශ්‍යප ගෝත්‍රයේයි. උන්වහන්සේගේ පියාණන් වූයේ කිකී රාජධානියේ බ්‍රහ්මදත්ත පුරෝහිත බ්‍රාහ්මණතුමාය. මෑණියන් වූයේ ධනවතී බ්‍රාහ්මණතුමියයි. උන්වහන්සේ නුග රුක් සෙවණකදී සම්මා සම්බුද්ධත්වයට පත් වූ සේක. අරහත්වයට පත් වූ ශ්‍රාවක භික්ෂූන් වහන්සේලා විසි

දහසක් රහතුන් පිරිවැරූ මහා සංඝ සන්නිපාතයක් පිරිවරා වැඩසිටි සේක. අග්‍රශ්‍රාවකයන් වහන්සේලා වශයෙන් තිස්ස මහරහතන් වහන්සේ ද, භාරද්වාජ මහරහතන් වහන්සේ ද වැඩසිටි සේක. සර්වමිත්‍ර නමින් අග්‍රඋපස්ථායකයන් වහන්සේ නමක් වැඩසිටි සේක.

මෙසේ සම්බුද්ධත්වය ලබා දෙව්මිනිස් ලෝසතුන් හට පිළිසරණ දුන් ඒ භාග්‍යවත් වූ අරහත් වූ කාශ්‍යප සම්මා සම්බුදුරජාණන් වහන්සේට මේ සියලුම පූජාවෝ පූජා කරමි, පූජා වේවා!

01. සදාකාලික සුවය සදනා
- කාරුණික සම්බුදුරජාණෙනි
නුග රුකක් සෙවණේදී බුදුරුස්
- විහිදුවාලූ සිහ රජාණෙනි
නිවා හැම දුක් තැවුල් තිලොවේ
- අමා සැප දුන් බුදුරජාණෙනි
දෑත නළලේ තබා වදිනා
- වැඳුම් පිළිගත මැන සුවාමිනි

02. ලොවට සැනසුම පතාගෙන වැඩි
- තථාගත සම්බුදුරජාණෙනි
හැමට යහපත උදාකරනා
- කාරුණික වූ බුදුරජාණෙනි
මල් පහන් හා සුවඳ දුම් හා
- සිසිල් පැන් හා මේ ගිලන්පස
පුදමි සම්බුදු පියාණෙනි මම
- පතාගෙන ඒ අම නිවන් සුව

සාදු! සාදු!! සාදු!!!

- **අපි ඒ භාග්‍යවත් වූ අරහත් වූ ගෞතම නම් වූ අපගේ සම්මා සම්බුදුරජාණන් වහන්සේට වන්දනා කරමු :-**

මේ මහා භද්‍ර කල්පයේ මීන් දෙදහස් පන්සිය වසරකට පෙර ලොව වාසය කළ මිනිසුන්ගේ ආයුෂ අවුරුදු එකසිය විස්සක්ව පැවතුණා. එකල දෙව්මිනිසුන්ගේ යහපත පිණිස බුදුරජාණන් වහන්සේ නමක් ලොව පහළ වුණා. උන්වහන්සේ ගෞතම නම් වූ අපගේ බුදුරජාණන් වහන්සේ ය. උන්වහන්සේ උපන්නේ ක්ෂත්‍රිය වංශයට අයත් ගෞතම ගෝත්‍රයේයි. උන්වහන්සේගේ පියාණන් වූයේ කපිලවස්තු රාජධානියේ සුද්ධෝදන රජතුමාය. මෑණියන් වූයේ මහාමායා බිසවුන් වහන්සේය. උන්වහන්සේ ඇසතු රුක් සෙවණකදී සම්මා සම්බුද්ධත්වයට පත් වූ සේක. අරහත්වයට පත් වූ ශ්‍රාවක භික්ෂූන් වහන්සේලා එක්දහස් දෙසිය පණස් නමක් රහතුන් පිරිවැරූ මහා සංඝ සන්නිපාතයක් පිරිවරා වැඩසිටි සේක. අග්‍රශ්‍රාවකයන් වහන්සේලා වශයෙන් සාරිපුත්ත මහරහතන් වහන්සේ ද, මහා මොග්ගල්ලාන මහරහතන් වහන්සේ ද වැඩසිටි සේක. ආනන්ද නමින් අග්‍රඋපස්ථායකයන් වහන්සේ නමක් වැඩසිටි සේක.

මෙසේ සම්බුද්ධත්වය ලබා දෙව්මිනිස් ලෝසතුන් හට පිළිසරණ දුන් ඒ භාග්‍යවත් වූ අරහත් වූ ගෞතම නම් වූ අපගේ සම්මා සම්බුදුරජාණන් වහන්සේට මේ සියලුම පූජාවෝ පූජා කරමි, පූජා වේවා!

01. පුරා දස පාරමී ගුණදම්
 - ලොවට වැඩි මහ ගුණවතාණෙනි
 ඇසතු රුක් සෙවණෙදී බුදුරැස්

- විහිදුවාලූ බුදුරජාණෙනි
නමින් ගෞතම ලෙසින් තිලොවේ
        - වැඳුම් ලබනා බුදුරජාණෙනි
දෑත නළලේ තබා වඳිනා
        - වැඳුම් පිළිගත මැන සුවාමිනි

02.   අඳුරු වූ ලොව එළිය කරනා
        - මහා නුවණැති බුදුරජාණෙනි
අපට සැනසිලි සුවය සදනා
        - පිහිට ඔබමයි බුදුරජාණෙනි
මල් පහන් හා සුවඳ දුම් හා
        - සිසිල් පැන් හා මේ ගිලන්පස
පුදමි සම්බුදු පියාණෙනි මම
        - පතාගෙන ඒ අම නිවන් සුව

සාදු! සාදු!! සාදු!!!

❁ ❁ ❁

සත්බුදු වන්දනා කවි

01. විපස්සී මුනිරජුන් - පළොල් රුක් සෙවණේදී
පස් මරුන් පරදවා - ලොවට සම්බුදු වුණා

02. ඇවිල ගිය සිත් සතන් - නිවී සැනසී ගියා
අමා සුව සැළසුණා - පිරිනිවී සැතැපුණා

03. අදත් සිහිකරමි මම් - උතුම් බුදුරජාණන්
පුදා මේ මල් පහන් - නැමී වඳිනෙමි බැතින්

04. සිඛී බුදුරජාණන් - හෙළඹ රුක් සෙවණේදී
සියලු කෙලෙසුන් නසා - ලොවට සම්බුදු වුණා

05. හැමගෙ දුක දුරුවුණා - අමා සුව සැළසුණා
සැනසීම ඇති වුණා - පිරිනිවී සැතපුණා

06. අදත් සිහිකරමි මම් - සිඛී බුදුරජාණන්
පුදා සුවඳින් මලින් - වැතිර වඳිනෙමි බැතින්

07. වෙස්සභූ මුනි රජුන් - සාල රුක් සෙවණේදී
තණ්හාව දුරු කළේ - ලොවට සම්බුදු වුණේ

08. එකම බණ පදයෙනුත් - ගලා නැණ රැස් දහර
අඳුරු ජීවිත පුරා - එළිය විහිදී ගියා

09. අදත් සිහි කරමි මම් - වෙස්සභූ මුනි රජුන්
පුදා මේ මල් පහන් - වැතිර වඳිනෙමි බැතින්

10. මේ භද්‍ර කල්පයේ - කකුසන්ධ බුදුරජුන්
මහරි රුක් සෙවණෙදී - ලොවට සම්බුදු වුණේ

11. දුක සෝක දුරු වුණා - සැනසීම ඇති වුණා
සදාකාලික අමා - නිවන් සුව සැළසුණා

12. අදත් සිහි කරමි මම් - උතුම් බුදුරජාණන්
පුදා මේ මල් පහන් - වඳිමි සිත සොම්නසින්

13. තිලෝගුරු මුනි රජුන් - නමින් කෝණාගමණ
දිඹුල් රුක් සෙවණෙදී - බුදු රැසින් බැබලුණේ

14. අමා වැසි වසිනවා - දුක සෝක නිවෙනවා
සැනසීම ලැබෙනවා - ලොවට සෙත සැදෙනවා

15. අදත් සිහි කරමි මම් - උතුම් බුදුරජාණන්
පුදා සුවඳින් මලින් - වඳිමි සිත සොම්නසින්

16. කාශ්‍යප බුදු රජුන් - සිහිල් නුග සෙවණෙදී
සියලු කෙලෙසුන් නසා - ලොවට සම්බුදු වුණා

17. බුදු සමිඳුගේ නෙතින් - ගලා කරුණා දහර
සිත සෝක නැතිවුණා - අමා සුව සැළසුණා

18. අදත් සිහි කරමි මම් - උතුම් බුදුරජාණන්
පුදා මේ මල් පහන් - වඳිමි සිත සොම්නසින්

19. ගයාවේ ගං තෙරේ - උතුම් වජිරාසනේ
බෝසතුන් බුදුවුණේ - ඒ වෙසක් පොහෝ දිනේ

20. මිහිරි බණ දෙසන විට - අමා ගඟ ගලනවා
කන් යොමා අසන විට - සිත සෝක නිවෙනවා

21. ගුණ නුවණ වැඩෙන විට - සසර දුක ගෙවෙනවා
බුදු ගුණය සිතන විට - නිවන් සුව දැනෙනවා

22. අදත් සිහි කරමි මම් - අපේ බුදුරජාණන්
පුදා මේ මල් පහන් - වඳිමි සිත සොම්නසින්

23. පුදා මේ සුවඳ දුම් - වඳිමි සිත සොම්නසින්
පුදා මේ ගිලන් පස - වැතිර වඳිනෙමි බැතින්

සාදු! සාදු!! සාදු!!!

වජිරාසන මත වැඩ හිඳ...

වජිරාසන මත වැඩහිඳ - විදුරු නැණ බලින් සපිරුණු
නුවණ විහිද වූ මුනිඳුන් - සදා වඳිමි මම්
බෝධිමූලයේ සෙවනෙදි - පුදා දිවි උතුම් නිවනට
පරදා සේනා ඇති මරු - පින් බලය මතු කළේ
සොයා ගත් නිවන් මග තුළ - සම්බෝධිරාජ බවට පැමිණ
පුබ්බේනිවාස ඤාණය ලැබ - ප්‍රථම යාමයේ
සුගති දුගතියෙහි ඉපදෙන - ලෝ සතුනගෙ දුක දනගෙන
දිවැස් නුවණ ලැබූ සේක - මැදුම් යාමයේ
සියලුම සංස්කාර ලොවේ - නුවණින් විමසා බලමින්
ලක්ෂ කෝටි වාර ගණන් - එය මෙනෙහි කළේ
සතිස් කෝටි සිය දහසක් - හේතුඵල දහම් විමසා
මහා විදුරු නැණ බලයෙන් - ඇති තතු වටහා
සම්මා සම්බුදු බව ලැබ - නසා හැම කෙලෙස් පිරිසිඳ
දිනූ සේක මෙහි වැඩ හිඳ - බුද්ධ භූමියේ
මහා විදුරු නුවණින් යුතු - සම්බුද්ධරාජ මුනිඳුන් ලොව
නුවණැති දෙව් මිනිසුන් තුළ - නිවන මතු කළේ
ඒ උතුම් බෝධි නුවණට මම - නැමී වැඳ වැටී සිරසින්
පහන් වූ සිතින් හැමවිට - වන්දනා කරම්

සාදු! සාදු!! සාදු!!!

දඹදිව උතුම් බුද්ධ භූමි වන්දනා කරමු

• ජාත චෛතිය වන්දනා කරමු :-

(අප මහා බෝසතාණන් වහන්සේ උපත ලද ලුම්බිණී පින්බිම වන්දනා කරමු)

මායාසුතෝ සුගත සාකිය සීහනාථෝ
ජාතක්ඛණේ සපදසා මහි චංකමිත්වා
යස්මිං උදීරයි ගිරිං වර ලුම්බිණිම්හි
තං ජාත චේතියමහං සිරසා නමාමි

මායා බිසවගේ කුසින් - වැඩි බෝසතාණෝ
ඒ මොහොතෙ දී පියවරින් - සක්මන් කළෝ මෙහි
විහිදූ මිහිරි සිහනදින් - ලුම්බිණී උයන්හී
ඒ ජාත චෛතිය උතුම් - සිරසින් වඳිම් මම්

• සම්බෝධි චෛතිය වන්දනා කරමු :-

(බෝසතාණන් වහන්සේ සම්බුද්ධත්වයට පත් බුද්ධගයා පින් බිම වන්දනා කරමු)

යස්මිං නිසජ්ජ වජිරාසන බන්ධනේන
ජෙත්වා ස්වාසන කිලේස බලං මුනින්දෝ
සම්බෝධි ඤාණමවගම්ම විභාසි සම්මා
තං බෝධිචේතිය මහා සිරසා නමාමි

වාඩි වී වජිරාසනේ මත
- වීරියෙන් දිනූ බුදු රජාණෙනි
නේක දොස් ඇති සියළු කෙලෙසුන්
- නසා ජය ගත් මුනි රජාණෙනි

ඤාණබලයෙන් යුතුව සම්බුදු
- බවට පත් වූ සිහරජාණෙනි
බෝධිචේතිය වඳිමි සිරසින්
- සිතා සම්බුදු ගුණ සුවාමිනි

- **ධම්ම චේතිය වන්දනා කරමු :-**

(බුදුරජාණන් වහන්සේ දම්සක පැවත්වූ බරණැස ඉසිපතන මිගදාය පින් බිම වන්දනා කරමු)

සංකම්පයං දස සහස්සිය ලෝකධාතුං
දේසේසි යත්‍ර භගවා වර ධම්මචක්කං
බාරාණසී පුර සමීප වනේ මිගානං
තං ධම්ම චේතිය මහං සිරසා නමාමි.

කම්පා කරවමින් සහස්සී - දසලෝකධාතු
දෙසූ සේක අප සම්බුදුන් - ධම්සක් දෙසුම් ඒ
බරණැස් පුරේ අසල වූ - මිගදාය වනයේ
ඒ ධම්ම චේතිය උතුම් - සිරසින් වදිම් මම්

- **නිබ්බාණ චේතිය වන්දනා කරමු :-**

(බුදුරජාණන් වහන්සේ පිරිනිවන් පා වදාළ කුසිනාරා පින් බිම වන්දනා කරමු)

කත්වාන ලෝකහිතමත්ථ හිතං ච නාථෝ
ආසීතිකෝව උපවත්තන කානනම්හි
යස්මිං නිපජ්ජ භගවා නිරුපාධිසේසං
නිබ්බාණ චේතියමහං සිරසා නමාමි.

ලෝ සත කෙරෙහි හිත සුවේ - යෙදුවෝ තිලෝනා
වැඩි සේක සාල උයනට - අසූ වෙනි වියෙහි දී
යම් තැනක සැතපී සිට - පිරිනිවන් පා වදාළෝ
නිබ්බාන චේතිය උතුම් - සිරසින් වදිම් මම්

සාදු! සාදු!! සාදු!!!

ධාතු වන්දනා...

01. අට්ඨ දෝණං චක්ඛුමතෝ සරීරේ
සත්ත දෝණං ජම්බුදීපේ මහෙන්ති
ඒකං ච දෝණං පුරිසවරුත්තමස්ස
රාම ගාමේ නාගරාජා මහෙන්ති

02. ඒකා හි දාඨා තිදිවේහි පූජිතා
ඒකා පන ගන්ධාර පුරේ මහීයති
කාලිංගරඤ්ඤො විජිතේ පුරේකං
ඒකං පුන නාගරාජා මහෙන්ති

03. තස්සේව තේජේන අයං වසුන්ධරා
ආයාග සෙට්ඨේහි මහී අලංකතා
ඒවං ඉමං චක්ඛුමතෝ සරීරං
සුසක්කතං සක්කතසක්කතේහි

04 දේවින්ද නාගින්ද නරින්ද පූජිතෝ
මනුස්ස සෙට්ඨෙහි තථේ ච පූජිතෝ
තං වන්දාම පඤ්ජලිකා භවිත්වා
බුද්ධෝ හවේ කප්ප සතේහි දුල්ලභෝ

(පරිනිබ්බාණ සුත්ත - දී. නි.)

01. ද්‍රෝණ අටකි බුදු සිරුරෙ තිබෙන්නේ
සත් ද්‍රෝණක් දඹදිව වැඩ ඉන්නේ
එක් ද්‍රෝණක් උත්තම මුනිඳුන්නේ
නාරජවරු ඒවා නමදින්නේ

02. එක් දළදාවක් දෙව්ඳු වඳින්නේ
ගන්ධාරේ වෙනකක් නමඳින්නේ
කළිඟු පුරේ දළදා වැඩ ඉන්නේ
නා රජු දළදාවක් නමඳින්නේ

03 මුනිධාතුන්ගේ තෙද පැතිරෙන්නේ
මිහිතලයම ඉන් එකළු කරන්නේ
හැමදෙන මුනිධාතුන් වැඳගන්නේ
සියලු දෙනා හට පිං සිඳුවන්නේ

04. දෙව් නා නිරිඳුන් ධාතු පුදන්නේ
නැණවත් උතුමන් ධාතු පුදන්නේ
දෑත නළලෙ බැඳ අපි නමඳින්නේ
සාදු! සාදු! මහථූප වඳින්නේ

05. කල්ප ගණනකිනි මුනිඳු උපන්නේ
සම්බුදු යන නම ලොව පැතිරෙන්නේ
සිත - කය - වචනය පහදා ගන්නේ
සාදු! සාදු! මහථූප වඳින්නේ

සාදු! සාදු!! සාදු!!!

ජයමංගල ගාථා...

1. බාහුං සහස්සමභිනිම්මිතසා'යුධං තං
ගිරිමේඛලං උදිතඝෝර සසේනමාරං
දානාදිධම්මවිධිනා ජිතවා මුනින්දෝ
තං තේජසා භවතු තේ ජයමංගලානි

1. දහසක් අත් ද මවමින් - නොයෙකුත් සැත් ද දරමින්
ගිරිමේඛලා ඇතු පිටින් - එන මාරසේනා
දානාදි පාරමී බලෙන් - දිනුවෝ මුනින්දා
ඒ තේජසින් ඔබට ජය - මංගල්‍ය වේවා!

2. මාරාතිරේකමභියුජ්ඣිතසබ්බරත්තිං
ඝෝරම්පනා'ලවකමක්ඛමථද්ධයක්ඛං
ඛන්තීසුදන්තවිධිනා ජිතවා මුනින්දෝ
තං තේජසා භවතු තේ ජයමංගලානි

2. මුළු රෑ පුරා යුධ වැදී - එන මාර සේනා
දැඩි වූ අලව් යකු නැගූ - ගොරබිර නාදේ
දමනයෙන් ඉවසූ බලෙන් - දිනුවෝ මුනින්දා
ඒ තේජසින් ඔබට ජය - මංගල්‍ය වේවා!

3. නාලාගිරිං ගජවරං අතිමත්තභූතං
දාවග්ගිචක්කමසනීව සුදාරුණං තං
මෙත්තම්බුසේකවිධිනා ජිතවා මුනින්දෝ
තං තේජසා භවතු තේ ජයමංගලානි

3. මත් වී සුරාවෙන් ඇතා - නාලාගිරී නම්
පතුරා මහා හෙණ හඬින් - දරුණු ලෙසින් ආ

ඒ සිහිල් මෙත් පැන් බලෙන් - දිනුවෝ මුනින්දා
ඒ තේජසින් ඔබට ජය - මංගල්‍ය වේවා!

4. **උක්ඛිත්තඛග්ගමතිහත්ථසුදාරුණං තං
ධාවං තියෝජනපථංගුලිමාලවං තං
ඉද්ධීභිසංඛතමනෝ ජිතවා මුනින්දෝ
තං තේජසා භවතු තේ ජයමංගලානි**

4. අංගුලිමාල නම් සොරා - කඩුවක් ද ඔසවා
තුන් යොදුන් පුරා දුව ඇවිත් - දරුණු සිතින් යුත්
පෙන්වූ ඉර්ධි බලයෙන්- දිනුවෝ මුනින්දා
ඒ තේජසින් ඔබට ජය - මංගල්‍ය වේවා!

5. **කත්වාන කට්ඨමුදරං ඉව ගබ්භිනීයා
චිඤ්චාය දුට්ඨවචනං ජනකායමජ්ඣෙ
සන්තේන සෝමවිධිනා ජිතවා මුනින්දෝ
තං තේජසා භවතු තේ ජයමංගලානි**

5. ගර්භණී වූ මවක සේ දරමිටිය බැන්දේ
චිංචාව ජන මැද එසේ - නින්දා කරද්දී
සංසුන් සමාහිත බලෙන් - දිනුවෝ මුනින්දා
ඒ තේජසින් ඔබට ජය - මංගල්‍ය වේවා!

6. **සච්චං විහාය මතිසච්චකවාදකේතුං
වාදාභිරෝපිතමනං අතිඅන්ධභූතං
පඤ්ඤාපදීපජලිතෝ ජිතවා මුනින්දෝ
තං තේජසා භවතු තේ ජයමංගලානි**

6. සත්‍යය බැහැර කරමින් - සච්චක නමින් යුත්
අඳබල් සිතින් ඔද වැඩී - වාදයට එද්දී
ප්‍රඥා ප්‍රදීප දල්වා - දිනුවෝ මුනින්දා
ඒ තේජසින් ඔබට ජය - මංගල්‍ය වේවා!

7. නන්දෝ’පනන්දභුජගං විබුධං මහිද්ධිං
පුත්තේන ථේරභුජගේන දමාපයන්තෝ
ඉද්ධූපදේසවිධිනා ජිතවා මුනින්දෝ
තං තේජසා භවතු තේ ජයමංගලානි

7. බුදු පුත් ථේර නා රජුන් - ඉර්ධී බලෙන් යුත්
දමනය කළේ නා රජුන් - නන්දෝපනන්ද
ඒ ඉර්ධියට මග කියා - දිනුවෝ මුනින්දා
ඒ තේජසින් ඔබට ජය - මංගල්‍ය වේවා!

8. දුග්ගාහදිට්ඨිභුජගේන සුදට්ඨහත්ථං
බ්‍රහ්මං විසුද්ධිජුතිමිද්ධිබකාභිධානං
ඤාණාගදේන විධිනා ජිතවා මුනින්දෝ
තං තේජසා භවතු තේ ජයමංගලානි

8 මිසදිටු මතින් බඳ වෙලා - නොදැමුණු සිතින් යුත්
බක නම් බඹු ද බඹ ලොවේ - මානෙන් දැපෙද්දී
ඤාණාගදෙන් පහර දී - දිනුවෝ මුනින්දා
ඒ තේජසින් ඔබට ජය - මංගල්‍ය වේවා!

9. ඒතා’පි බුද්ධජයමංගල අට්ඨගාථා
යෝ වාචකෝ දිනදිනේ සරතේ මතන්දි
හිත්වාන නේකවිවිධානි චුපද්දවානි
මොක්ඛං සුඛං අධිගමෙය්‍ය නරෝ සපඤ්ඤෝ

9. සම්බුදුන් ගේ ජය මඟුල් - යුතු අටකි ගාථා
යමෙකුන් කියත් නම් බැතින් එය සැම දවසේ
තිබෙනා නොයෙක් උවදුරුත් - හැම පහව යන්නේ
නුවණැති පින්වතා උතුම් - නිවනත් ලබන්නේ

සාදු! සාදු!! සාදු!!!

ඡත්ත මාණවක ගාථා...

01. යෝ වදතං පවරෝ මනුජේසු
සක්‍යමුනී භගවා කතකිච්චෝ
පාරගතෝ බලවිරිය සමංගී
තං සුගතං සරණත්ථමුපේමි

කතා කරන මිනිසුන්ට උතුම් වූ
සක්‍යමුනී භගවත් මුනිඳුන් වූ
බුදු කිස නිම කළ - බල - වෙර පළ කළ
සසරින් එතෙරට වැඩි නිදුකාණන්
සුගත තථාගත බුදු සමිඳාණන්
සාදරයෙන් මම සරණ යමි

02. රාග විරාග මනේජ මසෝකං
ධම්මමසංඛත මප්පටිකූලං
මධුරමිමං පගුණං සුවිභත්තං
ධම්මමිමං සරණත්ථමුපේමි

රාග කිසිත් නැති - සෝක කෙලෙස් නැති
පිළිකුල් බව නැති - අසංඛතයි සදහම්
මැනවින් පවසන - හොඳින් ප්‍රගුණ වන
මිහිරි උතුම් සදහම් - සාදරයෙන් මම සරණ යමි

03. යත්ථ ච දින්න මහප්ඵලමාහු
චතූසු සුචීසු පුරිසයුගේසු

අට්ඨ ච පුග්ගල ධම්මදසාතේ
සංඝම්මං සරණත්ථමුපේමි

යමෙකුට පිදුවොත් මහඵල ලැබ දෙන
සදහම් තුළ සිටි බුදු සව් සැමදෙන
උතුම් පුරුෂයින් යුගළ සතර දෙන
පුද්ගලයින් ලෙස වෙත් ම ය අට දෙන
ඒ උත්තම ශ්‍රාවක සඟරුවන ද
සාදරයෙන් මම සරණ යමි

සාදු! සාදු!! සාදු!!!

නරසීහ ගාථා...

1. චක්කවරංකිතරත්තසුපාදෝ
ලක්ඛණමණ්ඩිතආයතපණ්හී
චාමරඡත්තවිභූසිතපාදෝ
ඒස හි තුය්හ පිතා නරසීහෝ

1. රත්පැහැයෙන් සිරිපා යුග දිලෙනා
සක් ලකුණින් දික් විළුඹින් සැදුනා
සෙමෙර ඡත්‍ර සිරියෙන් ද බැබලෙනා
අන්න බලන් පුත සමිඳුන් වඩිනා

2. සක්‍යකුමාරවරෝ සුඛුමාලෝ
ලක්ඛණචිත්තිතපුණ්ණසරීරෝ
ලෝකහිතාය ගතෝ නරවීරෝ
ඒස හි තුය්හ පිතා නරසීහෝ

2. සාක්‍ය කුලයේ සියුමැලි කුමරාණෝ
සොඳුරු ලකුණු පිරි පින් සිරුරාණෝ
ලොව සෙතට ම වැඩි වීර නරාණෝ
අන්න බලන් පුත බුදු සමිඳාණෝ

3. පුණ්ණසසංඛනිභෝමුඛවණ්ණෝ
දේවනරාන පියෝ නරනාගෝ
මත්තගජින්දවිලාසිතගාමී
ඒස හි තුය්හ පිතා නරසීහෝ

3. පුන් සඳ සේ බබලන තිල් අහසේ
දෙව් මිනිසුන් නෙත් සනසන සිත් සේ

වඩින ගමන ඇත් රජු ගෙ විලාසේ
නරඹනු පුත සමිඳාණන් සිත් සේ

4. **ඛත්තියසම්භවඅග්ගකුලීනෝ**
දේවමනුස්සනමස්සිතපාදෝ
සීලසමාධිපතිට්ඨිතචිත්තෝ
ඒස හි තුය්හ පිතා නරසීහෝ

4. රජ කුලයේ බුදු සමිඳු උපන්නේ
දෙව් මිනිසුන් පා යුග නමඳින්නේ
සිල් සමාධි සිත තුළ පිහිටන්නේ
අන්න පුතේ බුදු සමිඳු වඩින්නේ

5. **ආයතතුංගසුසණ්ඨිතනාසෝ**
ගෝපඛුමෝ අභිනීලසුනෙත්තෝ
ඉන්දධනූ අභිනීලභමූකෝ
ඒස හි තුය්හ පිතා නරසීහෝ

5. නිල්වන් පාටින් නෙත් යුග දිලෙනා
තුංග සුසන්ඨිත නාසය තිබෙනා
ඇහි බැම දේදුනු යුගල විලසිනා
අන්න බලන් පුත සමිඳුන් වඩිනා

6. **වට්ටසුමට්ටසුසණ්ඨිතගීවෝ**
සීහහනූ මිගරාජසරීරෝ
කඤ්චනසුච්ඡවි උත්තමවණ්ණෝ
ඒස හි තුය්හ පිතා නරසීහෝ

6. සියුමැලි ගෙල මැනැවින් පිහිටන්නේ
බබලන තෙද සිහ රජෙකු ගෙ වැන්නේ
රන්වන් රැස් සිරුරින් විහිදෙන්නේ
අන්න පුතේ බුදු සමිඳු වඩින්නේ

7. **සිනිද්ධ සුගම්භිරමඤ්ජුසුඝෝසෝ**
හිංගුලබන්ධුසුරත්තසුජිව්හෝ
වීසති වීසති සේතසුදන්තෝ
ඒස හි තුය්හ පිතා නරසීහෝ

7. සිනිඳු සොඳුරු මිහිරෙන් හඬ නැගෙනා
හිඟුල සුරත් පැහැ දිවකින් සැදෙනා
විස්ස බැගින් සුදු දත් පෙළ දිළෙනා
අන්න බලන් පුත සමිඳුන් වඩිනා

8. **අඤ්ජනවණ්ණසුනීලසුකේසෝ**
කඤ්චනපට්ටවිසුද්ධලලාටෝ
ඕසධිපණ්ඩරසුද්ධසුඋණ්ණෝ
ඒස හි තුය්හ පිතා නරසීහෝ

8. නිල් පාටින් සිරසේ කෙස් බැබලේ
රන්වන් රැස් විහිදෙනවා නලලේ
ඌර්ණ රෝම ධාතුව වත කමලේ
බුදු සමිඳුගෙ මුළු සිරුර ම බැබලේ

9. **ගච්ඡති නීලපථේ විය චන්දෝ**
තාරගණා පරිවේඨිතරූපෝ
සාවකමජ්ඣගතෝ සමණින්දෝ
ඒස හි තුය්හ පිතා නරසීහෝ

9. නිල් අහසේ පුන් සඳ පායන්නේ
සඳවට කොට රන් තරු බැබලෙන්නේ
මුනි සඳ ශ්‍රාවක මැද සුදිලෙන්නේ
අන්න පුතේ බුදු සමිඳු වඩින්නේ

සාදු! සාදු!! සාදු!!!

තෙරුවන් වන්දනාව, ආර්ය සත්‍යය වන්දනාව සහ නිබ්බාන වන්දනාව

නමෝ තස්ස භගවතෝ අරහතෝ
සම්මා සම්බුද්ධස්ස

01. අපගේ බුදුරජාණන් වහන්සේට මේ අයුරින් වන්දනා කරමු

ඉතිපි සෝ භගවා අරහං සම්මාසම්බුද්ධෝ විජ්ජාචරණසම්පන්නෝ සුගතෝ ලෝකවිදූ අනුත්තරෝ පුරිසදම්මසාරථී සත්ථා දේවමනුස්සානං බුද්ධෝ භගවා'ති.

සෝ හි භගවා ජානං ජානාති, පස්සං පස්සති, චක්ඛුභූතෝ, ඤාණභූතෝ, ධම්මභූතෝ, බ්‍රහ්මභූතෝ, වත්තා, පවත්තා, අත්ථස්ස නින්නේතා, අමතස්ස දාතා, ධම්මස්සාමී, තථාගතෝ'ති.

යාවතා සත්තා අපදා වා දිපදා වා චතුප්පදා වා බහුප්පදා වා රූපිනෝ වා අරූපිනෝ වා සඤ්ඤිනෝ වා අසඤ්ඤිනෝ වා නේවසඤ්ඤානාසඤ්ඤිනෝ වා තථාගතෝ තේසං අග්ගමක්ඛායති අම්හාකං භගවා අරහං සම්මාසම්බුද්ධෝ.

යේ බුද්ධේ පසන්නා, අග්ගේ තේ පසන්නා. අග්ගේ ඛෝ පන පසන්නානං අග්ගෝ විපාකෝ හෝතී'ති.

තං අම්හාකං බුද්ධං භගවන්තං ලෝකනාථං තථාගතං අරහං සම්මාසම්බුද්ධං අභිපූජයාමි අනුස්සරාමි සිරසා නමාමි සරණං ගච්ඡාමි.

සාධු! සාධු!! සාධු!!!

මේ අයුරින් ඒ භාග්‍යවතුන් වහන්සේ අරහං වන සේක. සම්මා සම්බුද්ධ වන සේක. විජ්ජාචරණ සම්පන්න වන සේක. සුගත වන සේක. ලෝකවිදූ වන සේක. අනුත්තරෝ පුරිසදම්ම සාරථී වන සේක. සත්ථා දේවමනුස්සානං වන සේක. බුද්ධ වන සේක. භගවා වන සේක.

ඒ භාග්‍යවතුන් වහන්සේ වනාහී දත යුතු සියල්ල ම දැනගත් සේක. දැක්ක යුතු සියල්ල ම දැකගත් සේක. උතුම් දැක්මෙන් යුතු සේක. උතුම් ඥාණයෙන් යුතු සේක. උතුම් ධර්මයෙන් යුතු සේක. අතිශයින් ම ශ්‍රේෂ්ඨ වූණ සේක. උතුම් දහම් පවසන සේක. ධර්ම චක්‍රය කරකවන සේක. සැබෑ ජීවිත අරුත ලබාදෙන සේක. අමා මහා නිවන නම් වූ අමෘතය දන් දෙන සේක. ධර්මස්වාමී වන සේක. තථාගත වන සේක.

යම්තාක් සත්වයෝ පා රහිතව සිටිත්ද, දෙපා සහිතව සිටිත්ද, සිවුපා සහිතව සිටිත්ද, බොහෝ පා සහිතව සිටිත්ද, රූපවත්ව සිටිත්ද, අරූපවත්ව සිටිත්ද, සඤ්ඤාවත්ව සිටිත්ද, අසඤ්ඤීව සිටිත්ද, නේවසඤ්ඤානාසඤ්ඤීව සිටිත්ද, ලෝකයෙහි ඒ සියලු සත්වයන් අතරෙහි අපගේ භාග්‍යවත් වූ අරහත් වූ තථාගත වූ සම්මා සම්බුදුරජාණන් වහන්සේ ඒකාන්තයෙන්ම අග්‍ර වන සේක.

යමෙක් වනාහී ඒ භාග්‍යවත් වූ අරහත් වූ සම්මා සම්බුදුරජාණන් වහන්සේගේ අවබෝධය කෙරෙහි අචල ශ්‍රද්ධාවට පැමිණී සිටිත් නම්, ඔවුන්ගේ ඒ චිත්තප්‍රසාදය පවතින්නේ තුන්ලෝකාග්‍ර වූ බුදුරජාණන් වහන්සේ කෙරෙහිය. තුන්ලෝකාග්‍ර වූ බුදුරජාණන් වහන්සේ කෙරෙහි සිත පහදාගත්තවුන්ගේ පුණ්‍ය විපාකය ද ඒකාන්තයෙන්ම අග්‍ර වන්නේ ය.

ඒ අපගේ භාග්‍යවත් වූ, අරහත් වූ සම්මා සම්බුදු වූ බුදුරජාණන් වහන්සේට අග්‍ර වූ පූජාවන් කරන්නෙමු. ඒ උතුම් සම්බුදුගුණ සිහිකරන්නෙමු. සිරස නමා ආදර ගෞරවයෙන් වන්දනා කරන්නෙමු. පහන් සිතින් යුතුව සරණ යන්නෙමු.

සාදු! සාදු!! සාදු!!!

02. උතුම් ශ්‍රී සද්ධර්මරත්නයට මේ අයුරින් වන්දනා කරමු

ස්වාක්ඛාතෝ භගවතා ධම්මෝ සන්දිට්ඨිකෝ, අකාලිකෝ, ඒහිපස්සිකෝ, ඕපනයිකෝ, පච්චත්තං වේදිතබ්බෝ විඤ්ඤූහී'ති.

කතමෙ ච තේ ධම්මා අම්හාකං භගවතා අරහතා සම්බුද්ධේන අභිඤ්ඤා දේසිතා යේ සාවකා සාධුකං උග්ගහෙත්වා, ආසේවිතබ්බා, භාවේතබ්බා, බහුලීකාතබ්බා, යථයිදං බ්‍රහ්මචරියං අද්ධනියං අස්ස චිරට්ඨිතිකං. තදස්ස බහුජනහිතාය, බහුජනසුඛාය, ලෝකානුකම්පාය, අත්ථාය, හිතාය, සුඛාය දේවමනුස්සානං.

සෙය්‍යථීදංඃ චත්තාරෝ සතිපට්ඨානා, චත්තාරෝ සම්මප්පධානා, චත්තාරෝ ඉද්ධිපාදා, පඤ්චින්ද්‍රියානි, පඤ්චබලානි, සත්ත බොජ්ඣංගා, අරියෝ අට්ඨංගිකෝ මග්ගෝ.

යාවතා ධම්මා සංඛතා අරියෝ අට්ඨංගිකෝ මග්ගෝ තේසං අග්ගමක්ඛායති. යේ අරියේ අට්ඨංගිකේ මග්ගේ පසන්නා, අග්ගේ තේ පසන්නා. අග්ගේ ඛෝ පන පසන්නානං අග්ගෝ විපාකෝ හෝති.

තං ස්වාක්ඛාතං නවලෝකුත්තරං සද්ධම්මං නිබ්බානපටිසංයුත්තං අභිපූජයාමි අනුස්සරාමි සිරසා නමාමි සරණං ගච්ඡාමි.

සාධු! සාධු!! සාධු!!!

භාග්‍යවතුන් වහන්සේ විසින් ඒ ශ්‍රී සද්ධර්මය මැනැවින් වදාරණ ලද සේක. ඒ ශ්‍රී සද්ධර්මය සන්දිට්ඨික වන සේක. අකාලික වන සේක. ඒහිපස්සික වන සේක. ඕපනයික වන සේක. පච්චත්තං වේදිතබ්බෝ විඤ්ඤූහී වන සේක.

යම් ශ්‍රාවකකෙනෙක් ඒ ධර්මය මැනැවින් ඉගෙන ගෙන සේවනය කළ යුත්තේ වේද, ප්‍රගුණ කළ යුත්තේ වේද, බහුල වශයෙන් ප්‍රගුණ කළ යුත්තේ වේද, මේ සසුන් බඹසර චිරාත්කාලයක් පැවතුණු කල්හි බොහෝ ජනයාට හිත පිණිසද, බොහෝ ජනයාට සැප පිණිසද, ලෝකානුකම්පාව පිණිසද, යහපත පිණිසද දෙව් මිනිසුන්ගේ හිතසුව පිණිසද පවතින්නේ වේද, ඒ කවර ධර්මයක් අපගේ භාග්‍යවත් වූ අරහත් වූ සම්මා සම්බුදුරජාණන් වහන්සේ විසින් විශිෂ්ට වූ නුවණින් යුතුව වදාරණ ලද්දේද?

එනම්; සතරක් වූ සතිපට්ඨානයෝ ය. සතරක් වූ සම්‍යක් ප්‍රධාන වීර්යයෝ ය. සතරක් වූ ඉර්ධි පාදයෝ ය. පහක් වූ ඉන්ද්‍රිය ධර්මයෝ ය. පහක් වූ බල ධර්මයෝ ය. හතක් වූ බොජ්ඣංග ධර්මයෝය. අංග අටකින් යුක්ත වූ

ආර්ය මාර්ගය ය.

යම්තාක් ධර්මයෝ හේතුප්‍රත්‍යයන්ගෙන් හටගත්තාහු වෙත්ද, ඒ සියල්ල අතරින් අග්‍ර වන්නේ අපගේ බුදුරජාණන් වහන්සේ විසින් මහා කරුණාවෙන් වදාරණ ලද ආර්ය අෂ්ටාංගික මාර්ගයයි.

යමෙක් වනාහී ඒ ආර්ය අෂ්ටාංගික මාර්ගය කෙරෙහි කෙරෙහි අචල ශ්‍රද්ධාවට පැමිණි සිටිත් නම්, ඔවුන්ගේ ඒ චිත්තප්‍රසාදය පවතින්නේ අග්‍ර වූ නිර්වාණගාමිනී ප්‍රතිපදාව කෙරෙහිය. එසේ අග්‍ර වූ ආර්ය අෂ්ටාංගික මාර්ගය කෙරෙහි පැහැදුනවුන්ගේ විපාකය ද අග්‍ර වන්නේ ය. එසේ අග්‍ර වූ නිර්වාණගාමිනී ප්‍රතිපදාව කෙරෙහි සිත පහදාගත්තවුන්ගේ පුණ්‍ය විපාකය ද ඒකාන්තයෙන්ම අග්‍ර වන්නේ ය.

ඒ අපගේ භාග්‍යවත් වූ, අරහත් වූ සම්මා සම්බුදු වූ බුදුරජාණන් වහන්සේ විසින් මැනැවින් වදාරණ ලද නිර්වාණ ප්‍රතිසංයුක්ත වූ නවලෝකෝත්තර ශ්‍රී සද්ධර්මරත්නයට අග්‍ර වූ පූජාවන් කරන්නෙමු. ඒ උතුම් සම්බුදුගුණ සිහිකරන්නෙමු. සිරස නමා ආදර ගෞරවයෙන් වන්දනා කරන්නෙමු. පහන් සිතින් යුතුව සරණ යන්නෙමු.

ඒ නවලෝකෝත්තර වූ නිර්වාණ ප්‍රතිසංයුක්ත වූ ශ්‍රී සද්ධර්මයට අපි සියලු දෙන අග්‍ර වූ පූජාවන් කරන්නෙමු. ඒ පරම පිවිතුරු වූ අසිරිමත් ශ්‍රී සද්ධර්මය සාදර ගෞරවයෙන් සිහි කරන්නෙමු. සිරස නමා වන්දනා කරන්නෙමු. සාදරයෙන් සරණ යන්නෙමු.

සාදු! සාදු!! සාදු!!!

03. ආර්ය මහා සංඝරත්නයට මේ අයුරින් වන්දනා කරමු

සුපටිපන්නො භගවතො සාවකසංඝො. උජුපටිපන්නෝ භගවතෝ සාවකසංඝෝ. ඤායපටිපන්නෝ භගවතෝ සාවකසංඝෝ. සාමීචිපටිපන්නෝ භගවතෝ සාවකසංඝො. යදිදං චත්තාරි පුරිසයුගානි අට්ඨ පුරිසපුග්ගලා, ඒස භගවතෝ සාවකසංඝෝ ආහුනෙය්‍යො, පාහුනෙය්‍යො, දක්ඛිණෙය්‍යො, අඤ්ජලිකරණීයෝ අනුත්තරං පුඤ්ඤක්ඛෙත්තං ලෝකස්සා'ති.

යාවතා සංඝා වා, ගණා වා, තථාගතසාවකසංඝෝ තේසං අග්ගමක්ඛායති. යේ සංඝේ පසන්නා, අග්ගේ තේ පසන්නා. අග්ගේ ඛෝ පන පසන්නානං අග්ගෝ විපාකෝ හෝති.

යාවතා සත්තාවාසා, යාවතා භවග්ගං ඒතේ අග්ගා, ඒතේ සෙට්ඨා ලෝකස්මිං. යදිදං අරහන්තෝ'ති.

සුඛිනෝ වත අරහන්තෝ - තණ්හා තේසං න විජ්ජති
අස්මිමානෝ සමුච්ඡින්නෝ - මෝහජාලං පදාලිතං

අනේජං තේ අනුප්පත්තා - චිත්තං තේසං අනාවිලං
ලෝකේ අනුපලිත්තා තේ - බ්‍රහ්මභූතා අනාසවා

පඤ්චක්ඛන්ධේ පරිඤ්ඤාය - සත්තසද්ධම්මගෝචරා
පාසංසියා සප්පුරිසා - පුත්තා බුද්ධස්ස ඕරසා

සත්තරතනසම්පන්නා - තීසු සික්ඛාසු සික්ඛිතා
අනුවිචරන්ති මහාවීරා - පහීනභයභේරවා

දසහංගේහි සම්පන්නා - මහානාගා සමාහිතා
ඒතේ ඛෝ සෙට්ඨා ලෝකස්මිං - තණ්හා තේසං න විජ්ජති

අසේඛඤාණං උප්පන්නං - අන්තිමෝයං සමුස්සයෝ
යෝ සාරෝ බ්‍රහ්මචරියස්ස - තස්මිං අපරපච්චයා

විධාසු න විකම්පන්ති - විප්පමුත්තා පුනබ්භවා
දන්තභූමිං අනුප්පත්තා - තේ ලෝකේ විජිතාවිනෝ

උද්ධං තිරියං අපාචීනං - නන්දී තේසං න විජ්ජති
නදන්ති තේ සීහනාදං - බුද්ධා ලෝකේ අනුත්තරා'ති.

තං අනුත්තරං පුඤ්ඤක්ඛෙත්තං අරියං සාවකසංඝං අභිපූජයාමි අනුස්සරාමි සිරසා නමාමි සරණං ගච්ඡාමි.

සාධු! සාධු!! සාධු!!!

අපගේ භාග්‍යවත් වූ, අරහත් වූ සම්මා සම්බුදු වූ බුදුරජාණන් වහන්සේගේ ශ්‍රාවකයන් වහන්සේලා රාග, ද්වේෂ, මෝහ දුරුකරන ප්‍රතිපදාවෙන් යුතු සේක. භාග්‍යවතුන් වහන්සේගේ ශ්‍රාවකයන් වහන්සේලා ආර්ය අෂ්ටාංගික මාර්ගය නම් වූ නිවන පිණිස ඇති ඍජු මාවතෙහි බැසගත් සේක. භාග්‍යවතුන් වහන්සේගේ ශ්‍රාවකයන් වහන්සේලා චතුරාර්ය සත්‍යය අවබෝධය ඇතිකරවන ප්‍රතිපදාවෙහි බැසගත් සේක. භාග්‍යවතුන් වහන්සේගේ ශ්‍රාවකයන් වහන්සේලා උතුම් ධර්මය පවසන ප්‍රතිපදාවෙහි බැසගත් සේක. භාග්‍යවතුන් වහන්සේගේ ශ්‍රාවකයන් වහන්සේලා වනාහී මාර්ග ඵල යුගල වශයෙන් සතර නමක් වන සේක. මාර්ග ඵල පුද්ගල වශයෙන් අට නමක් වන සේක. භාග්‍යවතුන් වහන්සේගේ ශ්‍රාවකයන් වහන්සේලා දුර සිට ගෙනවුත් පිළිගන්වන දානයට සුදුසු

වන සේක. ආගන්තුක දානයට සුදුසු වන සේක. පින් සලකා පුදන දානයට සුදුසු වන සේක. වැඳුම් පිදුම් ලැබීමට සුදුසු වන සේක. ලොවට උතුම් පින්කෙත වන සේක.

මේ ලෝකයෙහි යම්තාක් පිරිස් සිටින්නාහු ද, සමූහයන් සිටින්නාහු ද ඒ සියලු සමූහයන් අතර තථාගතයන් වහන්සේගේ ශ්‍රාවකයන් වහන්සේලා අග්‍ර වන්නාහුය.

යමෙක් වනාහී භාග්‍යවතුන් වහන්සේගේ ශ්‍රාවකයන් වහන්සේලා කෙරෙහි අචල ශ්‍රද්ධාවට පැමිණි සිටිත් නම්, ඔවුන්ගේ ඒ චිත්තප්‍රසාදය පවතින්නේ ලොවෙහි අග්‍ර පිරිස වූ භාග්‍යවතුන් වහන්සේගේ ශ්‍රාවකයන් වහන්සේලා කෙරෙහිය. එසේ ලොවෙහි අග්‍ර පිරිස වූ භාග්‍යවතුන් වහන්සේගේ ශ්‍රාවකයන් වහන්සේලා කෙරෙහි පැහැදුනවුන්ගේ විපාකය ද අග්‍ර වන්නේ ය. එසේ ලොවෙහි අග්‍ර පිරිස වූ භාග්‍යවතුන් වහන්සේගේ ශ්‍රාවකයන් වහන්සේලා කෙරෙහි සිත පහදාගත්තවුන්ගේ පුණ්‍ය විපාකය ද ඒකාන්තයෙන්ම අග්‍ර වන්නේ ය.

සත්වයන්ගේ වාසස්ථාන යම්තාක් ඇද්ද, භවාග්‍රයන් යම්තාක් ඇද්ද, ඒ සියල්ලටම ඉහලින් ලෝකයෙහි යමෙක් ශ්‍රේෂ්ඨත්වයට පත්වී සිටිත්ද, ඒ වනාහී රහතන් වහන්සේලා වන සේක.

ඒකාන්තයෙන් ම රහතන් වහන්සේලා සුවසේ වැඩසිටින සේක. ත්‍රිවිධ තෘෂ්ණාවම උන්වහන්සේලා තුළ නොපෙනෙන්නේය. මමත්වයෙන් යුතු මාන්නය මුලින් ම සිඳලූ සේක. අවිද්‍යා මෝහ ජාලය සිඳ බිඳ දැමූ සේක.

ඒ රහතන් වහන්සේලා තෘෂ්ණා රහිත නිවනට පත් වූ සේක. උන්වහන්සේලාගේ සිත් නොකැළඹී තිබෙන්නේය.

උන්වහන්සේලා සියලු ලෝකය හා එක් නොවී වැඩසිටින සේක. ශ්‍රේෂ්ඨත්වයට පත් වී සිටින සේක. ආශ්‍රව රහිතව සිටින සේක.

ඒ රහතන් වහන්සේලා පංච උපාදානස්කන්ධය පිරිසිඳ අවබෝධ කළ සේක. හිරි, ඔත්තප්ප ආදී සප්ත සද්ධර්මයෙන් යුතු වන සේක. බුද්ධාදී සත්පුරුෂයින්ගේ ප්‍රශංසාවට බඳුන් වූ සේක. බුදුරජාණන් වහන්සේගේ ළයෙහි උපන් දරුවන් වන සේක.

ඒ රහතන් වහන්සේලා බොජ්ඣංග ධර්ම නම් වූ සප්ත මාණික්‍යයෙන් යුතු සේක. සීල, සමාධි, ප්‍රඥා යන ත්‍රි ශික්ෂාවෙහි හික්මුණු සේක. මහා වීර වූ ඒ රහතන් වහන්සේලා භයභේරව ප්‍රහාණය කොට නිදහස් සිතින් සැරිසරා වඩින සේක.

ඒ රහතන් වහන්සේලා අංග දහයකින් සමන්විත වන සේක. මහා හස්තිරාජයන් බඳු වන සේක. සමාහිත සිත් ඇති සේක. ඒ රහතන් වහන්සේලා ලෝකයෙහි ශ්‍රේෂ්ඨ වූ සේක. ත්‍රිවිධ තෘෂ්ණාවම උන්වහන්සේලා තුළ නොපෙනෙන්නේය.

ඒ රහතන් වහන්සේලා අසේඛ ඤාණය උපදවා ගත් සේක. අන්තිම සිරුරු දරා වැඩසිටින සේක. බඹසරෙහි සාරය වන අරහත්වයට පැමිණ බාහිර උපකාර රහිතව වැඩසිටින සේක.

ඒ රහතන් වහන්සේලා ත්‍රිවිධ මානයෙන් තොරවූ හෙයින් කිසිවකට කම්පා නොවන සේක. පුනර්භවයෙන් නිදහස් වූ සේක. දන්තභූමිය නම් වූ අරහත්වයට පැමිණි සේක. ඒ රහතන් වහන්සේලා ලෝකයෙහි බලපවත්වන සේනා සහිත මරු පරදවා ජයගත් සේක.

උඩ, යට, සරස යන කවර දිශාවක් කෙරෙහි හෝ ඒ රහතන් වහන්සේලා තුළ ඇල්මක් නැත්තේමය. 'ලෝකයෙහි බුදුරජාණන් වහන්සේලා අනුත්තර වන සේක' කියමින් ඒ රහතන් වහන්සේලා සිහනද පතුරුවන සේක.

ලොවට උතුම් පින් කෙත වූ ඒ ආර්ය වූ උතුම් ශ්‍රාවකයන් වහන්සේලා උදෙසා අපි සියලු දෙනා ම අග්‍ර වූ පූජාවන් කරන්නෙමු. ඒ උතුම් ශ්‍රාවක සංඝරත්නය සාදර ගෞරවයෙන් සිහි කරන්නෙමු. සිරස නමා වන්දනා කරන්නෙමු. සාදරයෙන් සරණ යන්නෙමු.

සාදු! සාදු!! සාදු!!!

04. බුදුරජාණන් වහන්සේ විසින් වදාරණ ලද දුක්ඛ ආර්ය සත්‍යයට මේ අයුරින් වන්දනා කරමු

ඉදං ඛෝ පන භික්ඛවේ, දුක්ඛං අරියසච්චං. ජාති'පි දුක්ඛා ජරා'පි දුක්ඛා ව්‍යාධි'පි දුක්ඛෝ මරණම්පි' දුක්ඛං අප්පියේහි සම්පයෝගෝ දුක්ඛෝ පියේහි විප්පයෝගෙ ා් දුක්ඛෝ යම්පිච්ඡං න ලභති තම්පි දුක්ඛං සංඛිත්තේන පඤ්චුපාදානක්ඛන්ධා දුක්ඛා.

ඉදං දුක්ඛං අරියසච්චන්ති මේ භික්ඛවේ, පුබ්බේ අනනුස්සුතේසු ධම්මේසු චක්ඛුං උදපාදි, ඤාණං උදපාදි,

පඤ්ඤා උදපාදි, විජ්ජා උදපාදි, ආලෝකෝ උදපාදි. තං ඛෝ පනිදං දුක්ඛං අරියසච්චං පරිඤ්ඤෙය්‍යන්ති මේ භික්ඛවේ පුබ්බේ ..... පෙ .... පරිඤ්ඤාතන්ති මේ භික්ඛවේ පුබ්බේ අනනුස්සුතේසු ධම්මේසු චක්ඛුං උදපාදි, ඤාණං උදපාදි, පඤ්ඤා උදපාදි, විජ්ජා උදපාදි, ආලෝකෝ උදපාදි.

ඉදං දුක්ඛං අරියසච්චන්ති භික්ඛවේ මයා පඤ්ඤත්තං. තත්ථ අපරිමාණා වණ්ණා, අපරිමාණා ව්‍යඤ්ජනා, අපරිමාණා සංකාසනා. ඒතං හි භික්ඛවේ, අත්ථසංහිතං ඒතං ආදිබ්‍රහ්මචරියකං, ඒතං නිබ්බිදාය, විරාගාය, නිරෝධාය, උපසමාය, අභිඤ්ඤාය, සම්බෝධාය, නිබ්බානාය සංවත්තති. තස්මා තං මයා අක්ඛාතං. තස්මාතිහ භික්ඛවේ, ඉදං දුක්ඛන්ති යෝගෝ කරණීයෝ.

දුක්ඛං ඛෝ පනාහං භන්තේ, තථාගතේන භගවතා අරහතා සම්මා සම්බුද්ධේන පඨමං අරියසච්චං දේසිතං ධාරේමි අනුස්සරාමි සිරසා නමාමි.

සාධු! සාධු!! සාධු!!!

පින්වත් මහණෙනි, මෙය වනාහී දුක නම් වූ ආර්ය සත්‍යයයි. ඉපදීම ද දුකකි. ජරාව ද දුකකි. රෝගී වීම ද දුකකි. මරණය ද දුකකි. අප්‍රියයන් හා එක්වීම ද දුකකි. ප්‍රියයන්ගෙන් වෙන් වීම ද දුකකි. යමක් කැමති වෙයි ද, එය නොලැබීම ද දුකකි. සංක්ෂේපයෙන් කිවහොත් පංච උපාදානස්කන්ධය දුකකි.

පින්වත් මහණෙනි, මෙය දුක නම් වූ ආර්ය සත්‍යයයි කියා මා හට පෙර නොඇසූ විරූ ධර්මයන්හි දහම් ඇස පහළ විය. ඤාණය පහළ විය. ප්‍රඥාව පහළ විය. විද්‍යාව

පහළ විය. ආලෝකය පහළ විය. පින්වත් මහණෙනි, ඒ මේ දුක නම් වූ ආර්ය සත්‍යය පිරිසිඳ අවබෝධ කළ යුතුයි කියා මා හට පෙර නොඇසූ විරූ .... පිරිසිඳ අවබෝධ කරන ලදියි කියා මා හට පෙර නොඇසූ විරූ ධර්මයන්හි දහම් ඇස පහළ විය. ඥාණය පහළ විය. ප්‍රඥාව පහළ විය. විද්‍යාව පහළ විය. ආලෝකය පහළ විය.

පින්වත් මහණෙනි, මා විසින් මෙය වනාහී දුක නම් වූ ආර්ය සත්‍යය යැයි පණවන ලද්දේය. එහිලා අප්‍රමාණ වූ අකුරු පවසන ලද්දේය. අප්‍රමාණ වූ වචන පවසන ලද්දේය. අප්‍රමාණ වූ මූලික විස්තර පවසන ලද්දේය. පින්වත් මහණෙනි, මෙම දුක අවබෝධ කිරීම වනාහී අර්ථ සහිත වන්නේය. මෙය නිවන් මගට මුල් වන්නේය. මෙය අවබෝධයෙන් කළකිරීම පිණිස, නොඇල්ම පිණිස, ඇල්ම නිරුද්ධ වීම පිණිස, කෙලෙස් සංසිඳීම පිණිස, විශිෂ්ට ඥාණය පිණිස, අවබෝධය පිණිස, නිවන පිණිස පවතින්නේය. එම නිසා මා විසින් දුක්ඛ ආර්ය සත්‍යය පවසන ලද්දේය. එම නිසා පින්වත් මහණෙනි, මෙය වනාහී දුක්ඛාර්ය සත්‍යය යැයි අවබෝධ කිරීම පිණිස උත්සාහ කළ යුත්තේය.

ස්වාමීනී, භාග්‍යවතුන් වහන්ස, තථාගත වූ භාග්‍යවත් වූ අරහත් වූ සම්මා සම්බුදුරජාණන් වහන්සේ විසින් ප්‍රථම ආර්ය සත්‍යය වශයෙන් දුක ගැන වදාරණ ලද්දේය යන කරුණ මම ධාරණය කරගනිමි. සාදරයෙන් සිහිකරමි. සිරස නමා වදිමි.

සාදු! සාදු!! සාදු!!!

05. බුදුරජාණන් වහන්සේ විසින් වදාරණ ලද දුක්ඛ සමුදය ආර්ය සත්‍යයට මේ අයුරින් වන්දනා කරමු

ඉදං ඛෝ පන භික්ඛවේ, දුක්ඛසමුදයං අරියසච්චං. යායං තණ්හා පෝනෝභවිකා නන්දිරාගසහගතා තත්‍රතත්‍රාභිනන්දිනී. සෙය්‍යථීදං: කාමතණ්හා භවතණ්හා විභවතණ්හා.

ඉදං දුක්ඛසමුදයං අරියසච්චන්ති මේ භික්ඛවේ, පුබ්බේ අනනුස්සුතේසු ධම්මේසු චක්ඛුං උදපාදි, ඤාණං උදපාදි, පඤ්ඤා උදපාදි, විජ්ජා උදපාදි, ආලෝකෝ උදපාදි. තං ඛෝ පනිදං දුක්ඛසමුදයං අරියසච්චං පහාතබ්බන්ති මේ භික්ඛවේ පුබ්බේ ..... පෙ .... පහීනන්ති මේ භික්ඛවේ පුබ්බේ අනනුස්සුතේසු ධම්මේසු චක්ඛුං උදපාදි, ඤාණං උදපාදි, පඤ්ඤා උදපාදි, විජ්ජා උදපාදි, ආලෝකෝ උදපාදි.

ඉදං දුක්ඛසමුදයං අරියසච්චන්ති භික්ඛවේ මයා පඤ්ඤත්තං. තත්ථ අපරිමාණා වණ්ණා, අපරිමාණා ව්‍යඤ්ජනා, අපරිමාණා සංකාසනා. ඒතං හි භික්ඛවේ, අත්ථසංහිතං ඒතං ආදිබ්‍රහ්මචරියකං, ඒතං නිබ්බිදාය, විරාගාය, නිරෝධාය, උපසමාය, අභිඤ්ඤාය, සම්බෝධාය, නිබ්බානාය සංවත්තති. තස්මා තං මයා අක්ඛාතං. තස්මාතිහ භික්ඛවේ, අයං දුක්ඛසමුදයෝති යෝගෝ කරණීයෝ.

දුක්ඛසමුදයං බෝ පනාහං භන්තේ, තථාගතේන භගවතා අරහතා සම්මා සම්බුද්ධේන දුතියං අරියසච්චං දේසිතං ධාරේමි අනුස්සරාමි සිරසා නමාමි.

සාධු! සාධු!! සාධු!!!

පින්වත් මහණෙනි, මෙය වනාහී දුක හටගැනීම නම් වූ ආර්ය සත්‍යයයි. යම් මේ තණ්හාවක් පුනර්භවය ඇතිකරවා දෙයි ද, ආශ්වාදයෙන් ඇලෙන ස්වභාවයෙන් යුක්ත වෙයි ද, ඒ ඒ තැන සතුටින් පිළිගනියි ද එයයි. එනම්; කාම තණ්හාව ය. භව තණ්හාව ය. විභව තණ්හාව ය.

පින්වත් මහණෙනි, මෙය දුක හටගැනීම නම් වූ ආර්ය සත්‍යයයි කියා මා හට පෙර නොඇසූ විරූ ධර්මයන් හි දහම් ඇස පහළ විය. ඤාණය පහළ විය. ප්‍රඥාව පහළ විය. විද්‍යාව පහළ විය. ආලෝකය පහළ විය.

පින්වත් මහණෙනි, ඒ මේ දුක හටගැනීම නම් වූ ආර්ය සත්‍යය ප්‍රහාණය කළ යුතුයි කියා මා හට පෙර නොඇසූ විරූ ධර්මයන් හි දහම් ඇස පහළ විය. ඤාණය පහළ විය. ප්‍රඥාව පහළ විය. විද්‍යාව පහළ විය. ආලෝකය පහළ විය.

පින්වත් මහණෙනි, ඒ මේ දුක හටගැනීම නම් වූ ආර්ය සත්‍යය ප්‍රහාණය කරන ලදියි කියා මා හට පෙර නොඇසූ විරූ ධර්මයන්හි දහම් ඇස පහළ විය. ඤාණය පහළ විය. ප්‍රඥාව පහළ විය. විද්‍යාව පහළ විය. ආලෝකය පහළ විය.

පින්වත් මහණෙනි, මා විසින් මෙය වනාහී දුක්ඛ සමුදය නම් වූ ආර්ය සත්‍යය යැයි පණවන ලද්දේය.

එහිලා අප්‍රමාණ වූ අකුරු පවසන ලද්දේය. අප්‍රමාණ වූ වචන පවසන ලද්දේය. අප්‍රමාණ වූ මූලික විස්තර පවසන ලද්දේය. පින්වත් මහණෙනි, මෙම දුක්ඛ සමුදය ප්‍රහාණය කිරීම වනාහී අර්ථ සහිත වන්නේය. මෙය නිවන් මගට මුල් වන්නේය. මෙය අවබෝධයෙන් කළකිරීම පිණිස, නොඇල්ම පිණිස, ඇල්ම නිරුද්ධ වීම පිණිස, කෙලෙස් සංසිඳීම පිණිස, විශිෂ්ට ඤාණය පිණිස, අවබෝධය පිණිස, නිවන පිණිස පවතින්නේය. එම නිසා මා විසින් දුක්ඛ සමුදය ආර්ය සත්‍යය පවසන ලද්දේය. එම නිසා පින්වත් මහණෙනි, මෙය වනාහී දුක්ඛ සමුදය ආර්ය සත්‍යය යැයි අවබෝධයෙන් ප්‍රහාණය කිරීම පිණිස උත්සාහ කළ යුත්තේය.

ස්වාමීනී, භාග්‍යවතුන් වහන්ස, තථාගත වූ භාග්‍යවත් වූ අරහත් වූ සම්මා සම්බුදුරජාණන් වහන්සේ විසින් දෙවන ආර්ය සත්‍යය වශයෙන් දුක්ඛ සමුදය ගැන වදාරණ ලද්දේය යන කරුණ මම ධාරණය කරගනිමි. සාදරයෙන් සිහිකරමි. සිරස නමා වඳිමි.

සාදු! සාදු!! සාදු!!!

06. බුදුරජාණන් වහන්සේ විසින් වදාරණ ලද දුක්ඛ නිරෝධ ආර්ය සත්‍යයට මේ අයුරින් වන්දනා කරමු

ඉදං ඛෝ පන භික්ඛවේ, දුක්ඛනිරෝධං අරියසච්චං. යෝ තස්සායේව තණ්හාය අසේසවිරාගනිරෝධෝ චාගෝ පටිනිස්සග්ගෝ මුත්ති අනාලයෝ.

ඉදං දුක්ඛනිරෝධං අරියසච්චන්ති මේ භික්ඛවේ, පුබ්බේ අනනුස්සුතේසු ධම්මේසු චක්ඛුං උදපාදි, ඤාණං උදපාදි, පඤ්ඤා උදපාදි, විජ්ජා උදපාදි, ආලෝකෝ උදපාදි. තං ඛෝ පනිදං දුක්ඛනිරෝධං අරියසච්චං සච්ඡිකාතබ්බන්ති මේ භික්ඛවේ පුබ්බේ ..... පෙ .... සච්ඡිකතන්ති මේ භික්ඛවේ පුබ්බේ අනනුස්සුතේසු ධම්මේසු චක්ඛුං උදපාදි, ඤාණං උදපාදි, පඤ්ඤා උදපාදි, විජ්ජා උදපාදි, ආලෝකෝ උදපාදි.

ඉදං දුක්ඛනිරෝධං අරියසච්චන්ති භික්ඛවේ මයා පඤ්ඤත්තං. තත්ථ අපරිමාණා වණ්ණා, අපරිමාණා ව්‍යඤ්ජනා, අපරිමාණා සංකාසනා. ඒතං හි භික්ඛවේ, අත්ථසංහිතං ඒතං ආදිබ්‍රහ්මචරියකං, ඒතං නිබ්බිදාය, විරාගාය, නිරෝධාය, උපසමාය, අභිඤ්ඤාය, සම්බෝධාය, නිබ්බානාය සංවත්තති. තස්මා තං මයා අක්ඛාතං. තස්මාතිහ භික්ඛවේ, අයං දුක්ඛනිරෝධෝති යෝගෝ කරණීයෝ.

දුක්ඛනිරෝධං ඛෝ පනාහං භන්තේ, තථාගතේන භගවතා අරහතා සම්මා සම්බුද්ධේන තතියං අරියසච්චං දේසිතං ධාරේමි අනුස්සරාමි සිරසා නමාමි.

සාධු! සාධු!! සාධු!!!

පින්වත් මහණෙනි, මෙය වනාහී දුක නිරුද්ධ වීම නම් වූ ආර්ය සත්‍යයයි. ඒ ත්‍රිවිධ තණ්හාවේ ම ඉතිරි නැතුව, නොඇල්මෙන් යම් නිරෝධයක් ඇද්ද, අත්හැරීමක් ඇද්ද, දුරින් ම දුරු කිරීමක් ඇද්ද, නිදහස් වීමක් ඇද්ද, ආලය රහිත වීමක් ඇද්ද, එයයි.

පින්වත් මහණෙනි, මෙය දුක නිරුද්ධ වීම නම් වූ ආර්ය සත්‍යයයි කියා මා හට පෙර නොඇසූ විරූ ධර්මයන්හි දහම් ඇස පහළ විය. ඤාණය පහළ විය. ප්‍රඥාව පහළ විය. විද්‍යාව පහළ විය. ආලෝකය පහළ විය.

මහණෙනි, ඒ මේ දුක නිරුද්ධ වීම නම් වූ ආර්ය සත්‍යය විද්‍යා විමුක්ති වශයෙන් සාක්ෂාත් කළ යුතුයි කියා මා හට පෙර නොඇසූ විරූ ධර්මයන්හි දහම් ඇස පහළ විය. ඤාණය පහළ විය. ප්‍රඥාව පහළ විය. විද්‍යාව පහළ විය. ආලෝකය පහළ විය.

මහණෙනි, ඒ මේ දුක නිරුද්ධ වීම නම් වූ ආර්ය සත්‍යය විද්‍යා විමුක්ති වශයෙන් සාක්ෂාත් කරන ලදියි කියා මා හට පෙර නොඇසූ විරූ ධර්මයන් හි දහම් ඇස පහළ විය. ඤාණය පහළ විය. ප්‍රඥාව පහළ විය. විද්‍යාව පහළ විය. ආලෝකය පහළ විය.

පින්වත් මහණෙනි, මා විසින් මෙය වනාහී දුක්ඛ නිරෝධ නම් වූ ආර්ය සත්‍යය යැයි පණවන ලද්දේය. එහිලා අප්‍රමාණ වූ අකුරු පවසන ලද්දේය. අප්‍රමාණ වූ වචන පවසන ලද්දේය. අප්‍රමාණ වූ මූලික විස්තර පවසන ලද්දේය. පින්වත් මහණෙනි, මෙම දුක්ඛ නිරෝධය සාක්ෂාත් කිරීම වනාහී අර්ථ සහිත වන්නේය. මෙය නිවන් මගට මුල් වන්නේය. මෙය අවබෝධයෙන් කළකිරීම පිණිස, නොඇල්ම පිණිස, ඇල්ම නිරුද්ධ වීම පිණිස, කෙලෙස් සංසිඳීම පිණිස, විශිෂ්ට ඥානය පිණිස, අවබෝධය පිණිස, නිවන පිණිස පවතින්නේය. එම නිසා මා විසින් දුක්ඛ නිරෝධ ආර්ය සත්‍යය පවසන ලද්දේය. එම නිසා පින්වත් මහණෙනි, මෙය වනාහී දුක්ඛ නිරෝධ ආර්ය සත්‍යය යැයි අවබෝධයෙන් සාක්ෂාත් කිරීම පිණිස උත්සාහ කළ යුත්තේය.

ස්වාමීනී, භාග්‍යවතුන් වහන්ස, තථාගත වූ භාග්‍යවත් වූ අරහත් වූ සම්මා සම්බුදුරජාණන් වහන්සේ විසින් තුන්වන ආර්ය සත්‍යය වශයෙන් දුක්ඛ නිරෝධය ගැන වදාරණ ලද්දේය යන කරුණ මම ධාරණය කරගනිමි. සාදරයෙන් සිහිකරමි. සිරස නමා වදිමි.

සාදු! සාදු!! සාදු!!!

07. බුදුරජාණන් වහන්සේ විසින් වදාරණ ලද දුක්ඛ නිරෝධගාමිනී පටිපදා ආර්ය සත්‍යයට මේ අයුරින් වන්දනා කරමු

ඉදං ඛෝ පන භික්ඛවේ, දුක්ඛනිරෝධගාමිනීපටිපදා අරියසච්චං. අයමේව අරියෝ අට්ඨංගිකෝ මග්ගෝ. සෙය්‍යථීදං: සම්මාදිට්ඨි සම්මාසංකප්පෝ සම්මාවාචා සම්මාකම්මන්තෝ සම්මාආජීවෝ සම්මාවායාමෝ සම්මාසති සම්මාසමාධි.

ඉදං දුක්ඛනිරෝධගාමිනීපටිපදා අරියසච්චන්ති මේ භික්ඛවේ, පුබ්බේ අනනුස්සුතේසු ධම්මේසු චක්ඛුං උදපාදි, ඥාණං උදපාදි, පඤ්ඤා උදපාදි, විජ්ජා උදපාදි, ආලෝකෝ උදපාදි. තං ඛෝ පනිදං දුක්ඛනිරෝධ ගාමිනීපටිපදා අරියසච්චං භාවේතබ්බන්ති මේ භික්ඛවේ පුබ්බේ ..... පෙ .... භාවිතන්ති මේ භික්ඛවේ පුබ්බේ අනනුස්සුතේසු ධම්මේසු චක්ඛුං උදපාදි, ඥාණං උදපාදි, පඤ්ඤා උදපාදි, විජ්ජා උදපාදි, ආලෝකෝ උදපාදි.

ඉදං දුක්ඛනිරෝධගාමිනී පටිපදා අරියසච්චන්ති භික්ඛවේ මයා පඤ්ඤත්තං. තත්ථ අපරිමාණා වණ්ණා, අපරිමාණා ව්‍යඤ්ජනා, අපරිමාණා සංකාසනා. ඒතං හි භික්ඛවේ, අත්ථසංහිතං ඒතං ආදිබ්‍රහ්මචරියකං, ඒතං නිබ්බිදාය, විරාගාය, නිරෝධාය, උපසමාය, අභිඤ්ඤාය, සම්බෝධාය, නිබ්බානාය සංවත්තති. තස්මා තං මයා අක්ඛාතං. තස්මාතිහ භික්ඛවේ, අයං දුක්ඛනිරෝධගාමිනී

පටිපදාති යෝගෝකරණීයෝ.

දුක්ඛනිරෝධගාමිනීපටිපදං ඛෝ පනාහං භන්තේ, තථාගතේන භගවතා අරහතා සම්මා සම්බුද්ධේන චතුත්ථං අරියසච්චං දේසිතං ධාරේමි අනුස්සරාමි සිරසා නමාමි.

සාධු! සාධු!! සාධු!!!

පින්වත් මහණෙනි, මෙය වනාහී දුක නිරුද්ධ වීම පිණිස පවතින ප්‍රතිපදාව නම් වූ ආර්ය සත්‍යයයි. ඒ වනාහී මේ ආර්ය අෂ්ටාංගික මාර්ගයයි. එනම්; සම්මා දිට්ඨිය ද, සම්මා සංකප්පය ද, සම්මා වාචා ද, සම්මා කම්මන්තය ද, සම්මා ආජීවය ද, සම්මා වායාමය ද, සම්මා සතිය ද, සම්මා සමාධිය ද යන මෙයයි.

පින්වත් මහණෙනි, මෙය වනාහී දුක නිරුද්ධ වීම පිණිස පවතින ප්‍රතිපදාව නම් වූ ආර්ය සත්‍යයයි කියා මා හට පෙර නොඇසූ විරූ ධර්මයන්හි දහම් ඇස පහළ විය. ඤාණය පහළ විය. ප්‍රඥාව පහළ විය. විද්‍යාව පහළ විය. ආලෝකය පහළ විය.

පින්වත් මහණෙනි, ඒ මේ දුක නිරුද්ධ වීම පිණිස පවතින ප්‍රතිපදාව නම් වූ ආර්ය සත්‍යය ශීල, සමාධි, ප්‍රඥා වශයෙන් වැඩිය යුතුයි කියා මා හට පෙර නොඇසූ විරූ ධර්මයන්හි දහම් ඇස පහළ විය. ඤාණය පහළ විය. ප්‍රඥාව පහළ විය. විද්‍යාව පහළ විය. ආලෝකය පහළ විය.

පින්වත් මහණෙනි, ඒ මේ දුක නිරුද්ධ වීම පිණිස පවතින ප්‍රතිපදාව නම් වූ ආර්ය සත්‍යය සීල, සමාධි, ප්‍රඥා වශයෙන් වඩන ලදියි කියා මා හට පෙර නොඇසූ විරූ ධර්මයන්හි දහම් ඇස පහළ විය. ඤාණය පහළ විය. ප්‍රඥාව පහළ විය. විද්‍යාව පහළ විය. ආලෝකය පහළ විය.

පින්වත් මහණෙනි, මා විසින් මෙය වනාහී දුක්ඛ නිරෝධගාමිනී පටිපදාව නම් වූ ආර්ය සත්‍යය යැයි පණවන ලද්දේය. එහිලා අප්‍රමාණ වූ අකුරු පවසන ලද්දේය. අප්‍රමාණ වූ වචන පවසන ලද්දේය. අප්‍රමාණ වූ මූලික විස්තර පවසන ලද්දේය. පින්වත් මහණෙනි, මෙම දුක්ඛ නිරෝධගාමිනී පටිපදාව ප්‍රගුණ කිරීම වනාහී අර්ථ සහිත වන්නේය. මෙය නිවන් මගට මුල් වන්නේය. මෙය අවබෝධයෙන් කළකිරීම පිණිස, නොඇල්ම පිණිස, ඇල්ම නිරුද්ධ වීම පිණිස, කෙලෙස් සංසිඳීම පිණිස, විශිෂ්ට ඤාණය පිණිස, අවබෝධය පිණිස, නිවන පිණිස පවතින්නේය. එම නිසා මා විසින් දුක්ඛ නිරෝධගාමිනී පටිපදා ආර්ය සත්‍යය පවසන ලද්දේය. එම නිසා පින්වත් මහණෙනි, මෙය වනාහී දුක්ඛ නිරෝධගාමිනී පටිපදා ආර්ය සත්‍යය යැයි අවබෝධයෙන් ප්‍රගුණ කිරීම පිණිස උත්සාහ කළ යුත්තේය.

ස්වාමීනී, භාග්‍යවතුන් වහන්ස, තථාගත වූ භාග්‍යවත් වූ අරහත් වූ සම්මා සම්බුදුරජාණන් වහන්සේ විසින් සිව්වෙනි ආර්ය සත්‍යය වශයෙන් දුක්ඛ නිරෝධගාමිනී පටිපදාව ගැන වදාරණ ලද්දේය යන කරුණ මම ධාරණය කරගනිමි. සාදරයෙන් සිහිකරමි. සිරස නමා වදිමි.

සාදු! සාදු!! සාදු!!!

08. බුදුරජාණන් වහන්සේ විසින් වදාරණ ලද ඒ අමා මහ නිවනට මේ අයුරින් වන්දනා කරමු

යාවතා භික්ඛවේ ධම්මා සංඛතා වා, අසංඛතා වා විරාගෝ තේසං අග්ගමක්ඛායති. යදිදං මදනිම්මදනෝ පිපාසවිනයෝ ආලයසමුග්ඝාතෝ වට්ටූපච්ඡේදෝ තණ්හක්ඛයෝ විරාගෝ නිරෝධෝ නිබ්බාණං.

ඒතං සන්තං, ඒතං පණීතං යදිදං සබ්බසංඛාරසමථෝ සබ්බූපධිපටිනිස්සග්ගෝ, තණ්හක්ඛයෝ නිරෝධෝ නිබ්බාණං.

අත්ථි භික්ඛවේ තදායතනං, යත්ථ නේව පඨවි, න ආපෝ, න තේජෝ, න වායෝ, න ආකාසානඤ්චායතනං, න විඤ්ඤාණඤ්චායතනං, න ආකිඤ්චඤ්ඤායතනං, න නේවසඤ්ඤානාසඤ්ඤායතනං, නායං ලෝකෝ, න පරලෝකෝ, න උභෝ චන්දිමසූරියා, තත්‍රාපාහං භික්ඛවේ නේව ආගතිං වදාමි. න ගතිං, න ඨිතිං, න චුතිං, න උපපත්තිං, අප්පතිට්ඨං, අප්පවත්තං, අනාරම්මණමේවේතං. ඒසේවන්තෝ දුක්ඛස්සාති.

අත්ථි භික්ඛවේ අජාතං, අභූතං, අකතං, අසංඛතං. නෝ චේතං භික්ඛවේ අභවිස්ස, අජාතං, අභූතං, අකතං, අසංඛතං නයිධ ජාතස්ස, භූතස්ස, කතස්ස, සංඛතස්ස නිස්සරණං පඤ්ඤායේථ. යස්මා ච බෝ භික්ඛවේ, අත්ථි

අජාතං, අභූතං, අකතං, අසංඛතං. තස්මා ජාතස්ස, භූතස්ස, කතස්ස, සංඛතස්ස නිස්සරණං පඤ්ඤායතී'ති.

නිබ්බාණං බෝ පනාහං භන්තේ, තථාගතේන භගවතා අරහතා සම්මා සම්බුද්ධේන දේසිතං ධාරේමි අනුස්සරාමි සිරසා නමාමි. තං විරාගං දීපං ලේණං ඨානං සරණං පරායණං සිවං අමතං පණීතං අනිදස්සනං අජරං ධුවං නිපුණං ගම්භීරං සච්චං පාරං නිබ්බාණං සදා වන්දාමි අනුස්සරාමි සරණං ගච්ඡාමි.

සාධු! සාධු!! සාධු!!!

පින්වත් මහණෙනි, යම්තාක් ධර්මයෝ හේතුප්‍රත්‍යයන්ගෙන් හටගත්තාහු වෙත්ද, හේතුප්‍රත්‍යයන්ගෙන් හටනොගත්තාහු වෙත්ද, ඒ සියල්ල අතර අග්‍ර වන්නේ විරාගී වූ නිවනයි. එනම්; මේ කෙලෙස් මද නැතිකිරීමක් ඇද්ද, කෙලෙස් පිපාසය දුරුවීමක් ඇද්ද, ආලය මුලිනුපුටා දැමීමක් ඇද්ද, සසර ගමන නවතාලීමක් ඇද්ද, තෘෂ්ණාව ක්ෂය කිරීමක් ඇද්ද, විරාගයක් ඇද්ද, තෘෂ්ණා නිරෝධයක් ඇද්ද, අමා මහ නිවනක් ඇද්ද, එයයි.

මෙය වනාහී ශාන්ත වූ දෙයකි. මෙය ප්‍රණීත වූ දෙයකි. එනම්; සියලු සංස්කාරයන්ගේ සංසිඳීමක් ඇද්ද, සියලු කෙලෙස් දුරුවීමක් ඇද්ද, තෘෂ්ණාව ක්ෂය කිරීමක් ඇද්ද, තෘෂ්ණා නිරෝධයක් ඇද්ද, අමා මහ නිවනක් ඇද්ද, එයයි.

පින්වත් මහණෙනි, අමා මහ නිවන නම් වූ තැනක් තිබෙන්නේමය. යම් තැනක පඨවි ධාතුව

නැද්ද, ආපෝ ධාතුව නැද්ද, තේජෝ ධාතුව නැද්ද, වායෝ ධාතුව නැද්ද, ආකාසානඤ්චායතනය නැද්ද, විඤ්ඤාණඤ්චායතනය නැද්ද, ආකිඤ්චඤ්ඤායතනය නැද්ද, නේවසඤ්ඤානාසඤ්ඤායතනය නැද්ද, මේ ලෝකය නැද්ද, පරලොවක් නැද්ද, හිරු සඳු නැද්ද, පින්වත් මහණෙනි, ඒ අමා මහ නිවන තුළ සත්වයාගේ පැමිණීමක් නැත්තේය. පිටවී යාමක් නැත්තේය. සිටීමක් නැත්තේය. චුතියක් නැත්තේය. උපතක් නැත්තේය. එය නොපිහිටා තිබෙන තැනකි. නොපවතින තැනකි. අරමුණු රහිත තැනකි. එය වනාහී දුකෙන් නිදහස් වූ තැන වේ.

පින්වත් මහණෙනි, නූපන්නා වූ, හටනොගත්තා වූ, නොකරන ලද්දා වූ, අසංඛත වූ නිවන නම් වූ තැනක් තිබෙන්නේ ම ය. පින්වත් මහණෙනි, නූපන්නා වූ, හටනොගත්තා වූ, නොකරන ලද්දා වූ, අසංඛත වූ මේ නිවන නොතිබෙන්නේ නම් උපන්නා වූ, හටගත්තා වූ, සකස් කරන ලද්දා වූ, සංඛත වූ සත්වයා හට දුකින් නිදහස්වීමක් නොපෙනෙන්නේ ම ය. පින්වත් මහණෙනි, යම්හෙයකින් නූපන්නා වූ, හටනොගත්තා වූ, නොකරන ලද්දා වූ, අසංඛත වූ අමා නිවන තිබෙන්නේද, එනිසාම උපන්නා වූ, හටගත්තා වූ, සකස් කරන ලද්දා වූ, සංඛත වූ සත්වයා හට සසර දුකින් නිදහස් වීමක් තිබෙන්නේ ම ය.

ස්වාමීනී, භාග්‍යවතුන් වහන්ස, තථාගත වූ භාග්‍යවත් වූ අරහත් වූ සම්මා සම්බුදුරජාණන් වහන්සේ විසින් අමා මහ නිවන ගැන වදාරණ ලද්දේය යන කරුණ මම ධාරණය කරගනිමි. සාදරයෙන් සිහිකරමි. සිරස නමා වඳිමි.

ඒ විරාගය නම් වූ, සයුරෙන් එතෙර වන දූපත නම්

වූ, රැකවරණ ඇති ලෙන නම් වූ, පිහිට ලැබෙන ස්ථානය නම් වූ, එකම සරණ නම් වූ, එකම පිහිට නම් වූ, පරම සුන්දර නම් වූ, අමෘතය නම් වූ, ප්‍රණීත නම් වූ, අනිදර්ශන නම් වූ, ජරා රහිත නම් වූ, ස්ථිර නම් වූ, සියුම් නම් වූ, ගම්භීර නම් වූ, සත්‍යය නම් වූ, එතෙර නම් වූ, අමා මහ නිවනට මම සදා වන්දනා කරමි. සාදර ගෞරවයෙන් සිහි කරමි. සරණ යමි.

සාදු! සාදු!! සාදු!!!

සිරි ගෞතම බෝධි වන්දනාව

පින්වත්නි, අපගේ ශාස්තෘන් වහන්සේ වන ඒ භාග්‍යවත් අරහත් සම්මා සම්බුදුරජාණන් වහන්සේ උතුම් ශ්‍රී සම්බුද්ධත්වය ලබන මොහොතේ නේරංජරා නදී තෙර වජිරාසනය මත වැඩහිඳිනා වේලේ ඒ අපගේ භාග්‍යවත් බුදුරජාණන් වහන්සේට සෙවණ සැලසූ අපගේ බුදුරජාණන් වහන්සේගේ බෝධීන් වහන්සේ වන ඇසතු බෝධීන් වහන්සේ, සිරි ගෞතම බෝධීන් වහන්සේ, ජය ශ්‍රී මහා බෝධීන් වහන්සේ අපි ආදරයෙන් වන්දනා කරමු.

01. සාදු! සාදු! බුදුරුවන වඳින්ටයි
සාදු! සාදු! සදහම් නමඳින්ටයි
සාදු! සාදු! සඟරුවන වඳින්ටයි
සාදු! සාදු! තෙරුවන් නමඳින්ටයි

02. ගෞතම මුනිඳුගෙ සරණ ලැබෙන්ටයි
සම්බුදු බණ පද මට සිහි වෙන්ටයි
ලොව්තුරු සඟ ගුණ සිහි කරගන්ටයි
ගෞතම සසුනේ පිහිට ලබන්ටයි

03. වඳිමි වඳිමි බුදු සමිඳුන් වඳිමි
වඳිමි වඳිමි සිරි සදහම් වඳිමි
වඳිමි වඳිමි සඟරුවන ද වඳිමි
වඳිමි වඳිමි මම තෙරුවන් වඳිමි

ඒ භාග්‍යවත් වූ අරහත් වූ ගෞතම නම් වූ අපගේ සම්මා සම්බුදුරජාණන් වහන්සේ නේරංජරා නදිය අසබඩ වජිරාසනය මත වැඩහිඳ ජය ශ්‍රී මහා බෝ සෙවණේදී අරහත්වය පත් වූ සේක. සම්මා සම්බුදු බවට පත් වූ සේක. විජ්ජාචරණ සම්පන්න බවට පත් වූ සේක. සුගත බවට පත් වූ සේක. ලෝකවිදූ බවට පත් වූ සේක. අනුත්තරෝ පුරිස දම්ම සාරථී බවට පත් වූ සේක. දෙවි මිනිසුන්ගේ ශාස්තෘන් වහන්සේ බවට පත් වූ සේක. බුද්ධ බවට පත් වූ සේක. භගවා බවට පත් වූ සේක. මේ අසිරිමත් ගුණයන් ලබාගත් සේක. තුන් ලොව දිනන මොහොතේදී අපගේ භාග්‍යවතුන් වහන්සේට සෙවණ සළසාලූ ජය ශ්‍රී මහා බෝධීන් වහන්සේට මම නමස්කාර කරමි. මාගේ නමස්කාරය වේවා!

සාදු! සාදු!! සාදු!!!

යස්ස මූලේ නිසින්නෝව - සබ්බාරි විජයං අකා
පත්තෝ සබ්බඤ්ඤුතං සත්ථා - වන්දේ තං බෝධිපාදපං

වාඩි වී යම් රුකක් සෙවණේ - හැම සතුරු මුල් පරදවා
ලැබූ නිසා එහි මුනිඳු බුදු බව - වඳිමු අපි ඒ බෝ රජාණන්

ඉමේ ඒතේ මහා බෝධි - ලෝකනාථේන පූජිතා
අහම්පි තේ නමස්සාමි - බෝධිරාජා නමත්ථුතේ

ලෝකනාථ අප මුනි රජුගෙන් - පිදුම් ලැබූ සිරි මහ බෝධී
මමත් වඳිමි ඔබ සාදරයෙන් - අපගේ සිරි ගෞතම බෝධී

සේවිතං ධම්මරාජේන - පත්තුං සම්බෝධි මුත්තමං
පූජේමි බෝධිරාජානං - දීපාලෝකේන සාදරං

උතුම් බුදුබව ලබන මොහොතේ - දම් රජුන් සෙවුනා ලදින්
පුදමි අපගේ බෝ රජාණන් - දිලෙන මේ ආලෝකයෙන්

සේවිතං ධම්මරාජේන - පත්තුං සම්බෝධි මුත්තමං
පූජේමි බෝධිරාජානං - ගන්ධධූපේන සාදරං

උතුම් බුදුබව ලබන මොහොතේ - දම් රජුන් සෙවුනා ලදින්
පුදමි අපගේ බෝ රජාණන් - සුවඳ පැතිරෙන මේ දුමෙන්

සේවිතං ධම්මරාජේන - පත්තුං සම්බෝධි මුත්තමං
පූජේමි බෝධිරාජානං - මාලාදාමේන සාදරං

උතුම් බුදුබව ලබන මොහොතේ - දම් රජුන් සෙවුනා ලදින්
පුදමි අපගේ බෝ රජාණන් - සුවඳ මල් මාලා වලින්

සේවිතං ධම්මරාජේන - පත්තුං සම්බෝධි මුත්තමං
පූජේමි බෝධිරාජානං - පානීයං උපනාමිතං

උතුම් බුදුබව ලබන මොහොතේ - දම් රජුන් සෙවුනා ලදින්
පුදමි අපගේ බෝ රජාණන් - රැගෙන ආ පිරිසිදු පැනින්

සේවිතං ධම්මරාජේන - පත්තුං සම්බෝධි මුත්තමං
පූජේමි බෝධිරාජානං - ගිලාන පච්චයං ඉමං

උතුම් බුදුබව ලබන මොහොතේ - දම් රජුන් සෙවුනා ලදින්
පුදමි අපගේ බෝ රජාණන් - මේ ගිලන්පස පානයෙන්

සේවිතං ධම්මරාජේන - පත්තුං සම්බෝධි මුත්තමං
පූජේමි බෝධිරාජානං - භේසජ්ජං උපනාමිතං

උතුම් බුදුබව ලබන මොහොතේ - දම් රජුන් සෙවුනා ලදින්
පුදමි අපගේ බෝ රජාණන් - මේ බෙහෙත් ඖෂධ පැනින්

සේවිතං ධම්මරාජේන - පත්තුං සම්බෝධි මුත්තමං
පූජේමි බෝධිරාජානං - සබ්බං සද්ධාය පූජිතං

උතුම් බුදුබව ලබන මොහොතේ - දම් රජුන් සෙවුනා ලදින්
පුදමි අපගේ බෝ රජාණන් - සියලු පූජාවන් වලින්

1. අපගේ ගෞතම මුනිඳු උපන් දා
- පොළොවෙන් මතුවුණ බෝ රජුනේ
ගෞතම මුනිඳුට සෙවණැලි සුව දුන්
- වළාකුලක් වැනි බෝ රජුනේ
ගෞතම මුනිඳුගෙ සම්බුදු බලයෙන්
- ලොව වැඩසිටිනා බෝ රජුනේ
දෝත නගා හිස සාදු කියා අපි
- බැතියෙන් නමදිමු බෝ රජුනේ

2. නේරංජර ගං තිරයේ අසබඩ
- සුවසේ වැඩහුන් බෝ රජුනේ
කුස තණ ගෙන බෝ රුක වෙත වැඩියා
- අපගේ මුනිඳුන් බෝ රජුනේ
පෙරදිග බලමින් ගෞතම මුනිඳුන්
- වැඩ සිටි විට එහි බෝ රජුනේ
සාදු! සාදු! ඔබ අපගේ මුනිඳුට
- සිසිලස දුන්නා බෝ රජුනේ

3. කාත් කවුරුවත් නැති ඒ මොහොතේ
- මුනි තනියට සිටි බෝ රජුනේ
විදුරසුනේ සිට වීරිය වඩනා
- මුනිඳුන් රැකගත් බෝ රජුනේ
සේනා සහිතව මරු ඇවිදින් එහි
- සටන් කරන විට බෝ රජුනේ
අපගේ මුනිඳුන් පිටුපස වී ඔබ
- නොසැලී සිටියා බෝ රජුනේ

4. තුන් ලොව ජයගෙන මුනිඳු දිනන විට
- සතුටින් සිටි අප බෝ රජුනේ
සම්මා සම්බුදු අපගේ ගෞතම

- මුනිඳුන් පිට දුන් බෝ රජුනේ

බුදු රැස් විහිදෙන අසිරිය දකිමින්

- නිහඬව වැඩහුන් බෝ රජුනේ

දෝත නගා හිස සාදු කියා අපි

- බැතියෙන් නමදිමු බෝ රජුනේ

5. පෙරයම පෙර කඳ පිළිවෙල දකිනා

- පළමු නුවණ ලැබ බෝ රජුනේ

ඉපදෙන මැරෙනා ලෝ සත දකිනා

- දෙවන නුවණ ලැබ බෝ රජුනේ

සියලුම කෙලෙසුන් වැනසී නිකෙලෙස්

- තෙවන නුවණ ලැබ බෝ රජුනේ

අපගේ මුනිඳුන් සම්බුදු වන විට

- ඔබ එය දුටුවා බෝ රජුනේ

6. සම්බුදු බව ලද ගෞතම මුනිඳුට

- පවන් සැලූ අප බෝ රජුනේ

සතියක් නොසැලී වැඩහුන් මුනිඳුට

- රැකවරණය දුන් බෝ රජුනේ

අප මුනිඳුන් හට සෙවණ සදන්නට

- වාසනාව ලද බෝ රජුනේ

දෝත නගා හිස සාදු කියා අපි

- බැතියෙන් නමදිමු බෝ රජුනේ

7. සතියක් අරහත් සුවයෙන් නොසැලී

- මුනිඳුන් සිටි විට බෝ රජුනේ

ගෞතම මුනිඳුට රැකවරණය දී

- සිසිලස සැලසූ බෝ රජුනේ

දෙව්වරු අහසින් මල් පුදනා විට

- පිදුම් ලැබූ අප බෝ රජුනේ

දෝත නගා හිස සාදු කියා අපි
      - බැතියෙන් නමදිමු බෝ රජුනේ

8.   අපගේ ගෞතම මුනිඳුන් සතියක්
      - සක්මන් කළ විට බෝ රජුනේ
සිලි සිලි ගා බෝ පත් සෙළවී ගොස්
      - පවන් සැලූ අප බෝ රජුනේ
ගෞතම මුනිඳුගෙ සක්මන් මළුවට
      - සිහිල් සෙවණ දුන් බෝ රජුනේ
දෝත නගා හිස සාදු කියා අපි
      - බැතියෙන් නමදිමු බෝ රජුනේ

9.   ඊසාන දෙසින් අප මුනිඳුන් වැඩහිඳ
      - ඔබ දෙස බැලුවා බෝ රජුනේ
සතියක් සම්බුදු දෙනෙත් නොසෙල්වී
      - ඔබ පුද ලැබුවා බෝ රජුනේ
ගෞතම මුනිඳුගෙ බෝධිය ලෙස ඔබ
      - නිති පුද ලබනා බෝ රජුනේ
දෝත නගා හිස සාදු කියා අපි
      - බැතියෙන් නමදිමු බෝ රජුනේ

10.   අහසේ රැස් වූ දේව බඹුන් කැල
      - සැක කළ විට එය බෝ රජුනේ
අපගේ මුනිරජු අහසට වඩිමින්
      - පෙළහර පෑවා බෝ රජුනේ
එකවිට ගිනිදැල් හා දිය දහරා
      - විහිදුවනා විට බෝ රජුනේ
ගෞතම මුනිඳුගෙ පෙළහර දැකුමට
      - වාසනාව ලද බෝ රජුනේ

11. මිහිකත සෙලවී කම්පා වන විට
- නොසැලී සිටි අප බෝ රජුනේ
දඹදිව් තලයෙන් සිරිලංකාවෙන්
- පිදුම් ලැබූ අප බෝ රජුනේ
අනුරපුරේ උඩමළුවේ වැඩහිඳ
- මච්බිම සුරකින බෝ රජුනේ
දෝත නගා හිස සාදු කියා අපි
- බැතියෙන් නමදිමු බෝ රජුනේ

12. දේව නාග නර බ්‍රහ්මරාජ කැල
- නිති පුද දෙන අප බෝ රජුනේ
සක් දෙවිඳුන්ගේ සංඛනාදයෙන්
- පිදුම් ලබන අප බෝ රජුනේ
සතර වරම් දෙව් රජදරුවන්ගෙන්
- රැකවරණය ලද බෝ රජුනේ
දෝත නගා හිස සාදු කියා අපි
- බැතියෙන් නමදිමු බෝ රජුනේ

14. සුවඳ මලින් හැම පුදදෙන බෝධිය
සුවඳ පැනින් පැන් වඩනා බෝධිය
සුවඳ දුමින් පුද ලබනා බෝධිය
අපිත් වදිමු සිරි ගෞතම බෝධිය

15. රන් වැටකින් පුද ලබනා බෝධිය
රන් වැට අතරින් දිලෙනා බෝධිය
රන් වන් පාටින් දළු ලන බෝධිය
අපිත් වදිමු සිරි ගෞතම බෝධිය

16. සිහිලැල් පැන් පුද ලබනා බෝධිය
මිහිරි ගිලන්පස පුදනා බෝධිය
බෙහෙත් ගිලන්පස පුදනා බෝධිය
අපිත් වඳිමු සිරි ගෞතම බෝධිය

17. රන් මාලාවෙන් පුදනා බෝධිය
කොඩි පළඳා සරසවනා බෝධිය
දෙව් මිනිසුන් නිති වඳිනා බෝධිය
අපිත් වඳිමු සිරි ගෞතම බෝධිය

18. සිරිලක් බිම වැඩහිඳිනා බෝධිය
සිරිලක් බිම සෙත සදනා බෝධිය
ලක්මවගේ මිණි කිරුළයි බෝධිය
අපිත් වඳිමු සිරි ගෞතම බෝධිය

සාදු! සාදු!! සාදු!!!

(පිරිත් සජ්ඣායනා කිරීම සහ මෙත් සිත පැතිරවීම මෙතැන් සිට සිදුකළ හැකිය.)

- **පුණ්‍යානුමෝදනා :-**

සක්කෝ දේවානමින්දෝ - ඉමං පුඤ්ඤානුමෝදතු !
සටීකාරෝ බ්‍රහ්මරාජා - ඉමං පුඤ්ඤානුමෝදතු !
විස්සකම්මෝ දේවපුත්තෝ - ඉමං පුඤ්ඤානුමෝදතු !
පුඤ්ඤං තං අනුමෝදිත්වා - චිරං රක්ඛන්තු බුද්ධ සාසනං.

පුරිමං දිසං ධතරට්ඨෝ - දක්ඛිණේන විරූළ්හකෝ
පච්ඡිමේන විරූපක්ඛෝ - කුවේරෝ උත්තරං දිසං
චත්තාරෝ තේ මහාරාජා - ඉමං පුඤ්ඤානුමෝදන්තු !
පුඤ්ඤං තං අනුමෝදිත්වා - චිරං රක්ඛන්තු බුද්ධ සාසනං.

ඉන්දෝ සෝමෝ වරුණෝ ච - භාරද්වාජෝ පජාපතී,
චන්දනෝ කාමසෙට්ඨෝ ච - කින්නිඝණ්ඩු නිඝණ්ඩු ච.
පනාදෝ ඕපමඤ්ඤෝ ච - දේවසූතෝ ච මාතලී,
චිත්තසේනෝ ච ගන්ධබ්බෝ
- නලෝ රාජා ජනේසභෝ.
සාතාගිරෝ හේමවතෝ - පුණ්ණකෝ කරතියෝ ගුළෝ,
සීවකෝ මුචලින්දෝ ච - වෙස්සාමිත්තෝ යුගන්ධරෝ.
ගෝපාලෝ සුප්පගේධෝ ච - හිරිනෙත්තී ච මන්දියෝ,
පඤ්චාලචණ්ඩෝ ආළවකෝ පජ්ජුන්නෝ
- සුමනෝ සුමුඛෝ දධීමුඛෝ,
මණි මාණි චරෝ දීඝෝ - අථෝ සේරිස්සකෝ සහ.
ඒතේ සේනාපතී දේවා - ඉමං පුඤ්ඤානුමෝදන්තු !
පුඤ්ඤං තං අනුමෝදිත්වා - චිරං රක්ඛන්තු බුද්ධ සාසනං.

ආකාසට්ඨා ච භුම්මට්ඨා - දේවා නාගා මහිද්ධිකා
පුඤ්ඤං තං අනුමෝදිත්වා - චිරං රක්ඛන්තු බුද්ධ සාසනං

ආකාසට්ඨා ච භුම්මට්ඨා - දේවා නාගා මහිද්ධිකා
පුඤ්ඤං තං අනුමෝදිත්වා - චිරං රක්ඛන්තු බුද්ධ දේසනං

ආකාසට්ඨා ච භුම්මට්ඨා - දේවා නාගා මහිද්ධිකා
පුඤ්ඤං තං අනුමෝදිත්වා - චිරං රක්ඛන්තු මං පරං

ඉදං මේ ඤාතීනං හෝතු - සුඛිතා හොන්තු ඤාතයෝ
ඉදං මේ ඤාතීනං හෝතු - සුඛිතා හොන්තු ඤාතයෝ
ඉදං මේ ඤාතීනං හෝතු - සුඛිතා හොන්තු ඤාතයෝ

ඉමිනා පුඤ්ඤකම්මේන - මා මේ බාලසමාගමෝ
සතං සමාගමෝ හෝතු - යාව නිබ්බාණ පත්තියා
ඉදං මේ පුඤ්ඤං ආසවක්ඛයා වහං හෝතු.
සබ්බදුක්ඛා පමුඤ්චතු.

හැම දෙවියන් මේ පින් අරගන්නේ
දෙව් සිරියෙන් සතුටින් බබලන්නේ
අප හැම දෙන නිතියෙන් රකිමින්නේ
සියලු දෙනට යහපත සළසන්නේ

දුක් බිය දුරු වී සැපත සැදේවා !
සෙත් මග නිති යහපත සැලසේවා !
රැස් වූ පින පසුපස පැමිණේවා !
සිත් සනසන බුදු බණ වැටහේවා !

සිල් ගුණයට සිත අවනත වේවා !
කල් නොයවා බුදු පිරිස රැකේවා !
මුල් බැසගෙන සම්බුදු ගුණ ගාවා !
ගෞතම සසුනේ පිහිට ලැබේවා !

සාදු! සාදු! සාදු!

- **තෙරුවන් ඛමා කරගැනීම :-**

කායේන වාචා චිත්තේන පමාදේන මයා කතං
අච්චයං ඛම මේ හන්තේ භූරිපඤ්ඤ තථාගත.

කායේන වාචා චිත්තේන පමාදේන මයා කතං
අච්චයං ඛම මේ ධම්ම සන්දිට්ඨික අකාලික.

කායේන වාචා චිත්තේන පමාදේන මයා කතං
අච්චයං ඛම මේ සංඝ සුපටිපන්න අනුත්තර.

සාදු! සාදු!! සාදු!!!

බුදුගුණ වන්දනා

වන්දේ... වන්දේ... භගවන්තං...

01. වන්දේ අරහං භගවන්තං
02. වන්දේ සම්බුද්ධමුත්තමං
03. වන්දේ විජ්ජාචරණවීරං
04. වන්දේ සුගතනායකං
05. වන්දේ ලෝකවිදුං නාථං
06. වන්දේ අනුත්තරං මුනිං
07. වන්දේ මග්ගදස්සාවිං
08. වන්දේ සාරථීනායකං
09. වන්දේ දේවමනුස්සානං
10. වන්දේ බුද්ධමහාමුනිං
11. වන්දේ විජිතසංගාමං
12. වන්දේ සුගතසාරථිං
13. වන්දේ පාරගතං බුද්ධං
14. වන්දේ තථාගතං වරං
15. වන්දේ ලෝකන්තදස්සාවිං
16. වන්දේ සරණමුත්තමං
17. වන්දේ ඉන්ද්‍රියසම්පන්නං
18. වන්දේ නිබ්බුතං සිවං
19. වන්දේ නරාසභං බුද්ධං
20. වන්දේ සම්බුද්ධනායකං
21. වන්දේ පුරින්දදං සෙට්ඨං
22. වන්දේ සක්‍යමුනිං වරං
23. වන්දේ ධම්මධජංකේතුං
24. වන්දේ අමතදායකං

25. වන්දේ සංගාතිගං සෙට්ඨං
26. වන්දේ තිණ්ණසාගරං
27. වන්දේ විසාරදං ඛේමං
28. වන්දේ වේදගුං මුනිං
29. වන්දේ සමණපුණ්ඩරීකං
30. වන්දේ කේවලිං මුනිං
31. වන්දේ අභිනීලනෙත්තං
32. වන්දේ ලෝකපූජිතං
33. වන්දේ අප්පටිමං අතුලං
34. වන්දේ අප්පටිපුග්ගලං
35. වන්දේ අනාසවං බුද්ධං
36. වන්දේ සත්තමංඉසිං
37. වන්දේ ගෝතමං බුද්ධං
38. වන්දේ ධම්මපවත්තකං
39. වන්දේ සබ්බඤ්ඤුතං ඤාණං
40. වන්දේ ලෝකවිනායකං
41. වන්දේ අනාවරණ දස්සිං
42. වන්දේ සමන්තභද්දකං
43. වන්දේ අච්ඡරියඤාණං
44. වන්දේ ගුණාකරං මුනිං
45. වන්දේ මග්ගවිදුං බුද්ධං
46. වන්දේ මග්ගකෝවිදං
47. වන්දේ නිබ්බාණමක්ඛාතං
48. වන්දේ සුගතමුත්තමං
49. වන්දේ මහාපුරිසවීරං
50. වන්දේ අකුතෝභයං මුනිං
51. වන්දේ අභිවිජයලෝකං
52. වන්දේ ගෝතම මහා මුනිං
53. වන්දේ අනුත්තරං සීහං

54. වන්දේ සච්චනාමකං
55. වන්දේ නිපුණත්ථදස්සිං
56. වන්දේ තථාගතං මුනිං
57. වන්දේ තිලෝකසරණං
58. වන්දේ සූරියතමෝනුදං
59. වන්දේ විමුත්තිසම්පන්නං
60. වන්දේ අභයදායකං
61. වන්දේ තිභුවනවිජිතං
62. වන්දේ පරමසුන්දරං
63. වන්දේ මහාපුරිසවරං
64. වන්දේ ලෝකපූජිතං
65. වන්දේ නිබ්බාණදස්සාවිං
66. වන්දේ නිබ්බාණදායකං
67. වන්දේ නිබ්බාණමචලං
68. වන්දේ නිබ්බාණමහාමුනිං
69. වන්දේ තාරපතිං බුද්ධං
70. වන්දේ ආදිච්චබන්ධුනං
71. වන්දේ සක්‍යවිභූසනං
72. වන්දේ පරමපූජිතං
73. වන්දේ තණ්හක්ඛයං වීරං
74. වන්දේ මෝහපදාලිතං
75. වන්දේ ලෝකේකනෙත්තං
76. වන්දේ සුගත මහාමුනිං
77. වන්දේ පාරගතං වේදං
78. වන්දේ ඒක චක්ඛුමං
79. වන්දේ සීතලහදයං
80. වන්දේ බ්‍රහ්මසාරථිං
81. වන්දේ සමාධිසම්පන්නං
82. වන්දේ කල්‍යාණමුත්තමං

83. වන්දේ පඤ්ඤාබලප්පත්තං
84. වන්දේ ඤාන නිස්සයං
85. වන්දේ දසබලං වීරං
86. වන්දේ විසාරදං වරං
87. වන්දේ වන්තකසාවන්තං
88. වන්දේ සද්ධම්මදායකං
89. වන්දේ සුගතං මහාපඤ්ඤං
90. වන්දේ අංගීරසං මුනිං
91. වන්දේ ආරද්ධවිරියං
92. වන්දේ ගෝතම සත්ථාරං
93. වන්දේ අසමසමං බුද්ධං
94. වන්දේ දිපදානමුත්තමං
95. වන්දේ තිභුවනාලෝකං
96. වන්දේ අසමමහාමුනිං
97. වන්දේ අතිතුලං බ්‍රහ්මං
98. වන්දේ කණ්හප්පමද්දනං
99. වන්දේ පරිපුණ්ණ කායං
100. වන්දේ චාරුදස්සනං
101. වන්දේ මහාධම්මරාජං
102. වන්දේ රුචිරදස්සනං
103. වන්දේ සුදුල්ලභං බුද්ධං
104. වන්දේ මාරාභිභුං මුනිං
105. වන්දේ බුද්ධං භගවන්තං
106. වන්දේ සුගතං භගවන්තං
107. වන්දේ අරහං භගවන්තං
108. වන්දේ වන්දේ භගවන්තං

සාදු! සාදු!! සාදු!!!

මහා බුදුගුණ ශාන්තිය...

01. ශාක්‍ය කුලේ සම්බුදු සමිඳාණෙනි වන්දේ
02. ලුම්බිණි සල් උයනේ කුමරාණෙනි වන්දේ
03. සත් පියුමින් වැඩි පුණ්‍යවතාණෙනි වන්දේ
04. මායා දේවි පුත් කුමරාණෙනි වන්දේ
05. රන්වන් පින් සිරුරාණෙනි වන්දේ
06. සන්සුන් සිත් ඇතියාණෙනි වන්දේ
07. දෙවි මිනිසුන්ගේ සිළුමිණියාණෙනි වන්දේ
08. පාරමිතා පිරු වීරනරාණෙනි වන්දේ
09. දිව්‍ය සුපූජිතයාණෙනි වන්දේ
10. රැස් විහිදෙන සුන්දර සිරුරාණෙනි වන්දේ
11. ලොව සිඹිනා සිරිපායුගයාණෙනි වන්දේ
12. නිවන සොයා වැඩි වීර්යවතාණෙනි වන්දේ
13. ලෝක විනායකයාණෙනි වන්දේ
14. රහසින්වත් පව් නැති උතුමාණෙනි වන්දේ
15. සම්මා සම්බුදු භාග්‍යවතාණෙනි වන්දේ
16. තුන්ලොව සීලවතාණෙනි වන්දේ
17. බබලන බුද්ධිමතාණෙනි වන්දේ
18. අමා සුවය රැඳි පුණ්‍යවතාණෙනි වන්දේ
19. හිමවත් පියසේ ඍෂිවරයාණෙනි වන්දේ
20. ගිජුකුළු පව්වේ සිංහ රජාණෙනි වන්දේ
21. පිවිතුරු හදමඬලාණෙනි වන්දේ
22. මනුලොව වැඩි මුනිඳාණෙනි වන්දේ
23. තිලොවට ඉසිවරයාණෙනි වන්දේ

24. දෙව්රම් වෙහෙරේ මුනිවරයාණෙනි වන්දේ
25. සදහම් විදුධරයාණෙනි වන්දේ
26. නිවනේ සුවරැඳියාණෙනි වන්දේ
27. දෙරණේ බුදු සමිඳාණෙනි වන්දේ
28. අමතදුන්දුභී වාදකයාණෙනි වන්දේ
29. වෙසඟේ ලොව ඉපදුන මුනිඳාණෙනි වන්දේ
30. වෙසඟේ ලොව ජයගත් මුනිඳාණෙනි වන්දේ
31. වෙසඟේ නිවනට වැඩි මුනිඳාණෙනි වන්දේ
32. බුද්ධ දිවාකරයාණෙනි වන්දේ
33. සීල සුගන්ධිතයාණෙනි වන්දේ
34. සැනසිලි මඟ වඩිනා සුගතාණෙනි වන්දේ
35. ගිනිගත් සිත් නිවනා මුනිඳාණෙනි වන්දේ
36. අඳුර එළිය කරනා මුනිඳාණෙනි වන්දේ
37. මායාවෙන් ගැළවුන මුනිඳාණෙනි වන්දේ
38. සමවත් සුව විඳියාණෙනි වන්දේ
39. සුවපත් සිත් ඇතියාණෙනි වන්දේ
40. මිහිකත සනහා වැඩි මුනිඳාණෙනි වන්දේ
41. දමනය කළ ඉඳුරන් ඇතියාණෙනි වන්දේ
42. කුරවීක නදින් යුතු මිහිරි සරාණෙනි වන්දේ
43. පුණ්‍ය විලාසිතයාණෙනි වන්දේ
44. ලෝක විරාජිතයාණෙනි වන්දේ
45. සුප්‍රභාතයේ හිරුමඬලාණෙනි වන්දේ
46. මරසෙන් පැරදූ සෙන්පතියාණෙනි වන්දේ
47. බෝ මැඩ ජයගත් බුද්ධරජාණෙනි වන්දේ
48. වජිරාසනයේ බුදු සමිඳාණෙනි වන්දේ
49. ලොව සනරාමරයාණෙනි වන්දේ
50. විමුක්තියේ ධජධාරණයාණෙනි වන්දේ
51. කිසිදා නොසැලෙන මුනිවරයාණෙනි වන්දේ
52. කිසිදා නොහඬන මුනි නිදුකාණෙනි වන්දේ

53. කිසිදා නොතැවෙන භාග්‍යවතාණෙනි වන්දේ
54. අමරණීය සම්බුදු සමිඳාණෙනි වන්දේ
55. බිය නැති සිංහරජාණෙනි වන්දේ
56. පව් නැති මුනිවරයාණෙනි වන්දේ
57. ගෞතම බුදු සමිඳාණෙනි වන්දේ
58. සැනසිලි දායකයාණෙනි වන්දේ
59. මහකරුණාබර භාග්‍යවතාණෙනි වන්දේ
60. රාග විරාගිතයාණෙනි වන්දේ
61. ද්වේෂ නසාලූ මෙත් ගඟුලාණෙනි වන්දේ
62. අරහං බුදු සමිඳාණෙනි වන්දේ
63. මෝහ විමෝහිතයාණෙනි වන්දේ
64. සම්මා සම්බුදු මුනිවරයාණෙනි වන්දේ
65. අහසින් වඩිනා බුදු සමිඳාණෙනි වන්දේ
66. දියමත වඩිනා ගුණමුහුදාණෙනි වන්දේ
67. මිහිකත සිඹිනා පායුගයාණෙනි වන්දේ
68. පිවිතුරු ආදරයේ මුනිඳාණෙනි වන්දේ
69. අප වෙත වඩිනා බුදු සමිඳාණෙනි වන්දේ
70. අප වෙත නෙත් හෙළනා මුනිඳාණෙනි වන්දේ
71. අපගේ දුක දකිනා මුනිඳාණෙනි වන්දේ
72. ඒ දුක දුරුකරනා මුනිඳාණෙනි වන්දේ
73. කඳුලැලි පිස දමනා මුනිඳාණෙනි වන්දේ
74. සැනසිලි බස් දොඩනා මුනිඳාණෙනි වන්දේ
75. හද සනසන මුනිඳාණෙනි වන්දේ
76. අමා සිසිල බෙදනා මුනිඳාණෙනි වන්දේ
77. මගේම බුදු සමිඳාණෙනි වන්දේ
78. මගේම මොක් ඇදුරාණෙනි වන්දේ
79. මගේම ධර්මරජාණෙනි වන්දේ
80. මගේ නිවන් සුවදායකයාණෙනි වන්දේ
81. මගේම බුද්ධ පියාණෙනි වන්දේ

82. ලෝක සිවංකරයාණෙනි වන්දේ
83. මහදට වඩිනා බුදු සමිඳාණෙනි වන්දේ
84. සසරින් මා මුදවන මුනිඳාණෙනි වන්දේ
85. නුවණැස පාදාලන දිනිඳාණෙනි වන්දේ
86. මායාවෙන් මුදවන නිදුකාණෙනි වන්දේ
87. ආලෝකය දෙන හිරුමඬලාණෙනි වන්දේ
88. ලෝකවිදූ සම්බුදු සමිඳාණෙනි වන්දේ
89. දෙවියන්ගේ දෙවිඳාණෙනි වන්දේ
90. බඹලොව බඹඉසුරාණෙනි වන්දේ
91. තිලොවට ධර්මරජාණෙනි වන්දේ
92. තිලොවට භාග්‍යවතාණෙනි වන්දේ
93. පැහැසර වත කමලාණෙනි වන්දේ
94. නිල්වන් නෙත් ඇතියාණෙනි වන්දේ
95. රන්වන් රැස් ඇතියාණෙනි වන්දේ
96. මන්මත් කරවන පුණ්‍යවතාණෙනි වන්දේ
97. සිවුරෙන් වත දැවටූ මුනිඳාණෙනි වන්දේ
98. ලද දෙයකින් සැනසුණ මුනිඳාණෙනි වන්දේ
99. රුක් සෙවණේ සැතපුණ මුනිඳාණෙනි වන්දේ
100. අව්වැසි නොබලා වැඩි මුනිඳාණෙනි වන්දේ
101. ගමින් ගමට වැඩි බුදු සමිඳාණෙනි වන්දේ
102. රටින් රටට වැඩි භාග්‍යවතාණෙනි වන්දේ
103. හදින් හදට සැනසුම සැදුවාණෙනි වන්දේ
104. සසරින් එතෙරට වැඩි මුනිඳාණෙනි වන්දේ
105. කරුණා සීතල හදමඬලාණෙනි වන්දේ
106. විපතට පිළිසරණාණෙනි වන්දේ
107. අඳුරට හිරුමඬලාණෙනි වන්දේ
108. ගිමනට මේඝවළාවෙනි වන්දේ
109. පවසට දියකඳුරාණෙනි වන්දේ
110. දිව්මග සනසන පුණ්‍යවතාණෙනි වන්දේ

111. සැමදා සැනසෙන භාග්‍යවතාණෙනි වන්දේ
112. සැමදා හිනැහෙන මුනිවරයාණෙනි වන්දේ
113. සැමදා සුවදෙන දම් ගඟුලාණෙනි වන්දේ
114. සැමදා බබලන හිරුමඬලාණෙනි වන්දේ
115. ලෝක සුපූජිතයාණෙනි වන්දේ
116. සුන්දර සීලවතාණෙනි වන්දේ
117. විමුක්තිදායකයාණෙනි වන්දේ
118. සීත නිවන් දෙන භාග්‍යවතාණෙනි වන්දේ
119. පෙරුම් පුරා මනුලොව වැඩියාණෙනි වන්දේ
120. නිවන සොයා ගිය මුනිවරයාණෙනි වන්දේ
121. නිවන සොයා ගත් මුනිවරයාණෙනි වන්දේ
122. නිවන බෙදා දෙන මුනිවරයාණෙනි වන්දේ
123. නිවනට වැඩි මුනිඳාණෙනි වන්දේ
124. පින්බර නෙත් කැලුමාණෙනි වන්දේ
125. සිරි දළදා ඇති බුදු සමිඳාණෙනි වන්දේ
126. මිහිරි සිනහ ඇති මුනිවරයාණෙනි වන්දේ
127. බැම හකුලා නොබලන මුනිඳාණෙනි වන්දේ
128. ආදරයෙන් බලනා මුනිඳාණෙනි වන්දේ
129. වැළපෙන හද සනසන මුනිඳාණෙනි වන්දේ
130. විපතින් මා වළකන මුනිඳාණෙනි වන්දේ
131. ලෙඩ දුක් දුරුකරනා නිදුකාණෙනි වන්දේ
132. හැම පව් දුරුකරනා මුනිඳාණෙනි වන්දේ
133. විපත නසන සම්බුදු සමිඳාණෙනි වන්දේ
134. සැපත සදාලන බුදු සමිඳාණෙනි වන්දේ
135. භය දුරු කරනා බුදු සමිඳාණෙනි වන්දේ
136. නිරතුරු මා සුරකින මුනිඳාණෙනි වන්දේ
137. සැක දුරුලන මුනිඳාණෙනි වන්දේ
138. සදහම් නද පතුරන මුනිඳාණෙනි වන්දේ
139. මරණින් මා මුදවන්නාණෙනි වන්දේ

140. අමරණීය මග පෙන්වන්නාණෙනි වන්දේ
141. දෙව්සැප සලසන මුනිවරයාණෙනි වන්දේ
142. මනුසිරිදායකයාණෙනි වන්දේ
143. බිළිඳුන් සුරකින බුදු සමිඳාණෙනි වන්දේ
144. රෝ දුක් වළකන බුදු සමිඳාණෙනි වන්දේ
145. ගත සිත සනසන මුනිනිදුකාණෙනි වන්දේ
146. අම සුව සලසන බුදු සමිඳාණෙනි වන්දේ
147. මරණය නොදකින මුනිවරයාණෙනි වන්දේ
148. මෝක්ෂ සුගන්ධිතයාණෙනි වන්දේ
149. බුද්ධි ප්‍රබෝධිතයාණෙනි වන්දේ
150. වන්දනීය මුනි නන්දනයාණෙනි වන්දේ
151. පූජනීය අභිපූජිතයාණෙනි වන්දේ
152. ආශ්චර්ය වූ මුනිවරයාණෙනි වන්දේ
153. සදහම් බුදු රජිඳාණෙනි වන්දේ
154. බිය සැක නැති සිහ කේසරයාණෙනි වන්දේ
155. රළු ගති නැති මුදු කෝමළයාණෙනි වන්දේ
156. භව දුක දුරු කළ භගාවතාණෙනි වන්දේ
157. ලොව අතහැර සිටි පුණ්‍යවතාණෙනි වන්දේ
158. ලොවේ එකම සම්බුදු සමිඳාණෙනි වන්දේ
159. තිලොවට සැනසිලි දායකයාණෙනි වන්දේ
160. ලොවේ එකම පින්බර මිතුරාණෙනි වන්දේ
161. සසරේ දුක දුටු මුනිඳාණෙනි වන්දේ
162. දුක දුරු කළ මුනිඳාණෙනි වන්දේ
163. නිවනට මග පෑදු මුනිඳාණෙනි වන්දේ
164. දිළිඳුන්ගේ දුක දුටු මුනිඳාණෙනි වන්දේ
165. ගුණ ධන අසිරිය දුන් මුනිඳාණෙනි වන්දේ
166. සදාතනික සුවදායකයාණෙනි වන්දේ
167. අහසේ පෙළහර පෑ මුනිඳාණෙනි වන්දේ
168. පොළොවේ පෙළහර පෑ මුනිඳාණෙනි වන්දේ

169. ජලයේ පෙළහර පෑ මුනිඳාණෙනි වන්දේ
170. තිලොවේ පෙළහර පෑ මුනිඳාණෙනි වන්දේ
171. ලෝ දහසක් දුටු නෙත් යුගයාණෙනි වන්දේ
172. තුන්කල් දුටු දිව ඉසිවරයාණෙනි වන්දේ
173. කුළමල සෝදා හළ මුනිඳාණෙනි වන්දේ
174. ජාති භේද දුරු කළ මුනිඳාණෙනි වන්දේ
175. සත්‍යවාදී වූ බුද්ධිමතාණෙනි වන්දේ
176. ධනයට නොනැමෙන වීරනරාණෙනි වන්දේ
177. බලයට නොනැමෙන දස බලයාණෙනි වන්දේ
178. ධර්ම විශාරදයාණෙනි වන්දේ
179. ශාන්ති නායකයාණෙනි වන්දේ
180. මහියංගනයට වැඩි මුනිඳාණෙනි වන්දේ
181. නාගදීපයට වැඩි මුනිඳාණෙනි වන්දේ
182. සමනොළ ගිර සිරිපා තැබුනාණෙනි වන්දේ
183. තෙවරක් සිරිලක වැඩි මුනිඳාණෙනි වන්දේ
184. සිරිලක සුරකින බුදු සමිඳාණෙනි වන්දේ
185. සැමදා අප සුරකින මුනිඳාණෙනි වන්දේ
186. සිව පරමෝත්තමයාණෙනි වන්දේ
187. විශ්ව සනාතනයාණෙනි වන්දේ
188. විශ්මිත බුද්ධිමතාණෙනි වන්දේ
189. කෙළෙසුන් කම්පා කළ මුනිඳාණෙනි වන්දේ
190. ශෝක දොවා හළ අශෝකයාණෙනි වන්දේ
191. දුබල සිතට සවිබල දෙන්නාණෙනි වන්දේ
192. දුබල සිතට සුවසෙත සැදුවාණෙනි වන්දේ
193. ජලනන්දන බල ඇති මුනිඳාණෙනි වන්දේ
194. දසබල ඉර්ධිමතාණෙනි වන්දේ
195. තුන්බිය දුරු කළ බුදු සමිඳාණෙනි වන්දේ
196. සියලු යකුන් බල බිඳි මුනිඳාණෙනි වන්දේ
197. සියලු යකුන් අවනත කළ මුනිඳාණෙනි වන්දේ

198. භූත දෝස දුරු කළ මුනිඳාණෙනි වන්දේ
199. කොඩිවින දුරු කළ මුනිවරයාණෙනි වන්දේ
200. බුද්ධ මන්ත්‍ර බල දුන් මුනිඳාණෙනි වන්දේ
201. සකල යෝග බල ධාරයාණෙනි වන්දේ
202. සකල දෝස දුරු කළ මුනිවරයාණෙනි වන්දේ
203. සතුරන් බල බිඳිනා මුනිඳාණෙනි වන්දේ
204. සතුරන් සෙත සදනා මුනිඳාණෙනි වන්දේ
205. කළ්‍යාණ ප්‍රභාවිතයාණෙනි වන්දේ
206. සම්බුද්ධ සනාතනයාණෙනි වන්දේ
207. සාමහංස රජිඳාණෙනි වන්දේ
208. දිළිඳු පැළට වැඩි බුදු සමිඳාණෙනි වන්දේ
209. රජමැඳුරේ දුක දුටු මුනිඳාණෙනි වන්දේ
210. ජීවිතදායකයාණෙනි වන්දේ
211. උමතු රෝග සුව කළ මුනිඳාණෙනි වන්දේ
212. තැතිගත් සිත් සැනසූ නිදුකාණෙනි වන්දේ
213. නපුර නසාලූ බුදු සමිඳාණෙනි වන්දේ
214. සැපත උදාකළ භාග්‍යවතාණෙනි වන්දේ
215. සිතූ දේ ලැබදෙන සිතුමිණයාණෙනි වන්දේ
216. මරු කතරේ සිහිලැල් ගඟුලාණෙනි වන්දේ
217. අලව් යකුන් පැරදූ මුනිඳාණෙනි වන්දේ
218. නාලාගිරි පැරදූ මුනිඳාණෙනි වන්දේ
219. සෝපාක පුතා රැකගත් මුනිඳාණෙනි වන්දේ
220. සච්චක පැරදූ බුද්ධිමතාණෙනි වන්දේ
221. අංගුලිමාල අහිංසක කළ මුනිඳාණෙනි වන්දේ
222. උමතු පටාචාරා සුවකළ මුනිඳාණෙනි වන්දේ
223. බියෙන් සැලෙන ලොව අභීතයාණෙනි වන්දේ
224. සොවෙන් තැවෙන ලොව අශෝකයාණෙනි වන්දේ
225. නොසැලෙන සිත් ඇති මුනිවරයාණෙනි වන්දේ
226. හිංසා නැති අවිහිංසකයාණෙනි වන්දේ

227. මරු බල බිඳලූ මුනිවරයාණෙනි වන්දේ
228. ඉන්ද්‍රඛීල බල ඇති මුනිඳාණෙනි වන්දේ
229. විශ්වනාථ මුනිඳාණෙනි වන්දේ
230. සැසි තිලෝගුරු භාග්‍යවතාණෙනි වන්දේ
231. සද්ධර්ම විරාජිතයාණෙනි වන්දේ
232. දසත සුගන්ධිත ගුණ කුසුමාණෙනි වන්දේ
233. මොහඳුර නසනා හිරුමඬලාණෙනි වන්දේ
234. සිසිලස සදනා සඳ මඬලාණෙනි වන්දේ
235. දම්රස බෙදනා ගුණ මුහුදාණෙනි වන්දේ
236. භවදුක නසනා බුදු සමිඳාණෙනි වන්දේ
237. ගෙවුණු අතීතය දුටු මුනිඳාණෙනි වන්දේ
238. අනාගතය දකිනා මුනිඳාණෙනි වන්දේ
239. තුන්කල් දකිනා ඉසිවරයාණෙනි වන්දේ
240. තුන්ලොව පැතිරුණ කීර්තිමතාණෙනි වන්දේ
241. ලොව යහමග යවනා මුනිඳාණෙනි වන්දේ
242. සියලු පවින් අප මුදවන්නාණෙනි වන්දේ
243. සියලු විපත් වලකන මුනිඳාණෙනි වන්දේ
244. සියලු සැපත සලසන මුනිඳාණෙනි වන්දේ
245. භාග්‍ය උදාකළ භාග්‍යවතාණෙනි වන්දේ
246. නුවණ ලබාදෙන ඉසිවරයාණෙනි වන්දේ
247. නිල්වන් රැස් විහිදූ මුනිඳාණෙනි වන්දේ
248. රන්වන් රැස් විහිදූ මුනිඳාණෙනි වන්දේ
249. රතු බුදු රැස් විහිදූ මුනිඳාණෙනි වන්දේ
250. සුදු බුදු රැස් විහිදූ මුනිඳාණෙනි වන්දේ
251. දේදුණු රැස් විහිදූ මුනිඳාණෙනි වන්දේ
252. දහම් සුවඳ දෙන සුගන්ධයාණෙනි වන්දේ
253. ලෝකේ ඒකාලෝක කරාණෙනි වන්දේ
254. අමෘත දායකයාණෙනි වන්දේ
255. පිය සෙනෙහස පිරි බුද්ධ පියාණෙනි වන්දේ

256. පිය සෙනෙහස පිරි බුද්ධ පියාණෙනි වන්දේ
257. තුන්ලොවටම කරුණාබරයාණෙනි වන්දේ
258. ඤාණ ප්‍රභාවිතයාණෙනි වන්දේ
259. උත්තම රුසිරි ඇති මුනිඳාණෙනි වන්දේ
260. පරතෙර වෙත වැඩි මුනිවරයාණෙනි වන්දේ
261. මාර පරාජිත ලෝක විරාජිතයාණෙනි වන්දේ
262. සුලලිත මධු ස්වරයාණෙනි වන්දේ
263. ක්ලේශ විනාශකයාණෙනි වන්දේ
264. සොඳුරු ගමන් වැඩි මුනි සුගතාණෙනි වන්දේ
265. අම ඔසු බෙදනා බුද්ධ වෙදාණෙනි වන්දේ
266. ශාන්ත සමාහිතයාණෙනි වන්දේ
267. ලොවේ අකම්පිතයාණෙනි වන්දේ
268. මිහිරි දහම් දෙසනා මුනිඳාණෙනි වන්දේ
269. කළගුණ දන්නා ගුණ මුහුදාණෙනි වන්දේ
270. සත්‍ය සොයා වැඩි වීර නරාණෙනි වන්දේ
271. ආර්ය සත්‍යයේ ඉසිවරයාණෙනි වන්දේ
272. අඳමිටුවන් මැඬලන මුනිඳාණෙනි වන්දේ
273. ශ්‍රාවකයන් සුරකින මුනිඳාණෙනි වන්දේ
274. ධර්ම රාජ්‍යයේ ධර්ම රජාණෙනි වන්දේ
275. මහාකරුණා මුනිඳාණෙනි වන්දේ
276. අන්තිම දේහධරාණෙනි වන්දේ
277. අභිසම්බෝධිතයාණෙනි වන්දේ
278. සූර්යවංශයේ ගෞතමයාණෙනි වන්දේ
279. බුද්ධිමතුන්ගේ බුද්ධිමතාණෙනි වන්දේ
280. සුවිසි විවරණ ලද මුනිඳාණෙනි වන්දේ
281. චිත්ත වශීබලයාණෙනි වන්දේ
282. චිත්ත සමාහිතයාණෙනි වන්දේ
283. ධ්‍යාන විභූෂිතයාණෙනි වන්දේ
284. සංවර කළ ඉඳුරන් ඇතියාණෙනි වන්දේ

285. මර අඟනන් පැරදූ මුනිඳාණෙනි වන්දේ
286. මිහිකත සැනසූ භාග්‍යවතාණෙනි වන්දේ
287. රහතුන් පිරිවරනා මුනිඳාණෙනි වන්දේ
288. මෙත් සිතිවිලි ඇති මුනිවරයාණෙනි වන්දේ
289. මිහිරි තෙපුල් ඇති භාග්‍යවතාණෙනි වන්දේ
290. භේද කිසිත් නොමදත් මුනිඳාණෙනි වන්දේ
291. වාද විවාද නැසූ මුනිඳාණෙනි වන්දේ
292. සාධාරණයේ විනිසුරුවාණෙනි වන්දේ
293. මායාලෝක විනාසකයාණෙනි වන්දේ
294. නෙතින් නෙතට බුදුරුව රැඳුවාණෙනි වන්දේ
295. කණින් කණට සදහම් දෙසුවාණෙනි වන්දේ
296. හදින් හදට අම සුව සැදුවාණෙනි වන්දේ
297. ලොවින් ලොවට සැනසුම බෙදුවාණෙනි වන්දේ
298. සතුටු සිතින් කල් ගෙවි මුනිඳාණෙනි වන්දේ
299. ලෝක හිතාදරයාණෙනි වන්දේ
300. දිළිඳු පැලේ නමඳින මුනිඳාණෙනි වන්දේ
301. රජමැදුරේ නමඳින මුනිඳාණෙනි වන්දේ
302. දෙව් විමනේ නමඳින මුනිඳාණෙනි වන්දේ
303. බඹලොවදී නමඳින මුනිඳාණෙනි වන්දේ
304. තුන් ලොවේම නමඳින මුනිඳාණෙනි වන්දේ
305. ලොවේ අසමසම බුදු සමිඳාණෙනි වන්දේ
306. මිනිසුන් දමනය කළ මුනිඳාණෙනි වන්දේ
307. දෙවියන් දමනය කළ මුනිඳාණෙනි වන්දේ
308. බඹලොව දමනය කළ මුනිඳාණෙනි වන්දේ
309. මහා පුරුෂෝත්තමයාණෙනි වන්දේ
310. ධීරවීර ගුණ භාවිතයාණෙනි වන්දේ
311. විස්මිත දේහ විලාසිතයාණෙනි වන්දේ
312. අහසේ සක්මන් කළ මුනිඳාණෙනි වන්දේ
313. පොළොවේ කිමිඳුන මුනිවරයාණෙනි වන්දේ

314. ගිනිදැල් විහිදූ ඉර්ධිමතාණෙනි වන්දේ
315. පිනිබිඳු විහිදූ ඉසිවරයාණෙනි වන්දේ
316. දෙව්ලොව වැඩි මුනිඳාණෙනි වන්දේ
317. බඹලොව වැඩි මුනිඳාණෙනි වන්දේ
318. රහතුන්ගේ සදහම් ඇදුරාණෙනි වන්දේ
319. අපගේ විමුක්ති දායකයාණෙනි වන්දේ
320. ධර්මකාය දරනා මුනිඳාණෙනි වන්දේ
321. අනුපම ධර්ම විලාසිතයාණෙනි වන්දේ
322. දුසිලුන් සිල්වත් කළ මුනිඳාණෙනි වන්දේ
323. දැඩි සිත් සියුමැලි කළ මුනිඳාණෙනි වන්දේ
324. හිංසකයන් අහිංසක කළ මුනිඳාණෙනි වන්දේ
325. සතුරන් ශ්‍රාවකයන් කළ මුනිඳාණෙනි වන්දේ
326. දිළිඳුන් ධනවත් කළ මුනිඳාණෙනි වන්දේ
327. ගිලනුන් සුවපත් කළ මුනිඳාණෙනි වන්දේ
328. අසරණ සරණ සැදූ මුනිඳාණෙනි වන්දේ
329. පාපින් පින්වත් කළ මුනිඳාණෙනි වන්දේ
330. දුබලුන් දිරිමත් කළ මුනිඳාණෙනි වන්දේ
331. සතුරන් මිතුරන් කළ මුනිඳාණෙනි වන්දේ
332. දුක් ඇතියන් සුවපත් කළ මුනිඳාණෙනි වන්දේ
333. මිනිසුන් දෙවියන් කළ මුනිඳාණෙනි වන්දේ
334. හදවත් නිකෙලෙස් කළ මුනිඳාණෙනි වන්දේ
335. විපත සැපත කළ මුනිවරයාණෙනි වන්දේ
336. රැවටිලි බස් නැති මුනිවරයාණෙනි වන්දේ
337. වංචාවෙන් තොර බුදු සමිඳාණෙනි වන්දේ
338. ළාමක ගති නැති බුදු සමිඳාණෙනි වන්දේ
339. සත්‍යවාදී මුනිඳාණෙනි වන්දේ
340. විවේකසුව විඳිනා මුනිඳාණෙනි වන්දේ
341. අරණේ සිත රඳිනා මුනිඳාණෙනි වන්දේ
342. සත්සුන් බව අගයන මුනිඳාණෙනි වන්දේ

343. ශාන්ත ගමනින් යුතු මුනිඳාණෙනි වන්දේ
344. සැනසිලි සිත් ඇතියාණෙනි වන්දේ
345. කරුණාබර නෙත් යුග ඇතියාණෙනි වන්දේ
346. නුවණ ලබාදෙන බස් ඇතියාණෙනි වන්දේ
347. සම්බුද්ධ රජාණෙනි වන්දේ
348. මහා පුණ්‍යවතාණෙනි වන්දේ
349. අධිෂ්ඨානයේ මූර්තිමතාණෙනි වන්දේ
350. ධර්මදානයේ ත්‍යාගවතාණෙනි වන්දේ
351. පාරිශුද්ධියේ සීලවතාණෙනි වන්දේ
352. බුද්ධ ඤාණයේ මුනිවරයාණෙනි වන්දේ
353. ඉවසන ගුණයේ මුනිවරයාණෙනි වන්දේ
354. විස්මිත වූ බලධාරණයාණෙනි වන්දේ
355. දක්ඛිණෙය්‍ය මුනිඳාණෙනි වන්දේ
356. සොඳුරු ගුණෙන් පිරි පුණ්‍යවතාණෙනි වන්දේ
357. ජනහද පිබිදූ බුදුසමිඳාණෙනි වන්දේ
358. ජනහද හඳුනාගත් මුනිඳාණෙනි වන්දේ
359. ජනහද සුවපත් කළ මුනිඳාණෙනි වන්දේ
360. සත්‍ය ප්‍රවර්තකයාණෙනි වන්දේ
361. දුක ජයගත් මුනිඳාණෙනි වන්දේ
362. දුක හටගත් හැටි දුටු මුනිඳාණෙනි වන්දේ
363. දුක නසනා මග වැඩි මුනිඳාණෙනි වන්දේ
364. දුක නැති නිවනට වැඩි මුනිඳාණෙනි වන්දේ
365. නිවන ලබන මග දෙසූ මුනිඳාණෙනි වන්දේ
366. වෙහෙසක් නැති දම් පවසන්නාණෙනි වන්දේ
367. දුරු කතර ගෙවා වඩිනා මුනිඳාණෙනි වන්දේ
368. පින් මතු කරනා මුනිවරයාණෙනි වන්දේ
369. පව් වනසාලන බුදු සමිඳාණෙනි වන්දේ
370. වරදට සමාව දෙන මුනිඳාණෙනි වන්දේ
371. වරදින් මා මුදවන මුනිඳාණෙනි වන්දේ

372. සුපහන් සිත් ඇති මුනිවරයාණෙනි වන්දේ
373. දහම් කැඩපතේ ඍෂිවරයාණෙනි වන්දේ
374. ලොව තුළ නොගැලෙන මුනිවරයාණෙනි වන්දේ
375. නිවන් සුවය විඳිනා මුනිඳාණෙනි වන්දේ
376. කිසිදා කෝප නොවූ මුනිඳාණෙනි වන්දේ
377. කිසිදා සෝක නොවූ මුනිඳාණෙනි වන්දේ
378. කිසිදා මුලා නොවූ මුනිඳාණෙනි වන්දේ
379. මිනිසුන් සැනසූ බුදු සමිඳාණෙනි වන්දේ
380. දෙවියන් සැනසූ බුදු සමිඳාණෙනි වන්දේ
381. බඹලොව සැනසූ බුදු සමිඳාණෙනි වන්දේ
382. තිලොවම සැනසූ බුදු සමිඳාණෙනි වන්දේ
383. අනාථ ලොව සිටි සනාථයාණෙනි වන්දේ
384. රුක් සෙවණක ඉපදුණ මුනිඳාණෙනි වන්දේ
385. රුක් සෙවණක බුදුවුන මුනිඳාණෙනි වන්දේ
386. රුක් සෙවණක නිවනට වැඩියාණෙනි වන්දේ
387. සොබාදහම අගයන මුනිඳාණෙනි වන්දේ
388. විපතින් ලොව මිදවූ මුනිඳාණෙනි වන්දේ
389. දහමින් ලොව සුරකූ මුනිඳාණෙනි වන්දේ
390. ඍවටිලි පරදාලූ මුනිඳාණෙනි වන්දේ
391. බොරුව පැරද වූ මුනිවරයාණෙනි වන්දේ
392. සත්‍යය හෙළිකළ සත්‍යවාදියාණෙනි වන්දේ
393. සැපත ළඟා කළ මුනිවරයාණෙනි වන්දේ
394. දස දෙස මෙත් පැතිරූ මුනිඳාණෙනි වන්දේ
395. හිංසා නැති කළ බුදු සමිඳාණෙනි වන්දේ
396. සාමය ඇති කළ භාග්‍යවතාණෙනි වන්දේ
397. සමගිය ඇති කළ බුදු සමිඳාණෙනි වන්දේ
398. සතුට උදා කළ පුණ්‍යවතාණෙනි වන්දේ
399. සදහම් සක්විතියාණෙනි වන්දේ
400. බිලිපූජා දුරුකළ නිදුකාණෙනි වන්දේ

401. සදහම් පූජා කළ මුනිඳාණෙනි වන්දේ
402. සැමටම සමතැන දුන් මුනිඳාණෙනි වන්දේ
403. සැමටම සැනසුම දුන් මුනිඳාණෙනි වන්දේ
404. ආත්ම ශක්තිය දුන් මුනිඳාණෙනි වන්දේ
405. නෙතට පෙනුම දුන් බුදු සමිඳාණෙනි වන්දේ
406. සිතට සවිය දුන් දසබලයාණෙනි වන්දේ
407. අපට නුවණ දුන් බුද්ධිමතාණෙනි වන්දේ
408. සැමට සිසිල දුන් භාග්‍යවතාණෙනි වන්දේ
409. ලොවට නිවන දුන් ධර්මරජාණෙනි වන්දේ
410. සිල් රකිනා හැටි දෙසූ මුනිඳාණෙනි වන්දේ
411. දන් පුදනා හැටි දෙසූ මුනිඳාණෙනි වන්දේ
412. පින් කරනා හැටි දෙසූ මුනිඳාණෙනි වන්දේ
413. පව් නසනා හැටි දෙසූ මුනිඳාණෙනි වන්දේ
414. හිත හදනා හැටි දෙසූ මුනිඳාණෙනි වන්දේ
415. දුක නිවනා හැටි දෙසූ මුනිඳාණෙනි වන්දේ
416. සැප ලබනා හැටි දෙසූ මුනිඳාණෙනි වන්දේ
417. අම සුව දායකයාණෙනි වන්දේ
418. සම්බුද්ධ තථාගතයාණෙනි වන්දේ
419. නිරයෙන් අප ගැලවූ මුනිඳාණෙනි වන්දේ
420. ප්‍රේත ලොවෙන් ගැලවූ මුනිඳාණෙනි වන්දේ
421. තිරිසන් ගතියෙන් අප ගැලවූ මුනිඳාණෙනි වන්දේ
422. අපා දුකින් අප බේරාගත් මුනිඳාණෙනි වන්දේ
423. දෙපා සතුන් අතරේ උත්තමයාණෙනි වන්දේ
424. පව් පල දෙන හැටි දෙසූ මුනිඳාණෙනි වන්දේ
425. පින් පල දෙන හැටි දෙසූ මුනිඳාණෙනි වන්දේ
426. පවින් මිදෙන හැටි දෙසූ මුනිඳාණෙනි වන්දේ
427. පින් රැස්වෙන හැටි දෙසූ මුනිඳාණෙනි වන්දේ
428. සංසාරෙන් ගැලවුණ මුනිඳාණෙනි වන්දේ
429. සංසාරෙන් මුදවන මුනිඳාණෙනි වන්දේ

430. සංසාරේ දුක් දුටු මුනිඳාණෙනි වන්දේ
431. රාගෙන් මිදෙනා හැටි පැවසූ මුනිඳාණෙනි වන්දේ
432. ද්වේශෙන් මිදෙනා හැටි පැවසූ මුනිඳාණෙනි වන්දේ
433. මොහෙන් මිදෙනා හැටි පැවසූ මුනිඳාණෙනි වන්දේ
434. සසරින් මිදෙනා හැටි පැවසූ මුනිඳාණෙනි වන්දේ
435. ගුණ ගඟ ගලනා ගුණ මුහුදාණෙනි වන්දේ
436. අමසුව සදනා බුදු සමිඳාණෙනි වන්දේ
437. තනියට ළඟ සිටිනා මුනිඳාණෙනි වන්දේ
438. මගෙ දුක නැති කරනා මුනිඳාණෙනි වන්දේ
439. බියසැක දුරුකරනා මුනිඳාණෙනි වන්දේ
440. ලෙඩදුක් සුවකරනා මුනිඳාණෙනි වන්දේ
441. අනතුරු මග හරිනා මුනිඳාණෙනි වන්දේ
442. ජයෙන් ජයම ලැබදෙන මුනිඳාණෙනි වන්දේ
443. මංගල දර්ශනයාණෙනි වන්දේ
444. පුණ්‍ය මහෝදකයාණෙනි වන්දේ
445. භද්‍ර කල්පයේ මුනිවරයාණෙනි වන්දේ
446. අහසේ බල පිහිටූ මුනිඳාණෙනි වන්දේ
447. පොලොවේ බල පිහිටූ මුනිඳාණෙනි වන්දේ
448. ජලයේ බල පිහිටූ මුනිඳාණෙනි වන්දේ
449. මුළුලොව බල පිහිටූ මුනිඳාණෙනි වන්දේ
450. මෙලොව සැපත සැලසූ මුනිඳාණෙනි වන්දේ
451. පරලොව සැප සැලසූ මුනිඳාණෙනි වන්දේ
452. දෙලොව සැපත සැලසූ මුනිඳාණෙනි වන්දේ
453. විමුක්ති සුව සැලසූ මුනිඳාණෙනි වන්දේ
454. වීතරාගී මුනිඳාණෙනි වන්දේ
455. වීතදෝසි මුනිඳාණෙනි වන්දේ
456. වීතමෝහි මුනිඳාණෙනි වන්දේ
457. බියෙන් පලා නොයනා මුනිඳාණෙනි වන්දේ
458. එඩිතර ගුණයේ සෙන්පතියාණෙනි වන්දේ

459. සැහැල්ලු සිත් ඇතියාණෙනි වන්දේ
460. සැපට උදම් නොවනා මුනිඳාණෙනි වන්දේ
461. දුක් ඇති නොවනා මුනිවරයාණෙනි වන්දේ
463. කර්ම බලය දුටු මුනිඳාණෙනි වන්දේ
464. කර්ම බලය වැනසූ මුනිඳාණෙනි වන්දේ
465. කර්මය ජයගත් මුනිවරයාණෙනි වන්දේ
466. අඳුරෙන් එළියට වැඩි මුනිවරයාණෙනි වන්දේ
467. භවයෙන් එතෙරට වැඩි මුනිඳාණෙනි වන්දේ
468. ලොවේ උතුම් බුදුසරණ සැදූ මුනිඳාණෙනි වන්දේ
469. ලොවේ උතුම් දම්සරණ සැදූ මුනිඳාණෙනි වන්දේ
470. ලොවේ උතුම් සඟසරණ සැදූ මුනිඳාණෙනි වන්දේ
471. ලොවේ උතුම් තිසරණය සැදූ මුනිඳාණෙනි වන්දේ
472. සතිපට්ඨානේ හිත පිහිටූ මුනිඳාණෙනි වන්දේ
473. ඉර්ධිපාදයන් වැඩි මුනිඳාණෙනි වන්දේ
474. බොජ්ඣංග ධර්මයන් වැඩි මුනිඳාණෙනි වන්දේ
475. අරි අටැඟි මග වැඩූ මුනිඳාණෙනි වන්දේ
476. දාන පාරමී පිරූ මුනිඳාණෙනි වන්දේ
477. සීල පාරමී පිරූ මුනිඳාණෙනි වන්දේ
478. නෛෂ්ක්‍රම්‍යයේ මුනිවරයාණෙනි වන්දේ
479. ප්‍රඥා පාරමී පිරූ මුනිඳාණෙනි වන්දේ
480. වීර්ය පාරමී පිරූ මුනිඳාණෙනි වන්දේ
481. ක්ෂාන්ති පාරමී පිරූ මුනිඳාණෙනි වන්දේ
482. සත්‍ය පාරමී පිරූ මුනිඳාණෙනි වන්දේ
483. අධිෂ්ඨානයේ මුනිවරයාණෙනි වන්දේ
484. මෛත්‍රී පාරමී පිරූ මුනිඳාණෙනි වන්දේ
485. උපේක්ෂාව වැඩූ මුනිඳාණෙනි වන්දේ
486. දසපාරමී පිරු මුනිවරයාණෙනි වන්දේ
487. මිනිසුන් සුවපත් කළ මුනිඳාණෙනි වන්දේ
488. දෙවියන් සුවපත් කළ මුනිඳාණෙනි වන්දේ

489. බඹලොව සුවපත් කළ මුනිඳාණෙනි වන්දේ
490. තිලොවම සුවපත් කළ මුනිඳාණෙනි වන්දේ
491. මහා පුරිස ලකුණැති මුනිඳාණෙනි වන්දේ
492. දසබල නුවණින් බබලන්නාණෙනි වන්දේ
493. කෙලෙස් නසන නුවණැති මුනිඳාණෙනි වන්දේ
494. සියල්ල දත් සම්බුදු සමිඳාණෙනි වන්දේ
495. විස්මිත නුවණැති මුනිවරයාණෙනි වන්දේ
496. සාන්ත මුනිවරයාණෙනි වන්දේ
497. ශාන්ති නායකයාණෙනි වන්දේ
498. ලොව්තුරු ඉසිවරයාණෙනි වන්දේ
499. මංගල දර්ශනයාණෙනි වන්දේ
500. සත්‍ය විභූසිතයාණෙනි වන්දේ
501. අනාථ නාථයාණෙනි වන්දේ
502. බුද්ධ වංශයේ මුනිවරයාණෙනි වන්දේ
503. ශාක්‍ය වංශයේ සිංහරජාණෙනි වන්දේ
504. මුනිවරයන්ගේ මුනිවරයාණෙනි වන්දේ
505. ලෝකෝත්තම සම්බුදු සමිඳාණෙනි වන්දේ
506. පිළිවෙත් පූජාවේ මුනිඳාණෙනි වන්දේ
507. ආමිස පූජාවේ මුනිඳාණෙනි වන්දේ
508. අනිමිසලෝචනයේ මුනිඳාණෙනි වන්දේ
509. බුද්ධගයාවේ මුනිවරයාණෙනි වන්දේ
510. ඉසිපතනේ මුනිවරයාණෙනි වන්දේ
511. කුසිනාරාවේ මුනිවරයාණෙනි වන්දේ
512. සිදුහත් ගෞතම බුදු සමිඳාණෙනි වන්දේ

සාදු! සාදු!! සාදු!!!

උපාලි ගෘහපතිතුමාගේ බුදුගුණ වැණුම

1. මහා නුවණැති හෙයින් **ධීර** නම් වූ, මොහඳුර දුරලූ හෙයින් **විගතමෝහ** නම් වූ, කෙලෙස් හුල් බිඳලූ හෙයින් **පභින්නඛිල** නම් වූ, මාර සේනා ජයගත් හෙයින් **විජිතවිජය** නම් වූ, කෙලෙස් දුක් රහිත හෙයින් **අනීඝ** නම් වූ, සොඳුරු සමසිත් ඇති හෙයින් **සුසමචිත්ත** නම් වූ, වැඩුණු සිල් ඇති හෙයින් **වෘද්ධසීල** නම් වූ, සොඳුරු ප්‍රඥා ඇති හෙයින් **සාධුපඤ්ඤ** නම් වූ, කෙලෙස් දුර්ගයෙන් එතෙරට වැඩි හෙයින් **වෙස්සන්තර** නම් වූ, නිමල ගුණ ඇති හෙයින් **විමල** නම් වූ භාග්‍යවතුන් වහන්සේගේ ශ්‍රාවකයා වෙමි මම්.

2. සැකයෙන් එතෙරට වැඩි හෙයින් **අකථංකථී** නම් වූ, සතුටින් පිරුණු සිත් ඇති හෙයින් **තුසිත** නම් වූ, කාම ගුණ බැහැර කළ හෙයින් **වංතලෝකාමිස** නම් වූ, ලොවේ යහපත දැක සතුටු වන හෙයින් **මුදිත** නම් වූ, ශ්‍රමණ ගුණ සපුරා ගත් හෙයින් **කතසමණ** නම් වූ, උතුම් මිනිසෙක් හෙයින් **මනුජ** නම් වූ, අවසන් සිරුර දරනා හෙයින් **අන්තිමසාරීර** නම් වූ, උදාර මිනිසෙක් හෙයින් **නර** නම් වූ, අලාමක සිත් ඇති හෙයින් **අනෝම** නම් වූ, කෙලෙස් දුහුවිලි නැති හෙයින් **විරජ** නම් වූ භාග්‍යවතුන් වහන්සේගේ ශ්‍රාවකයා වෙමි මම්.

3. සංකා රහිත සිත් ඇති හෙයින් **අසංසය** නම් වූ, හැමට යහපත සදනා හෙයින් **කුල** නම් වූ, ලෝ සතුන් දමනය කරනා හෙයින් **වේණයික** නම් වූ, දහමේ මැනවින් හික්මවන උතුම් රථාචාර්යා බඳු හෙයින් **සාරථීවර** නම් වූ, උදාර ගුණ ඇති හෙයින් **අනුත්තර** නම් වූ, පිරිසිදු දහම් ඇති හෙයින් **රුචිරධම්ම** නම් වූ, නිසැක ගුණ ඇති හෙයින් **නික්කංඛ** නම් වූ, නුවණින් ලොව එළිය කරනා හෙයින් **පභාසකර** නම් වූ, මානය සිඳලූ හෙයින් **මානච්ඡිද** නම් වූ, මහා වීර ගුණ ඇති හෙයින් **වීර** නම් වූ භාග්‍යවතුන් වහන්සේගේ ශ්‍රාවකයා වෙමි මම්.

4. අසම ගුණ ඇති හෙයින් **නිසභ** නම් වූ, පමණ කළ නො හැකි ගුණ ඇති හෙයින් **අප්පමෙය්‍ය** නම් වූ, ගැඹුරු නුවණැති හෙයින් **ගම්භීර** නම් වූ, මුනි දහමට පත් වූ හෙයින් **මෝනපත්ත** නම් වූ, බිය රහිත ගුණයෙන් යුතු හෙයින් **ඛේමංකර** නම් වූ, ලොවෙහි දෙවියන් බඳු හෙයින් **දේව** නම් වූ, ධර්මයෙහි පිහිටි හෙයින් **ධම්මට්ඨ** නම් වූ, සංවර සිත් ඇති හෙයින් **සංවුතත්ත** නම් වූ, කෙලෙස් ඉක්ම ගිය හෙයින් **සංඝාතික** නම් වූ, දුකින් නිදහස් වූ හෙයින් **මුත්ත** නම් වූ භාග්‍යවතුන් වහන්සේගේ ශ්‍රාවකයා වෙමි මම්.

5. මහා ඇත් රජෙකු වැනි හෙයින් **නාග** නම් වූ, ඈත වනයේ වසනා හෙයින් **පංතසේන** නම් වූ, කෙලෙස් බැඳීම් ගෙවා දැමූ හෙයින් **ඛීණසංයෝජන** නම් වූ, කෙලෙසුන්ගෙන් නිදහස් වූ හෙයින් **මුත්ත** නම්

වූ, නුවණින් යුතු කථාබහ ඇති හෙයින් **පටිමංතක** නම් වූ, කෙලෙස් සෝදා හළ හෙයින් **ධෝණ** නම් වූ, මානධජ බිම හෙළූ හෙයින් **පන්නද්ධජ** නම් වූ, වීතරාගී හෙයින් **වීතරාග** නම් වූ, දමනය වූ හෙයින් **දමිත** නම් වූ, කෙලෙස් සිතිවිලි රහිත වූ හෙයින් **නිප්පපංච** නම් වූ භාග්‍යවතුන් වහන්සේගේ ශ්‍රාවකයා වෙමි මම්.

6. සත් බුදුවරුන් අතරේ සත් වැනි මහා සෘෂි වූ හෙයින් **ඉසිසත්තම** නම් වූ, කුහක ගති නැති හෙයින් **අකුහ** නම් වූ, ත්‍රිවිද්‍යාව ලද හෙයින් **තේවිජ්ජ** නම් වූ, ශ්‍රෙෂ්ඨත්වයට පත් වූ හෙයින් **බ්‍රහ්මපත්ත** නම් වූ, කෙලෙස් සෝදා හළ හෙයින් **නහාතක** නම් වූ, දහම් පද මැනවින් දෙසනා හෙයින් **පදක** නම් වූ, සැහැල්ලු සිත කය ඇති හෙයින් **පස්සද්ධ** නම් වූ, දුටු දහම් ඇති හෙයින් **විදිතවේද** නම් වූ, හැමට පළමුව ධර්ම දානය බෙදා දුන් හෙයින් **පුරින්දද** නම් වූ, සියලු ගුණයට දක්ෂ හෙයින් **සක්ක** නම් වූ භාග්‍යවතුන් වහන්සේගේ ශ්‍රාවකයා වෙමි මම්.

7. ආර්ය ගුණ ඇති හෙයින් **අරිය** නම් වූ, වඩන ලද සිත් ඇති හෙයින් **භාවිතත්ත** නම් වූ, උතුම් ගුණයට සපැමිණි හෙයින් **පත්තිපත්ත** නම් වූ, දහම මැනවින් තෝරා දෙන හෙයින් **වෙය්‍යාකරණ** නම් වූ, මනා සිහි නුවණ ඇති හෙයින් **සතිමා** නම් වූ, නුවණින් ලොව දක්නා හෙයින් **විපස්සී** නම් වූ, රහත් ගුණයෙන් යුතු හෙයින් **අනභිනත** නම් වූ, සියලු නුගුණින් බැහැර වූ හෙයින් **අනපණත** නම් වූ, තෘෂ්ණා නැති හෙයින් **අනේජ** නම් වූ, වසඟ කළ

සිත් ඇති හෙයින් **වසිප්පත්ත** නම් වූ භාග්‍යවතුන් වහන්සේගේ ශ්‍රාවකයා වෙමි මම්.

8. යහපත් මග වැඩි හෙයින් **සම්මග්ගත** නම් වූ, ධ්‍යාන වඩනා හෙයින් **ඣායී** නම් වූ, කෙලෙස් හා එක් නො වූ සිත් ඇති හෙයින් **අනනුගතන්තර** නම් වූ, පාරිශුද්ධ හෙයින් **ශුද්ධ** නම් වූ, කෙලෙස් රහිත හෙයින් **අසිත** නම් වූ, නැති නො වන ගුණ ඇති හෙයින් **අප්පහීණ** නම් වූ, හුදෙකලාවේ ඇලුණු සිත් ඇති හෙයින් **පවිවිත්ත** නම් වූ, ලොවෙහි මුදුනට පත් වූ හෙයින් **අග්ගපත්ත** නම් වූ, සසරෙන් එතෙරට වැඩි හෙයින් **තිණ්ණ** නම් වූ, අනුන් එතෙර කරවන හෙයින් **තාරයන්ත** නම් වූ භාග්‍යවතුන් වහන්සේගේ ශ්‍රාවකයා වෙමි මම්.

9. ශාන්ත විහරණ ඇති හෙයින් **සන්ත** නම් වූ, ගම්භීර ප්‍රඥා ඇති හෙයින් **භූරිපඤ්ඤ** නම් වූ, මහා ප්‍රඥා ඇති හෙයින් **මහාපඤ්ඤ** නම් වූ, ලෝභය දුරු වී ඇති හෙයින් **වීතලෝභ** නම් වූ, සත්‍යයට පත් වූ හෙයින් **තථාගත** නම් වූ, සොඳුරු ගමනක් වැඩි හෙයින් **සුගත** නම් වූ, එවැනි වෙන කෙනෙකු නැති හෙයින් **අප්පටිපුග්ගල** නම් වූ, සමාන කෙනෙක් නැති හෙයින් **අසම** නම් වූ, විශාරද ඤාණ ඇති හෙයින් **විසාරද** නම් වූ, සියුම් නුවණැති හෙයින් **නිපුණ** නම් වූ භාග්‍යවතුන් වහන්සේගේ ශ්‍රාවකයා වෙමි මම්.

10. තණ්හාව සිඳලූ හෙයින් **තණ්හච්ඡිද** නම් වූ, අවබෝධයට පත් වූ හෙයින් **බුද්ධ** නම් වූ, කෙලෙස්

දුම් බැහැර කළ හෙයින් **වීතධූම** නම් වූ, කෙලෙස් හා නො තැවරී සිටිනා හෙයින් **අනුපලිත්ත** නම් වූ, පුද පූජාවන්ට සුදුසු හෙයින් **ආහුණෙය්‍ය** නම් වූ, ශ්‍රේෂ්ඨ උතුමෙකු හෙයින් **යක්ඛ** නම් වූ, උතුම් පුද්ගලයෙකු හෙයින් **උත්තමපුග්ගල** නම් වූ, අසාමාන්‍ය ගුණ ඇති හෙයින් **අතුල** නම් වූ, මහා ගුණ ඇති හෙයින් **මහා** නම් වූ, මහා යසසට පත් වූ හෙයින් **මහතෝයසග්ගපත්ත** නම් වූ භාග්‍යවතුන් වහන්සේගේ ශ්‍රාවකයා වෙමි මම්.

සාදු! සාදු!! සාදු!!!

වන්දනා කවි

සිහිකොට උතුම් සරණ මම් බුද්ධරාජා නමාමි...

තිලොව සෙත සැළසීමෙන් - භව දුකට පිහිට වීමෙන්
දහම් සොස පැතිරීමෙන් - මොහඳුර නසා ලීමෙන්
අම නිවන් සළසාලූ - දම් රජාණන් වහන්සේ
සිහි කොට උතුම් සරණ මම් - බුද්ධරාජා නමාමි

මර සෙනඟ පැරදීමෙන් - මුනිඳුට ජය ලැබීමෙන්
කෙලෙසුන් රහිත වීමෙන් - බුදු නුවණ මතුවීමෙන්
සම්බුදු බවට පත් වූ - පින්සරාණන් වහන්සේ
සිහි කොට උතුම් සරණ මම් - භගවතාණන් නමාමි

කිසිවකට නොසැලීමෙන් - වීරිය ම මතු වීමෙන්
නිවනට දිවි පිදීමෙන් - විදුරසුන් මත හිඳීමෙන්
වසවත් මරුන් පැරදූ - වීරයාණන් වහන්සේ
සිහි කොට උතුම් සරණ මම් - ඒ විදුරසුන නමාමි

වෙසක් සඳ මතු වීමෙන් - බුදු සිරුර බැබලීමෙන්
තුන් ලොව ජය ගැනීමෙන් - දෙව් බඹුන් පැමිණීමෙන්
යමා මහ පෙළහර පෑ - මුනිරජාණන් වහන්සේ
සිහි කොට උතුම් සරණ මම් - බුද්ධරජා නමාමි

මහ බඹු ද පැමිණීමෙන් - බණට ඇරයුම් ලැබීමෙන්
බරණැස මිගදායේ - දම්සක කරකැවීමෙන්

සිහනද පතුරාලූ - සිහරජාණන් වහන්සේ
සිහි කොට උතුම් සරණ මම් - ධම්මරාජා නමාමි

දඹදිව සැරිසැරීමෙන් - හැම දෙනට පිහිට වීමෙන්
මහා කරුණාව පෑමෙන් - දුක් තැවුල් දුරු කිරීමෙන්
ලොව සැපත සළසාලූ - බුදුරජාණන් වහන්සේ
සිහි කොට උතුම් සරණ මම් - කාරුණිකයන් නමාමි

කෙළෙස් මළ සේදීමෙන් - අවබෝධය ද දීමෙන්
සසරින් ගොඩ දැමීමෙන් - නිවනෙහි පිහිටුවීමෙන්
මිහිරි දම් සර විහිදූ - දම් රජාණන් වහන්සේ
සිහි කොට උතුම් සරණ මම් - බුද්ධරාජා නමාමි

නිල්වන් පත් සැළීමෙන් - මුනිඳුට සෙවන දීමෙන්
තිලොව දිනන මොහොතේ - බුදුරැස් සිරි ලැබීමෙන්
දිවමන් මුනිඳු වැනි වූ - බෝ රජාණන් වහන්සේ
සිහි කොට බැති සිතින් මම් - බෝධිරාජා නමාමි

භගවත් මුනිරජුන්ගේ - ශ්‍රාවක පිරිස වීමෙන්
නිවන් මඟ හැසිරීමෙන් - මගඵල පසක් වීමෙන්
ධම්මදායාද කරගත් - ගුණ පිරි සඟුන් වහන්සේ
සිහි කොට උතුම් සරණ මම් - පුඤ්ඤක්ඛෙත්තං නමාමි

සැමට සෙත සැළසීමෙන් - බුදු සසුන් බැබලීමෙන්
දෙව් බඹුන් එක්වීමෙන් - පින ම ඉස්මතු වීමෙන්
අප හට සැපත සැළසූ - ගෞතම බුදුන් වහන්සේ
සිහි කොට අත් මුදුන් දී - නමාමි මං නමාමි

සාදු! සාදු!! සාදු!!!

බැතියෙන් නමදිමි බුදුරජුනේ...

01. සැසි තිලෝගුරු සම්මා සම්බුදු
අපගේ ගෞතම බුදුරජුනේ
සෝක කෙලෙස් නැති සීත නිවන් ඇති
අමා සැපය දුන් බුදුරජුනේ
වීතරාගි ගුණ දරන රහත් සඟ
පිරිවර ඇති අප බුදුරජුනේ
දෝත තබා හිස සාදු කියා මම
බැතියෙන් නමදිමි බුදුරජුනේ

02. ලෝකනාථ හිමි ධම්මරාජ මුනි
අපගේ ගෞතම බුදුරජුනේ
ඕපනයික ගුණ දරන දහම්කඳ
වදහල අපගේ බුදුරජුනේ
රෝග නසා භව ඕඝතරණ කළ
අපගේ ගෞතම බුදුරජුනේ
දෝත තබා හිස සාදු කියා මම
බැතියෙන් නමදිමි බුදුරජුනේ

03. පෑව සෙනේ මත ඝෝර සසර වැද
පෙරුම් පිරූ අප බුදුරජුනේ
ලෝසතගේ දුක සෝක නසන්නට
වෙහෙසුන අපගේ බුදුරජුනේ
රාහුල පුතු හට බිම්බා දේවිට

නිවනට මග කිව් බුදුරජුනේ
දෝත තබා හිස සාදු කියා මම
බැතියෙන් නමදිමි බුදුරජුනේ

04. සෝපාක සුනීතට අංගුලිමාලට
ලොව්තුරු සැප දුන් බුදුරජුනේ
කුණ්ඩලකේසිට කිසාගෝතමිට
රැකවරණය දුන් බුදුරජුනේ
සාර නිවන් සැප සැමට බෙදා දුන්
මහා කරුණික බුදුරජුනේ
දෝත තබා හිස සාදු කියා මම
බැතියෙන් නමදිමි බුදුරජුනේ

05. නාග දේව සුර බ්‍රහ්මරාජ කැළ
සරණ ලැබූ අප බුදුරජුනේ
පාප නසා හැම දහැමි සැපය දුන්
අපගේ ගෞතම බුදුරජුනේ
සැම දෙනා අපි සාදරයෙන් නිති
සරණ ලබන්නෙමු බුදුරජුනේ
දෝත තබා හිස සාදු කියා මම
බැතියෙන් නමදිමි බුදුරජුනේ

06. මහියංගණ නාදිවයින කැළණිය
සිරිපාද තැබූ අප බුදුරජුනේ
රන්මිණි පළඟට පෙම් බැඳි රජවරු
දහමට යොමු කළ බුදුරජුනේ
සාමය ඇති කොට සැපත උදාකළ
අපගේ ගෞතම බුදුරජුනේ
දෝත තබා හිස සාදු කියා මම
බැතියෙන් නමදිමි බුදුරජුනේ

07. වාසනාව මතු කරන දහම් පද
අපට ඇසේවා බුදුරජුනේ
පාප මිතුරු කැළ බැහැර ගොසින් නිති
අප සුරකේවා බුදුරජුනේ
සේඛ බලය ලැබ සාර සසුන තුළ
පිහිට ලැබේවා බුදුරජුනේ
වාදභේද නැති සාමය පැතිරුණ
ලොවක් ලැබේවා බුදුරජුනේ

සාදු! සාදු!! සාදු!!!

සම්මා සම්බුදු පිහිට ලැබේවා!

1. සිය පින් සිරිසාර ගුණෙන් පෙරුම් පුරා වඩිනා
අපමණ දුක් වෙහෙස දරා ලොවට සැපත සදනා
නොවෙනස් පැතුමක් පෙරටුව හදමඬලෙහි රැඳෙනා
කවුද කියන් වඩිනා මේ පින්වත් මහ මුනිඳා
මේ අප බෝසත් සමිඳු ය සම්බුදු බව පතනා

2. පෙරුම්දම් පුරා සතුටින් තුසිත ලොවේ සිටිනා
පස්මහ බැලුමන් බලමින් මනු පියසට වඩිනා
ලුම්බිණි සල් වනයේදී සල් කුසුමන් පිපෙනා
වැඩි පින්වත් පුතා කවුද සත් පියවර තබනා
මේ අප බෝසත් සමිඳු ය සම්බුදු බව පතනා

3. උතුරා දරු සෙනෙහස එහි බලා සිටින අම්මා
අල්ලා සල් අත්ත සොඳින් හිනැහෙනවා අම්මා
ඇවිදින බුදු පුතුන් බලා සෙත් පතනා අම්මා
කවුද කියන් සතුට පිරුණු මේ බෝසත් අම්මා
මහමායා බිසවයි මේ අප මුනිඳුගෙ අම්මා

4. දෙව් බඹ පිරිසක් ඇවිදින් අහසේ වැඩ සිටිනා
සිඟිති පුතුට රැකවල් දෙන සුදු සේසත් දරනා
දකුණත ඔසවා අහසට මිහිරි සරෙන් කියනා
කවුරුද මේ සිඟිති පුතා සිහනද පතුරුවනා
මේ අප බෝසත් සමිඳු ය සම්බුදු බව පතනා

5. ලෝසත විඳිනා දුක දැක හද කම්පා වෙමිනා
රහල් පුතු ද බිම්බාව ද දෙස බලමින් වඩිනා
සත හට සෙත් සදන සිතින් අබිනික්මන් කරනා
මේ යොවුන් වීරයා කවුරුද අසෙකු පිටින් වඩිනා
මේ අප බෝසත් සමිඳු ය සම්බුදු බව පතනා

6. ශ්‍රමණ වෙසක් ගෙන වනයේ ඝෝර තපස් රකිනා
කුසට අහර නෙගෙන නිතින් වෙර වීරිය වඩනා
ඇට පෑදී ගිය සිරුරින් පෙර මඟට ම වඩිනා
මේ විස්මිත මුනිඳු කවුද අමා නිවන සොයනා
මේ අප බෝසත් සමිඳු ය සම්බුදු බව පතනා

7. වළඳා කිරිපිඬු ද එදා නදියෙන් ගොඩ වෙමිනා
බෝ සෙවණේ සිසිල මතින් කුස තණ අතුරමිනා
එලා සඟල සිවුර සොඳින් ඒ මත වැඩහිඳිනා
කවුරුදු මහ සමණිඳු මේ විදුරසුනේ සිටිනා
මේ අප බෝසත් සමිඳු ය සම්බුදු බව පතනා

8. කළුවර වෙන අහස් කුසේ විදුලි කෙටිලි දිලෙනා
ඇතෙකු පිට නැඟී මරු එයි සේනාව ද රැගෙනා
වට කොට මේ සමිඳාණන් හිරිහැර වධ කරනා
මහා වීර මුනිඳු කවුද මෙහි නොසැලී සිටිනා
මේ අප බෝසත් සමිඳු ය සම්බුදු බව පතනා

9. බැහැර කරන්නට මුනිඳුව මරු එහි මොර දෙන්නේ
සේනාවන් වට කරගෙන යන මඟ වළකන්නේ
මුනිඳුන් දකුණත තබමින් මිහිකත අමතන්නේ
මේ එඩිතර මුනිඳු කවුද මිහිකත හඬවන්නේ
මේ අප බෝසත් සමිඳු ය විදුරසුනේ ඉන්නේ

10. බියපත් වසවත් මරු එහි පැරද පලා යන්නේ
දසබිම්බර මාර සෙනඟ දස අත විසිරෙන්නේ
මුනිඳුට ජය අත්වෙනවා දෙවියන් තුටු වන්නේ
මේ මහා වීර මුනිඳු කවුද ජය පිට ජය වන්නේ
අපගේ ගෞතම මුනිඳු ය විදුරසුනේ ඉන්නේ

11. දෙව්ලොව දෙවියන් සතුටින් දිවසළු සොළවන්නේ
මුනිඳුගෙ ජය ගැන කියමින් දිවමල් වගුරන්නේ
බෝ සෙවණේ සිටි මුනිඳුන් මැදුම් මගේ යන්නේ
මේ විස්මිත මුනිඳාණන් කවුද කියාපන්නේ
අපගේ ගෞතම මුනිඳු ය බුදුවෙන්ටයි යන්නේ

12. පෙරයම ගෙවෙනා විට සිත හොඳින් එකඟ වන්නේ
සසරේ ගත කළ දිවිමඟ එකිනෙක සිහි වන්නේ
ගෙවුණු අතීතය දකිමින් නුවණකි මතුවන්නේ
මේ නුවණැති මුනිඳු කවුද විදුරසුනේ ඉන්නේ
අපගේ ගෞතම මුනිඳු ය බුදුවෙන්ටයි යන්නේ

13. ලෝසත ඉපදෙන මැරෙනා අයුරු ය විමසන්නේ
කළ කම් පල දෙමින් සතුන් සසර පුරා යන්නේ
භවයෙන් ගොඩ එන්නට බැරි ලෝ සත දකිමින්නේ
මේ නුවණැති මුනිඳු කවුද දිවැස් ලබාගන්නේ
අපගේ ගෞතම මුනිඳු ය බුදුවෙන්ටයි යන්නේ

14. හේතු සකස් වෙන විට ලොව දුක ම යි හටගන්නේ
ඒ හේතුන් නැතිවෙන විට දුක ම යි නැතිවන්නේ
දුකේ හේතු නසන මුනිඳු දුකින් මිදී යන්නේ
මේ නුවණැති මුනිඳු කවුද නිවනයි ලැබගන්නේ
අපගේ ගෞතම මුනිඳු ය බුදුබව ලැබගන්නේ

15. වෙසගේ සඳරැස් අහසේ සිසිලස පතුරමිනා
බෝපත් සැළෙමින් මුනිඳුට සෙවණැලි සුව සදනා
අමා නිවන් සුව විඳිමින් සුවසේ වැඩහිඳිනා
කවුරුද මේ මුනිඳාණන් බුදුරැස් විහිදුවනා
අප හගවත් මුනිඳුයි මේ සම්බුදු බව ලබනා

16. දෙව් ලොව දෙවියෝ අහසේ සිටින්නේ
දිව සළු නගමින් සොම්නස් වන්නේ
අප මුනිඳුට ලොව ජයයි ලැබෙන්නේ
සාදු! සාදු! බුදුරුවන වඩින්නේ

17. සේනා ඇති මරු පැරදී යන්නේ
බෝ සෙවණේ මුනි තිලොව දිනන්නේ
ගෞතම මුනිඳුන් සම්බුදු වන්නේ
සාදු! සාදු! බුදුරැස් විහිදෙන්නේ

18. මහ බඹු ඇවිදින් සිත සතුටින්නේ
සේසත් දරමින් මුනිඳු පුදන්නේ
ගෞතම මුනිඳුන් සම්බුදු වන්නේ
සාදු! සාදු! බුදුරැස් විහිදෙන්නේ

19. අහසෙ වළාකුළු පහවී යන්නේ
සඳරැස් පැතිරී එළිය කරන්නේ
මරු පැරදූ මුනි සම්බුදු වන්නේ
සාදු! සාදු! බුදුරැස් විහිදෙන්නේ

20. කළුවර පැතිරුණ නිරය තිබෙන්නේ
අඳුර නසාගෙන එළිය කරන්නේ
ඇයිදෝ මෙතරම් අසිරිය වන්නේ
අප මුනිඳුන් ලොව සම්බුදු වන්නේ

21. දහසක් සක්වල එළි විහිදෙන්නේ
බෝ සෙවණෙන් ඒ එළි මතුවන්නේ
ඇයිදෝ මෙතරම් අසිරිය වන්නේ
අප මුනිඳුන් ලොව සම්බුදු වන්නේ

22. මිහිකත සතුටින් සෙළවී යන්නේ
අනතුරු කිසිවක් එයින් නොවන්නේ
මිහිකත දෙවියෝ සාදු කියන්නේ
අප මුනිඳුන් ලොව සම්බුදු වන්නේ

23. අහස පුරා මල් විසිරී යන්නේ
දිවසුවඳින් වට විහිදී යන්නේ
අසිරිය මෙතරම් ඇයිද පෙනෙන්නේ
අප මුනිඳුන් ලොව සම්බුදු වන්නේ

24. මුව පැටවුන් සිහදෙන සමඟින්නේ
ඇකයෙහි දූවටී නිදා සිටින්නේ
ඇයිදෝ මෙතරම් අසිරිය වන්නේ
අප මුනිඳුන් ලොව සම්බුදු වන්නේ

25. පිල් විදහාගෙන මොනරු නටන්නේ
නා පිරිවර ඒ නැටුම් බලන්නේ
ඇයිදෝ මෙතරම් අසිරිය වන්නේ
අප මුනිඳුන් ලොව සම්බුදු වන්නේ

26. දිවි දෙන ලඟ හා පැටව් නටන්නේ
නා මුගටින් පෙම් බස් ය දොඩන්නේ
ඇයිදෝ මෙතරම් අසිරිය වන්නේ
අප මුනිඳුන් ලොව සම්බුදු වන්නේ

27. සිලි සිලි ගා බෝ පත් සෙළවෙන්නේ
මුනිඳුට සිසිලස සෙවණ සදන්නේ
විදුරසුනේ බුදු සිරිය දිලෙන්නේ
අප මුනිඳුන් ලොව සම්බුදු වන්නේ

28. කල්ප ගණනකිනි මුනිඳු උපන්නේ
තුන් ලොව ජයගෙන සම්බුදු වන්නේ
සිත පහදාගෙන මුනිඳු වඳින්නේ
සාදු! සාදු! බුදුසරණ ලබන්නේ

29. අරහං බුදුගුණ මට සිහි වේවා
අරහං නිකෙලෙස් බව ම දිලේවා
අරහං සම්බුදු ගුණ විහිදේවා
අරහං ගුණයේ පිහිට ලැබේවා

30. සම්මා සම්බුදු ගුණම සිතේවා
සම්මා සම්බුදු සිරිය දිලේවා
සම්මා සම්බුදු ගුණ විහිදේවා
සම්මා සම්බුදු පිහිට ලැබේවා

31. විදුසරණේ බුදුගුණ සිහිවේවා
විදුසරණේ බල ලොවට පෙනේවා
විදුසරණේ බුදු ගුණ විහිදේවා
විදුසරණේ බුදු පිහිට ලැබේවා

32. සුගත ගුණැති මුනිඳුන් සිහිවේවා
සුගත ගුණෙන් ලොව සැපත සැදේවා
සුගත සුමුදු බුදුගුණ විහිදේවා
සුගත මුනිඳු ගුණ පිහිට ලැබේවා

33. ලෝකවිදූ බුදු බල මතුවේවා
     ලෝකවිදූ ගුණ මට සිහිවේවා
     ලෝකවිදූ බුදුගුණ විහිදේවා
     ලෝකවිදූ බුදු පිහිට ලැබේවා

34. පුරිසදම්ම සාරථී ගුණ ගාවා
     පුරිසදම්ම ගුණ බල පිහිටාවා
     පුරිසදම්ම බුදුගුණ විහිදේවා
     පුරිසදම්ම බුදු පිහිට ලැබේවා

35. සුර නර ගුරු දෙවි මට සිහි වේවා
     සත්ථා ගුණයට අවනත වේවා
     දෙවි මිනිසුන් හට යහපත වේවා
     සත්ථා බුදු ගුණ පිහිට ලැබේවා

36. බුදු වදනට ලොව අවනත වේවා
     බුදු වදනින් ලොව දුක් දුරු වේවා
     බුද්ධ ගුණය මට නිති සිහි වේවා
     බුද්ධ ගුණැති බුදු පිහිට ලැබේවා

37. භගවා ගුණ මට නිතර සිතේවා
     භගවා යන නම ලොව පැතිරේවා
     භගවත් මුනි ගුණ සැමට දැනේවා
     භගවා ගුණයෙන් පිහිට ලැබේවා

38. නව ගුණ නිතරම මට සිහි වේවා
     නව අරහාදී ගුණ බැබලේවා
     නවතින සසරට දහම ලැබේවා
     නව අරහාදී පිහිට ලැබේවා

                සාදු! සාදු!! සාදු!!!
                ☸ ☸ ☸

හඬන වැලපෙන සැලෙන...

01. හඬන වැලපෙන සැලෙන - සිතේ දුක නැතිවුණා
හදන සසරක ගමන - කෙලෙස් මුල් වැනසුණා
නිවන සැනසුම රැඳුණ - ලොවක යළි නොම රැඳුණ
අරහං ය මගේ බුදු - පියාණන් වහන්සේ
සාදු! සාදු! වඳිම් - ඒ බුදුන් වහන්සේ

02. අසා නැති අමා සුව - සිතාගත හැකි වුණා
පතා ගෙන ආ විලස - ලොවේ තතු වැටහුණා
ලබා සම්බුදු නුවණ - අමා සදහම් දෙසන
සම්බුදු ය මගේ බුදු - පියාණන් වහන්සේ
සාදු! සාදු! වඳිම් - ඒ බුදුන් වහන්සේ

03. සිතන විට සැනසිලා - නිවන තුළ නැවතිලා
වඩින විට හිඳින විට - සිත සමාහිත වෙලා
හිරු මඬල සේ දිලෙන - චරණ විජ්ජා නුවණ
නැණවත් ය මගේ බුදු - පියාණන් වහන්සේ
සාදු! සාදු! වඳිම් - ඒ බුදුන් වහන්සේ

04. සොඳුරු ගමනක් වඩින - සුපිපි සියපත් මැවෙන
දකින් විට සිත් නිවෙන - ලොවට සිසිලස සදන
ඒ නිවන් මග වඩින - සුගත බුදු ගුණ දරන
සුන්දරයි මගේ බුදු - පියාණන් වහන්සේ
සාදු! සාදු! වඳිම් - ඒ බුදුන් වහන්සේ

05. නොදැන තම තම ලෝක - විඳි කරදර නේක
සිඳිනු බැරි දුක සෝක - ලෝ සතුන් දුටු සේක
ලෝක දුක හඳුනගෙන - ලෝකයෙන් එතෙර වුණ
ලෝකවිදූ මගේ බුදු - පියාණන් වහන්සේ
සාදු! සාදු! වඳිමි - ඒ බුදුන් වහන්සේ

06. අකීකරු දෙව් මිනිස් - හා නොයෙක් සැඩ පිරිස්
සමිඳු සෙවණට පැමිණ - සදා දමනය වුණා
අනුත්තර පුරිසදම් - සාරථී ගුණෙන් යුතු
තෙදවත් ය මගේ බුදු - පියාණන් වහන්සේ
සාදු! සාදු! වඳිමි - ඒ බුදුන් වහන්සේ

07. ලොවේ භව දුක නිවන - විවේකය ඇති කරන
දෙව් මිනිස් සතුන් වෙත - අමා සුව පතුරුවන
නමින් සත්ථා දේව - මනුස්සානං සේක
කාරුණික මගේ බුදු - පියාණන් වහන්සේ
සාදු! සාදු! වඳිමි - ඒ බුදුන් වහන්සේ

08. රකින්නට ගුණ දහම් - කරන්නට සිත පහන්
නිවන්නට භව ගිමන් - දෙසූ දහම් නිවන්
බුද්ධ යන ගුණෙන් යුතු - මහා නුවණකින් යුතු
නැණවත් ය මගේ බුදු - පියාණන් වහන්සේ
සාදු! සාදු! වඳිමි - ඒ බුදුන් වහන්සේ

09. කාරුණික හදින් යුතු - සීල ගුණ කඳින් යුතු
සමාහිත සිතින් යුතු - මහා නුවණින් යුතු
සියලු බුදු ගුණ දරන - නිවන් සුවය ම සදන
භගවත් ය මගේ බුදු - පියාණන් වහන්සේ
සාදු! සාදු! වඳිමි - ඒ බුදුන් වහන්සේ

සාදු! සාදු!! සාදු!!!

මහා කාරුණික නුවණින්...

මහාකාරුණික නුවණින් - අපගේ සම්බුදු සමිඳුන්
සතළිස් පස් වසක් පුරා - දෙසූ සේක සිරි සදහම්

01. ජීවිතයේ දුක දුරලන - අමා නිවන් සුව සලසන
පැහැදිලි ලෙස පිරිසිදු ලෙස - දෙසූ සේක සිරි සදහම්
ඉතා හොඳින් දෙසූ නිසා - ස්වාක්ඛාත වේ සදහම්
සාදු! සාදු! මම නමදිම් - ඒ සම්බුදු සිරි සදහම්

02. ඒ සම්බුදු දහම් අසා - මැනැවින් සිත තුළ රඳවා
පුරුදු කළොත් ඒ සදහම් - මතුවෙයි ලොව්තුරු ගුණදම්
අදත් පිහිට ලැබෙන නිසා - සන්දිට්ඨික වේ සදහම්
සාදු! සාදු! මම නමදිම් - ඒ සම්බුදු සිරි සදහම්

03. ඉස්සර වාගේම දැනුත් - දැන් වාගෙම හෙට දවසෙත්
හැමදාකම හැමතැනකම - දකින්ට පුළුවනි සදහම්
කාලයකට අයිති නොමැති - අකාලිකයි ඒ සදහම්
සාදු! සාදු! මම නමදිම් - ඒ සම්බුදු සිරි සදහම්

04. වළාකුලින් තොරව දිලෙන - හිරු සඳු විලසින් බබලන
ඒ සදහම් නැණවතුනට - පුළුවනි විමසා බලන්ට
රහස් බණක් නැත්තේම ය - ඒහි පස්සිකයි සදහම්
සාදු! සාදු! මම නමදිම් - ඒ සම්බුදු සිරි සදහම්

05. තමා තුළම ඇති කරගෙන - සිල් සමාධි හා නුවණද
සියලු දුකින් නිදහසු වුණ - අමා නිවන් සුව ලැබගෙන
තමා තුළින් දකින නිසා - ඕපනයික වේ සදහම්
සාදු! සාදු! මම නමදිම් - ඒ සම්බුදු සිරි සදහම්

06. තම තමන්ගෙ නැණ පමණින් - නිවන් මගට බැස ගනිමින්
පුළුවනි සසරින් මිදෙන්ට - නුවණැත්තන් හට මෙලොවේ
පච්චත්තං වේදිතබ්බ - විඤ්ඤූහී වේ සදහම්
සාදු! සාදු! මම නමදිම් - ඒ සම්බුදු සිරි සදහම්

සාදු! සාදු!! සාදු!!!

රාග ද්වේෂ මෝහ නසන...

01. රාග ද්වේෂ මෝහ නසන - අමා නිවන් සුවය ලබන
දහමට විනයට අනුව ම - තම දිවි මග පුරුදු කරන
බුදු සසුනට ඇතුළු වෙලා - සුපටිපන්න ගුණ දරනා
සාදු! සාදු! මම නමදිමි - ඒ සම්බුදු ශ්‍රාවකයින්

02. ඇදක් නොමැති මගින් යුතුව - උතුම් අංග අටක් ඇතිව
සිල් සමාධි නුවණ ඇතිව - ඒ ඍජු මාවතේ වඩින
බුදු සසුනට ඇතුළු වෙලා - උජුපටිපන්නව සිටිනා
සාදු! සාදු! මම නමදිමි - ඒ සම්බුදු ශ්‍රාවකයින්

03. ලෝකේ ඇති තතු දකිමින් - ලෝක දුකට නොම ඇලෙමින්
ලෝකෙන් නිදහස් වෙන්නට - තම නුවණම හුරු කරමින්
බුදු සසුනට ඇතුළු වෙලා - ඤායපටිපන්නව සිටිනා
සාදු! සාදු! මම නමදිමි - ඒ සම්බුදු ශ්‍රාවකයින්

04. සැදැහැ සිතින් දරා සිටින - ඒ සම්බුදු සිරි සදහම්
හැම දෙනාට දයා සිතින් - කියා දෙමින් සිත සතුටින්
බුදු සසුනට ඇතුළු වෙලා - සාමීචි පටිපන්නව සිටිනා
සාදු! සාදු! මම නමදිමි - ඒ සම්බුදු ශ්‍රාවකයින්

05. සතර මග ද සතර ඵල ද - ලබා සියලු දුකින් මිදුණ
සම්බුදු ශ්‍රාවක උතුමන් - යුගළ සතරකින් යුතු වේ.
වෙන් වෙන් වශයෙන් ගත් විට - අට දෙනෙක්ය ඒ උතුමන්
සාදු! සාදු! මම නමදිමි - ඒ සම්බුදු ශ්‍රාවකයින්

06. දන්පැන් පිදුමට සුදුසුය - ආහුණෙය්‍යය ගුණ යුතුමය
ආගන්තුක දන් සුදුසුය - පාහුණෙය්‍යය ගුණ යුතුමය
පින් සලකා දීම හොඳය - දක්ඛිණෙය්‍යය ගුණ යුතුමය
වැඳුම් පිදුම් කළ යුතුමය - අඤ්ජලිකරණීය ගුණය

07. පින් අස්වනු නෙළාගන්ට - ලොවේ සිටින පිංවතුන්ට
ලොවට උතුම් පිං කෙතමය - ඒ සම්බුදු ශ්‍රාවකයින්
බුදු සසුනට ඇතුළු වෙලා - වඩින අමා නිවන බලා
සාදු! සාදු! මම නමදිම් - ඒ සම්බුදු ශ්‍රාවකයින්

සාදු! සාදු!! සාදු!!!

බුදු සමිඳුගේ නෙතින්...

01. බුදු සමිඳුගේ නෙතින් - ගලා කරුණා දහර
ඇවිල ගිය සිත් සතන් - නිවී සැනසී ගියා

02. එකම බණ පදයෙනුත් - ගලා නැණ රැස් දහර
අඳුරු ජීවිත පුරා - එළිය විහිදී ගියා

03. දුගී පැල්පතේ හෝ - බමුණු සිටු කුලේ හෝ
දුකින් මුදවා ගන්ට - බොහෝ දුර වඩිනවා

04. මහ වැස්සෙ තෙමෙනවා - හිරු රැසින් දැවෙනවා
කුසගිනි ද දැනෙනවා - බුදු සමිඳු වඩිනවා

05. මිහිරි බණ දෙසන විට - අමා ගඟ ගලනවා
කන් යොමා අසන විට - සිත සෝක නිවෙනවා

06. ගුණ නුවණ වැඩෙන විට - සසර දුක ගෙවෙනවා
බුදු ගුණය සිතන විට - නිවන් සුව දැනෙනවා

07. වඩින විට පිඬු සිඟා - නෙත් කැලුම් බිම යොමා
බෙදන්නට දන් පිඬක් - අනේ මට බැරි වුණා

08. සිරි පතුල් වෙහෙසුණා - අප ගැන ම සොය සොයා
පිරිනිවී වැඩි සේක - මගේ සම්බුදු පියා

09. බුදු නෙතින් බලා ලොව - සිතේ දුක නිවා දුන්
බුදු මුවින් ගලා ආ - මිහිරි දම් අමා දුන්

10. බුදු ගුණෙන් සදා සිත් - සැනසීම ලබා දුන්
බුදු සරණ යමු අපිත් - පිළිසරණ සදා දුන්

11. හිරු උදාවනු මිසක - අඳුර එන්නට එපා !
දෙපා පැටලුන විටක - බිම වැටෙන්නට එපා !

12. ජීවිතය කිසි දිනක - නොමග යන්නට එපා !
බුදු සමිඳු නැති ලොවක - කිසි දෙයක් මට එපා !

13. සිත මගේ සැනසිලා - නරක දේ දුරු වෙලා
පිපුණු කුසුමක් ලෙසේ - ලොව සුවඳ කෙරේවා !

14. නිහඬ වන ගුහාවක - සොඳුරු හුදෙකලාවක
බුදු සිතක ඇති සුවය - මහදටත් දැනේවා !

15. තණ්හාව දුරු වෙලා - දුක මගේ නැති වෙලා
සදාකාලික අමා - නිවන් සුව ලැබේවා !

සාදු! සාදු!! සාදු!!!

අඳුරු ලොව එළිය කළ...

01. අඳුරු ලොව එළිය කළ - මගේ සිත පහන් කළ
සැප සතුට උදා කළ - මගේ බුදු සමිඳුනේ

02. නොමග යන විට හැඳින - සුමගට ම යොමු කරන
මහා කරුණා ගුණැති - කාරුණික සමිඳුනේ

03. මැරෙන ඉපදෙන ලොවෙන් - සදහට ම මිදෙන්නට
අම නිවන් මග දෙසන - සුගත බුදු සමිඳුනේ

04. ජීවිතේ දුක් තැවුල් - පිස දමා සනසවා
අමා ඔසු ලබාදෙන - මගේ බුදු සමිඳුනේ

05. හුදෙකලා දිවි මගක - දහම තුළ තනි නොවන
පිළිසරණ ලබා දෙන - කාරුණික සමිඳුනේ

06. රැවටෙමින් මේ ලොවට - සැප සොයා දුවන විට
ප්‍රඥාව ලබා දුන් - මගේ බුදු සමිඳුනේ

07. දුකෙන් මුදවා සැවොම - සනාතන සැපය දෙන
මගේ ලොව හිරු මඬල - ඔබයි බුදු සමිඳුනේ

08. මඩ දියෙන් උඩට නැගී සුපිපි නෙළුමක් විලස
දම් සුවඳ බෙදා දෙන - මලක් වෙමි සමිඳුනේ

09. සරුසාර පොළොව මත - වැඩෙන සරු පැලය ලෙස
මුළු ලොවට සෙවනදී - වැඩෙමි බුදු සමිඳුනේ

10. අහස් කුස එළිය කොට - සුපුන් සඳ දිලෙන විට
එළිය විහිදා දිලෙන - තරුව වෙමි සමිඳුනේ

11. සැදැහැසිත් සදාගෙන - සිල් සුවඳ දරාගෙන
ඔබේ සිරිපා සෙවනෙ - වැඩෙමි බුදු සමිඳුනේ

12. අඳුර විනිවිද දිලෙන - නැණ පහන දරාගෙන
ලොවෙහි ඇති තතු එලෙස - දකිමි බුදු සමිඳුනේ

13. වෙනස් වන ලෝ දහම - සියළු තැන දකින විට
උතුම් සම්බුදු සුවඳ - සිහි කරමි සමිඳුනේ

14. නොසෙල්වෙන පහන් සිළ - එක්තැන්ව දිලෙන ලෙස
මමත් සිත සමාහිත - කරමි බුදු සමිඳුනේ

15. දුක් විඳින ලෝකයට - ඇති ඇල්ම බැහැර කොට
හැම දුකින් අත්මිදෙන - මග දකිමි සමිඳුනේ

16. මේ වෙසක් පොහො දිනේ - බුදු ගුණය සිතමිනේ
ගඳකිලිය ලෙස මහද - පුදමි බුදු සමිඳුනේ

17. ඔබේ බුදු සසුනෙදි ම - ඒ අමා නිවන දැක
පිළිසරණ ලබන්නට - පතමි බුදු සමිඳුනේ

සාදු! සාදු!! සාදු!!!

මගෙ සම්බුදු සමිඳුන් හට...

මගේ සම්බුදු සමිඳුන් හට - තරහ සිතක් නෑ කිසි විට
ආසාවෙන් දුක් විඳීම - මුලා බවක් නෑ කිසිවිට
සැනසී ගිය සිතින් යුතුව - කාලෙ ගෙවන්නේ හැමවිට
එනිසා ඒ ගුණ සිහිකොට - 'අරහං' කියති මුනිඳුට

කාගෙන්වත් ඇසුවේ නැත - පොතක් පතක් බැලුවේ නැත
චතුරාර්ය සත්‍යය දැක - තමා තුළම වැඩුණා සිත
උතුම් අමා නිවනත් දැක - ජයගත්තා ලොව සැම තැන
සම්මා සම්බුදුන් කියා - එනිසා පවසති මුනිඳුට

ලෝකේ දත යුතු දේ ගැන - තේරුම් ගත යුතු දේ ගැන
බාධාවක් නැති විදිහට - ඥාණය ලැබුණා මුනිඳුට
සිත, කය, වචනය තුන් දොර - හැසිරෙව්වා ඒ විදිහට
විජ්ජා හා චරණ ගුණය - යුතු යැයි පවසති මුනිඳුට

කරුණාබර බුදු සමිඳුගෙ - ගමන් විලාසය අගේය
කරන කතාබහ නිතරම - හැමදෙනාගෙ සිත රැඳේය
යහපත් සිතුවිලි සිතමින් - යන්නේ යහපත් මගේය
එනිසා ඒ සුගත ගුණය - බුදු සමිඳුට හරි අගේය

පෙනෙන නොපෙනෙනා ලෝකේ - සිටින සියලු සතුන් ගැනම
ඉර හඳවල් පැතිරි ඇති - පවතින හැම ලොවක් ගැනම
දැනගනිමින් හැමදෙයක්ම - නිදහස් විය හැම ලොවෙන්ම
ලෝකවිදූ යයි එනිසා - පවසති සම්බුදු රජුන්ට

බලහත්කාරයෙන් තොරව - කරුණාබර සිතින් යුතුව
කීකරුකම නැති සතුන්ව - දෙව් මිනිසුන් හා බඹුන්ව
දමනය කොට ඒ හැමදෙන - ලබා දුන් නිසා නිවනම
අනුත්තරෝ පුරිසදම්ම - සාරථී කියතී මුනිඳුට

ලොව නුවණැති මිනිසුන් හට - දෙව්ලොව හැම දෙවියන් හට
දුකෙන් ශෝකයෙන් මිදෙන්ට - සදා සැපත ලබාගන්ට
මඟපෙන්වන මුනිඳුන් හට - නමක් තිබේ මේ විලසට
සත්ථා දේවමනුස්සානං - කියති ලොවේ බුදුසමිඳුට

බුදුසමිඳුන් දුටු සදහම් - කරුණාවෙන් කියා දෙමින්
හැමදෙනාට වැටහෙන ලෙස - පවසන විට සරල ලෙසින්
තමා විසින් දැකගත් දේ - ඒ අයුරින් කියන නිසා
ලොවේ සිටින දෙව් මිනිසුන් - බුද්ධ කියති බුදුරජුන්ට

ලොවේ සියලු යහපත් දේ - කැටි වී එක මිනිසෙක් තුළ
කෙලෙස් සහිත සියලු ලොවෙන් - නිදහස් වී ජයගත් කල
කරුණාවත් ප්‍රඥාවත් - බබලයි බුදු සමිඳුන් තුළ
සියලුම බුදු ගුණ එක් කොට - භගවා කියතී මුනිඳුට

සාදු! සාදු!! සාදු!!!

බුදු රුවනට වඩා උතුම්...

බුදු රුවනට වඩා උතුම් - කෙනෙක් මට නැතේ
බුදු බණටත් වඩා උතුම් - දෙයක් මට නැතේ
බුදු පිරිසට වඩා උතුම් - පිරිස් මට නැතේ
තුනුරුවනට වඩා උතුම් - කිසිත් මට නැතේ

උදයේ නැගිටින විටත් - නින්දට මා යන විටත්
ගමන් බිමන් යන විටත් - වැඩ පල කරනා විටත්
මගේ බුදු සමිඳුන් ගැනත් - ඒ සිරි සඳහම් ගැනත්
බුදු පිරිසේ ගුණ ගැනත් - සිහි වේ මේ තෙරුවනත්

සිල් ගුණදම් වැඩි නිසා - සමාධිමත් සිත නිසා
හිරු සඳු විලසින් බබලන - ඥාණයකුත් ලද නිසා
ඒ බුදු සමිඳුන් තමා - තුන් ලොවටම හිතවතා
ඒ ගැන මම සිත සිතා - නමදිමි සිරසත් නමා

යහපත ඇති කරදෙන - වරදින් මා වළකන
ජීවිතයේ සැප සලසන - මාවත පෙන්වා දෙන
බුදු සමිඳුන් පවසන - සම්මා සම්බුදු බණ
හොඳින් ඉගෙන ගෙන මම - ජය ගමි ලොව හැමතැන

ලබා උතුම් තිසරණ - නිවන් මගේ වඩිමින
හැම දෙනාට සෙත සලසන පිරිසයි සඟ රුවන ද
මමත් මා පියන් හැමත් - පවුලේ සිටිනා අයත්
යහළු යෙහෙලියන් හැමත් - ඒ බුදු පිරිසට අයත්

තෙරුවන් ආසිරි බලෙන් ද - විරියෙන් ද ඤාණයෙන් ද
මා පිය ගුරුවරුන් කෙරෙහි - ඇති වුණ කීකරුකමින් ද
ඉවසීමෙන් යුතු වෙමි - මම නම් පෙරටම යමි
හැම බාදක පරදමි - ජීවිතය ම ජය ගමි

ඉරිසියාව නොකරමි - පළිගැනීම දුරලමි
එකටෙක කරමින් සිටිනා - නපුරු ගතිය දුරලමි
මා ගැන පමණක් නොවේ - සියළු දෙනා ගැන ලොවේ
පිහිට ලබා දීම මිසක් - නපුරු සිතක් ඇති නොවේ

සඟ රුවන ද සැරදේවා - මාපියන්ට සැප වේවා
පවුලේ සැම දෙනා හට ම - හැම විට යහපත් වේවා
යහපත් දේ දැනගෙන - හොඳ දෙය හඳුනා ගෙන
උත්තම මිනිසෙක් වන්නට - සැලසේවා මා හට

සාදු! සාදු!! සාදු!!!

දඹදිව් තලයේ ලුම්බිණි උයනේ...

01. දඹදිව් තලයේ ලුම්බිණි උයනේ
- සම්මාසම්බුදු කෙනෙකු උපන්නේ
දෙව් මිනිසුන් හට සෙත සලසන්නට
- කල්ප ගණනකිනි මුනිඳු උපන්නේ

02. වෙසක් සඳක් නැගෙනා විට අහසේ
- ඒ බෝසත් පුතු සිහිවෙන්නේ
තුන් ලොව සනසන සම්මා සම්බුදු
- ගුණ සිහිකරමින් නමදින්නේ

03. වීරිය ඤාණය පාරමිතා බල
- අප මුනිඳුන් තුළ මතුවන්නේ
නිවන සොයා ලොව සෙත සලසන්නට
- අබිනික්මන් කොට වෙහෙසෙන්නේ

04. ගයා නදී තෙර බෝ රුක් සෙවනේ
- වජිරාසන මත වැඩඉන්නේ
දසබිම්බර ඒ මාර සෙනඟ මැද
- තුන් ලොව ජයගෙන බුදු වන්නේ

05. වෙසක් සඳක් නැගෙනා විට අහසේ
- ඒ සම්බුදු බව සිහිවෙන්නේ
දසබල මුනිගුණ සිහි කරමින් අපි
- අපගේ මුනිරජු නමදින්නේ

06. පන්සාළිස් වස් පුරා ගෙවෙන තුරු
- නිවන් ලබන මග දෙසමින්නේ
දෙව් මිනිසුන් ගේ ලොව සුවපත් කොට
- පිරිනිවනට සිත යොමුවන්නේ

07. කුසිනාරාවේ සල් රුක් සෙවනේ
- අප මුනිඳාණෝ සැතපෙන්නේ
අමා සැපත ඇති සැනසුම අබියස
- ඒ බුදු නෙත් යුග පියවෙන්නේ

08. වෙසක් සඳක් නැගෙනා විට අහසේ
- කුසිනාරාව ද සිහිවෙන්නේ
පිරිනිවනට වැඩි මුනි රජු සිහිකොට
- සිත පහදාගෙන නමදින්නේ

09. අපගේ ගෞතම සම්මා සම්බුදු
- මුනිඳු සරණ නිති සැලසේවා
භව දුක් දුරු කොට අමා සැපත ගෙන
- සම්බුදු බණ පද සිහිවේවා

10. සිල්ගුණ දරනා මහ සඟරුවනේ
- කළණ ඇසුර නිති සැලසේවා
ගෞතම සසුනේ පිහිට ලබාගෙන
- නිවන යන මඟ වැටහේවා

සාදු! සාදු!! සාදු!!!

සැප විඳින්නට තමන්...

1. සැප විඳින්නට තමන් - කැමති බව දකින්නේ
එලෙසින් ම ලෝ සතුන් - සැපයමයි පතන්නේ
තමා උපමා කරන් - හැම සතුන් දකින්නේ
සියලු ලෝ සතුන් වෙත - මෙත් සිතයි වඩන්නේ

2. මා නිතර සැප ලබා - නිදුකින් ම වෙසේවා
සෝක දුක් තැවුල් නැති - සැනසීම ලැබේවා
මා අතින් කිසිවෙකුට - කිසි දුකක් නොවේවා
සැමට සෙත සදන්නට - ගුණ නුවණ වැඩේවා

3. මගේ හිතවත් පිරිස - නිදුකින්ම වෙසෙත්වා
දුක් විපත් වලින් තොර - යහපතම ලබත්වා
දුරුවෙමින් බාධක ද - නිතර සැප ලබත්වා
හැම දෙනා තුළ සතුට - සැනසීම වැඩෙත්වා

4. මැදහත්ව සිටින අය - මෙත් සිත ම වඩත්වා
දුක් තැවුල් නැති සිතින් - තුටින් කල් ගෙවත්වා
ලබා යහපත ලොවේ - සැනසීම ලබත්වා
ලොවට සෙත සදන්නට - ගුණ නුවණ වැඩෙත්වා

5. වෛර කරනා පිරිස - සිහි නුවණ ලබත්වා
වෛර සිත් බැහැර කොට - මෙත් සිතම වඩත්වා
ඉරිසියාවෙන් පෙළෙන - දුක් තැවුල් නොවෙත්වා
ඒ සියලු දෙනා ලොව - සැප සතුට ලබත්වා

6. මා අවට සිටින අය - මෙත් සිත ම වඩත්වා
සෝක දුක් තැවුල් නැති - සැනසීම ලබත්වා
ගුණ නුවණ හා සිල් ද - සැදැහැ සිත් වඩත්වා
සැමට සෙත සදන්නට - නුවණ යොමු කෙරෙත්වා

7. මේ ගමේ සිටින අය - නගරයේ සිටින අය
මේ පළාතේ සිටින - රටේ පැතිරී සිටින
හැම දෙනා තුළ නිතර - මෙත් සිතම වැඩෙත්වා
කරුණාව පැතිර ගිය - ගුණ නුවණ ලබත්වා

8. ජාති කුල භේද හැම - සිතින් දුරු වී ගොසින්
සිටිත්වා සියලු දෙන - මවගෙ දරු කැල ලෙසින්
අකමැතිව කිසි දුකක් - කිසිවෙකුට කිසි ලෙසින්
ලබත්වා සියලු දෙන - මෙත් සිතම මේ ලෙසින්

9. දෙපා ඇති නැති සතුන් - ලොවේ සිවුපා සතුන්
පෙනෙන නොපෙනෙන ලොවේ - කල් ගෙවන හැම සතුන්
දුරින් හා ළඟ සිටින - දෙව් මිනිස් හැම සතුන්
වඩත්වා මෙත් සිතම - මේ සියලු ලෝ සතුන්

10. උතුරු හා නැගෙනහිර - දකුණු බටහිර දෙසේ
ලොව පුරා පැතිර සිටි - සතුන් වෙති හැම දෙසේ
මේ සියලු ලෝ සතුන් - ලබා සැප නිසි ලෙසේ
වඩත්වා මෙත් සිතම - සැප සතුට ලැබෙන සේ

11. එකිනෙකා තුළ නිතර - මෙත් සිතම වැඩෙත්වා
නිහතමානී සිතින් - සමඟියෙන් සිටිත්වා
අනුන්ගේ වැරදි නොව - හොඳ දෙයම දකිත්වා
ගුණෙන් නුවණින් වැඩී - සියලු සැප ලබත්වා

12.   කයින් කරනා දෙයින් - හොඳ දෙයම කරත්වා
       වචනයෙන් කියන දෙය - සමඟියම වඩත්වා
       සිතින් සිතනා දෙයින් - යහපතම සිතත්වා
       ලොවේ සියලුම සතුන් - සැප සතුට ලබත්වා

13.   ගුරුවරුන් මාපියන් - හා ලොවේ ගුණැතියන්
       වෙසෙත්වා සියලු කල - නිවී සැනසුන සිතින්
       දූ පුතුන් හා සොයුරු - සිසුන් හා සිසුවියන්
       වෙසෙත්වා කීකරුව - නිහතමානී සිතින්

14.   අහසෙ පොළොවේ සිටින - පිනැති දෙවියන් බඹුන්
       වෙසෙත්වා සියලු කල - දියුණු කළ මෙත් සිතින්
       ඒ සියලු දෙවි බඹුන් - යොමා කරුණා නෙතින්
       රකිත්වා හැම ලෙසින් - සිල්වතුන් ගුණවතුන්

15.   ලොවේ වෙසෙනා සියලු - ලෝ සතුන් දෙවි බඹුන්
       ලබත්වා සැප සතුට - රැස් කරන හැම පිනෙන්
       සමාධිය හා නුවණ - සිල් ගුණය යුතු සිතින්
       ලබත්වා අම නිවන - නිවී සැනසුන සිතින්

සාදු! සාදු!! සාදු!!!

☸ ☸ ☸

රකිනු මැන මේ සිහල දීපය...

- ලබා සම්බුදු නුවණ ලොව්තුරු
  - අමා දම් කඳ දෙසමිනේ
  නිවා සනසා දෙව් මිනිස් සිත්
  - පිරිනිවන් වැඩි මුනිඳුනේ
  එදා සම්බුදු වදන් පහසින්
  - රැඳුණු බල සිහි කරමිනේ
  සදා වඳිනෙමි මමත් බැතියෙන්
  - උතුම් දළදා සමිඳුනේ

- කලිඟු රට සිරි දන්ත පුරයේ
  - පෙළහරින් බැබළුණි එදා
  හේමමාලාවන් හිසින් වැඩ
  - සිරිලකට සිරි සෙත සදා
  දෙව් බඹුන්ගේ වන්දනා මැද
  - වැඩසිටින ගුණ කඳ දරා
  වඳිමු අපි ඒ උතුම් දළදා
  - ලොවට සැනසුම දෙන සදා

- අනුරපුර උඩමළුවෙ වැඩහිඳ
  - සිසිල දෙන බෝ රජු වෙතින්
  මුනිඳු ගෞතම අප බුදුන් හට
  - සෙවන සැලසූ අනුහසින්
  සියලු බිය සැක දුරුව සැණෙකින්

- සැමට සැනසුම දී නිතින්
රැකේවා මේ සිහල දීපය
- උතුම් බෝ රජු අනුහසින්

- දෙව් බඹුන්ගේ සහය ලබමින්
- රහත් මුනිවරු පිරිවරා
ලෙව් සතුන් හට සතුට සලසන
- ද්‍රෝණයක් ධාතුන් අරා
සිව් වරම් මහ රජුන් රකිනා
- රුවන්මැලි මහා සෑ පුරා
පින් පුරා ගම් මල් පුදා මම
- උතුම් බුදු ගුණ සිත් දරා

- සතුරු මිසදිටු බලය පරදා
- අහසෙ පෙළහර කරමිනේ
නුවර දළදා මැදුරෙ වැඩහිඳ
- බුදු සසුන බබලවමිනේ
නිතර අපහට සිරි සැපත දෙන
- උතුම් දළදා සමිඳුනේ
රකිනු මැන මේ සිහල දීපය
- පතුරුවා සම්බුදු ගුණේ

සාදු! සාදු!! සාදු!!!

ජයසිරි මහ බෝ සමිඳුන්...

01. ජයසිරි මහ බෝ සමිඳුන් - වැඩ සිටිනා මේ පින්බිම
රත්නමාලි සෑ රජුන් ද - වැඩ සිටිනා මේ පින්බිම

02. ජීවමාන බුදුසමිඳුන් - වැඩසිටිනා මේ පින්බිම
සාදු! සාදු! අපිත් වඳිමු - ගෞතම මුනිඳුගෙ පින්බිම

03. උඩමළුවේ වැඩ සිටිනා - සැප සළසන බෝ රජුනේ
දෙදහස් පන්සිය වසරක් - රට සුරකින බෝ රජුනේ

04. ගෞතම බුදු සසුන රකින - ජීවමාන බෝ රජුනේ
සාදු! සාදු! අපිත් වඳිමු - ජය සිරිමා බෝ රජුනේ

05. අහස පුරා රැස් විහිදෙන - කිරි බැබලෙන සෑ රජුනේ
ධාතු නිධන් කළ මුනිඳුගෙ - සුවඳ කුටිය සෑ රජුනේ

06. ලක්මවගේ කිරුළ ඔබයි - රත්නමාලි සෑ රජුනේ
සාදු! සාදු! අපිත් වඳිමු - ලොවට උතුම් සෑ රජුනේ

07. වැවක් පුරා නෙළුම් නෙලා - මල් ආසන පුරවන්ටයි
ගඟක් පුරා සුවඳ පැනින් - සිරිමා බෝ නාවන්ටයි

08. සිතක් පුරා රැස් කළ පින් - උදේ හවස සිහි වෙන්ටයි
කටක් පුරා ගුණ කියමින් - තෙරුවන් සරණම යන්ටයි

09. ගෞතම මුනිඳුගෙ සසුනේ - සවන් පුරා බණ අසන්ට
ගෞතම මුනිඳුගෙ සසුනේ - අමා නිවන් මගේ යන්ට

10. ගෞතම මුනිඳුගෙ සසුනේ - සියලු සසර දුක් නිවෙන්ට
ගෞතම මුනිඳුගෙ සසුනේ - අමා නිවන් සුව ලබන්ට

11. දුක හැදෙනා හැම කෙලෙසුන් - මගේ සිතින් දුරුවෙන්ටයි
සැප ලැබෙන සිල් ගුණදම් - සිතේ සතුට ලැබදෙන්ටයි

12. විස නසනා ඔසුවක් සේ - සියලු විපත් දුරුවෙන්ටයි
සිත් නිවනා අමා නිවන - මේ සසුනෙම ලැබගන්ටයි

සාදු! සාදු!! සාදු!!!

සම්මා සම්බුදු අප මුනිඳුන් හට...

- සම්මා සම්බුදු අප මුනිඳුන් හට
  - බබලන බුදු සිරුරකි ඇත්තේ
  සසරේ රැස් කළ පින්වල මහිමෙන්
  - මහා පුරිස් සලකුණු ඇත්තේ

- සම ලෙස පොළොවෙහි මැනැවින් තබනා
  - පතුල් පිහිටි සිරිපා ඇත්තේ
  දහසක් රේඛාවෙන් වටවී ගිය
  - සක් ලකුණුද පතුළෙහි ඇත්තේ

- දික් වූ විලුඹින් හා දිගු ඇඟිලි ද
  - මහ බඹු ලෙස ඍජු කය ඇත්තේ
  සියුමැලි අත්පා යුග පිහිටා ඇත
  - සත් තැන සුපිහිටි මස් ඇත්තේ

- සුවසේ හැසිරිය හැකි ලෙස පිහිටිය
  - ජාල විලසඅත්පා ඇත්තේ
  උස්වූ ගොප් ඇට යුතු පා යුග ඇත
  - අක්බඹරු විලස වූ ලොම් ඇත්තේ

- ඕලු මුවෙකුගේ බඳු කෙණ්ඩා ඇත
  - සුමුදු සිනිඳු සිවියකි ඇත්තේ
  කිසි දූහුවිල්ලක් නොරඳින සිවියෙහි
  - බබලන රන් පැහැයකි ඇත්තේ

- ඇතුළට කිමිදුනු මල් කෙමියක් බඳු
  - පුරිස සටහනකි එහි ඇත්තේ
  හොඳ උස මහතින් යුතු බුදු සිරුරෙහි
  - නොනැමී දණ ඇල්ලිය හැක්කේ

- සිංහරාජයෙකු ගේ අබිමන් ඇති
  - හොඳින් පිහිටි සිරුරකි ඇත්තේ
  සම ලෙස දිස්වෙන ඇද කිසිවක් නැති
  - සුන්දර වූ සිරුරකි ඇත්තේ

- වළඳින දේ සුවසේ දිරවා යන
  - මැනැවින් රස නහරද ඇත්තේ
  වසුපැටවුන්ගේ නෙත් යුග පරදන
  - සුවිශාල නීල නෙත් යුග ඇත්තේ

- නළල්පටක් රඳවා ඇති විලසින්
  - පුළුල් නළල්තලයෙකි ඇත්තේ
  ඇද කිසිවක් නැති හොඳින් සකස් වූ
  - උස්ව පිහිටි සිරසකි ඇත්තේ

- රෝමකූපයක පිහිටා තිබෙනා
  - එක එක ලොම බැගිනුයි ඇත්තේ
  ඇහි බැම මැද ඇති පුළුන් රොදක් සේ
  - ඌර්ණරෝම ධාතුව ඇත්තේ

- සිදුරු රහිත වූ මැනවින් සම වූ
  - සුදුවන් සතළිස් දත් ඇත්තේ
  දිගු පුළුලින් යුතු දිවක් සහිත වූ
  - ගම්භීර බ්‍රහ්මස්වරයයි ඇත්තේ

- සවි බලයෙන් සිහ රජෙකුගෙ බඳු වූ
  - සවිමත් හනු පිහිටා ඇත්තේ

සසරේ රැස් කළ පින්වල මහිමෙන්
- මහා පුරිස් ලකුණුයි ඇත්තේ

දෙතිසක් වූ මහ පුරිස් ලකුණු ඇති
- බුදු සිරුරකි මුනිඳුට ඇත්තේ
සාදු! සාදු! අපි දෝත නගා හිස
- නමදිමු ඒ බුදු ගුණ මත්තේ

සාදු! සාදු!! සාදු!!!

⚙ ⚙ ⚙

තවත් කෙනෙක් නැතේ ලොවේ බුදුන් ඔබයි බුදුරජුනේ...

1. මවුන් කරට ගෙන යොවුන් පුතා සයුරු දියේ යන පිහිනා
නුවන් තෙරේ නිමක් නැතේ පරක් තෙරක් නම් පේනා
මරුන් ඇවිත් බලා සිටී නොයෙක් විලස් ගෙන පානා
පිනෙන් පුතා රැකේ නිතින් පුරින්දදට එය පේනා

2. අවුත් අහස් ගැබ වළාකුළින් දෙවියන් සිටියා අහසේ
මවත් පුතුත් රැඳී ජලේ පළස් මතින් යන විලසේ
සිතත් නිවී ජලෙන් මිදී අවුත් ගොඩට මව් සුවසේ
බලත් බලත් පුදුමෙකී යොවුන් පුතුගෙ මේ මනසේ

3. යොවුන් පුතේ බොහෝ කලක් ලොවෙහි කෙනෙක් නම් නැත්තේ
පිනෙන් උපන් ඔබේ ගුණෙන් සුරන් ය එය දැනගත්තේ
කරෙන් ගෙනත් ගොඩ දියඹෙන් මරුගෙන් මව් රැකගත්තේ
පතන් පුතුනි සම්බුදු බව ඔබටයි එය ලොව ඇත්තේ

4. සුරන් බසින් සිතින් කයින් සව්බල ගෙන යන පුතා
දිනෙන් දිනේ ගුණෙන් නැණින් වැඩෙයි නිවන් මග පතා
මලින් මලේ රැඳී පටින් මාලාවන් සේ ගොතා
පිනෙන් පිරුණු පුතු හට නිවන වැඩි ඈතක නම් නැතා

5. බුදුන් ලොවේ දිනූ එදා දිවකුරු යන නම ඇත්තේ
තවුස් ලෙසින් සුමේධ ලෙස ඔබ එනවා ඒ පැත්තේ
පහන් සිතින් බුදුන් වඩින මග සරසන්නට ඔබ ගත්තේ
සහන් සුවය දෙන මුනිඳුන් වැඩියෝ ඒ මග මත්තේ

6. කලක් නැතේ ඉතින් තවත් ඒ මග සරසා ගන්න
ලොවක් දිනූ මුනිඳු වඩී ඔබ සරසන මග යන්න

ඇදක් නැතේ පහන් සිතින් මුනිඳුට දිවි පුදමින්න
දඬක් ලෙසින් මඬේ වැටී ඔබ එහි වැතිරී ඉන්න

7. ලබා බුදුන්ගෙන් විවරණ සිරි ගෞතම යන නම ලැබුණේ
නොබා කිසිත් දුකක් කෙරෙහි සසර දුකට යළි වැටුණේ
තබා නැතිව ඉඩක් කිසිත් දස පෙරුමන් ගුණ පිරුණේ
ඔබාලමින් අකුසල් යට ඔබ පින උඩ මතු කෙරුණේ

8. පුරා සහස් සාරා සැකි කප් ගණන් ගෙවාගෙන එන්නේ
සරා දුකින් පිරි සසරේ නිවන් පතා ගෙන යන්නේ
පෙරා සඳ කැනින් විහිදී කුසුමක් සේ බබලන්නේ
නුරා නැතේ සිතේ තුටින් තුසිත ලොවේ වැඩ ඉන්නේ

9. දෙව් බඹ ඇරයුම් ලැබගෙන බෝසත් පස්මහ බැලුමන් දකිනා
ලෙව් සත වෙත පතුරා මෙත මනුලොව වෙත මුනි වඩිනා
මව් සෙනෙහස පිරි මායා බිසොවුන් කුස තුළ කුමරුන් රැඳෙනා
සව් සිරි දෙන මහබෝසත් ගුණයෙන් ලොව සැප සදනා

10. ලුම්බිණි සල් වනයේදී පින් ඇති කුමරුන් මෙලොව උපන්නේ
සම්බුදු උපතක සිරියෙන් දිලෙමින් දස අත එළිය කරන්නේ
පින් ඇති සිහනද පතුරන කුමරුන් පියවර සතකුයි යන්නේ
ගෞතම අපගේ බෝසත් කුමරුට පිපුන පියුම් මතුවන්නේ

11. රැඳී මහල් තුනක් පුරා විසි නව වසරක් ගෙවුණේ
බැඳී රහල් යසෝදරා අඹුදරු සෙනෙහෙක රැඳුණේ
බිඳී සියල් පැතුම් ඉරා සතර නිමිති මුණ ගැසුණේ
සිඳී වහල් කෙලෙස් දිරා සොයනා දුක නැති ගමනේ

12. අමා නිවන් පතා උතුම් සිතින් ලෝල බැඳ ඉන්නේ
දමා ගතින් රඳා සිතින් සීල නුවණ වඩමින්නේ
සමා හිතින් සදා දැහැන් කෝල නැතිව හිඳිමින්නේ
නිමා වෙමින් පුරා වසර සයක දුකක් විඳිමින්නේ

13. සොයා මැදුම් මගක් සොඳින් නිවන් පතාගෙන යන්නේ
තවා කෙලෙස් නිවන් මගේ සිත යොමු කරමින් ඉන්නේ
ලබා කිරි පිඩුත් සොඳින් ගතත් නිවා සනසන්නේ
පමා නොවී එදා උතුම් වෙසක් සඳයි නැග එන්නේ

14. නදී දියෙන් නහා අවුත් සවස් වෙලාවේ සුව සේ
සැඳූ සිරින් බෝ රුකින් සැලේ පවන් සලා එන විල සේ
වැඩූ සිතින් සැඳූ ගතින් සිහිලැල් සෙවණේ සුව සේ
වඳී සුරන් බඹුන් අවුත් අප මුනිඳුන් දැක දිවැ සේ

15. වළා ගැබෙන් ගලා හැලේ සඳේ රැසින් සිරි සෝභා
පෙරූ පිරුම් බලෙන් සැදී විදූරසුන් සිරි සෝභා
සළා පවන් සිහිල් නලින් සහන් සුවේ දෙන සෝභා
බලා සිටින් නුවන් විදා බුදුන්ගෙ රූ සිරි සෝභා

16. කලූ වළා වටින් ඇවිත් සැණෙන් වෙළී ගෙන යන්නේ
බලූ රළක් ලෙසින් මරුත් රළෙන් පුරාගෙන එන්නේ
නැගු හඬින් හෙණක් ලෙසින් බිමින් මැ ආ විලසින්නේ
ගිලූ ලෙසින් සරා සඳක් දිනූ රාහු වෙස ගන්නේ

17. බැලූ බැලූ අතින් දැනේ මරු ජයගත් ලෙස පේනා
පලා ගියෝ සුරන් බඹුන් මුනි පැරදුන ලෙස පානා
පිරූ පෙරුම් බෙලෙන් මුනී දකුණත පොළොවට ගේනා
තැබූ සැණින් මිහිකතත් නැගී එයි පරදන්නට මර සේනා

18. බිරුම් දිදී ඇතුන් පිටින් මරු කැළඹී ගෙන එන්නේ
ගිගුම් දිදී මිහිකත අවුදින් පොළොවත් සෙළ වී යන්නේ
සැලුම් කකා වැටී මරුන් මුනි ඉදිරියෙ පරදින්නේ
හිසින් හිසින් හැරූ දෙසින් මාර සෙනඟ පැන යන්නේ

19. විදා වෙසක් සඳින් කැළුම් සිහිල් පවන් රැළි පානා
සදා වියන් අහස් කුසින් සැදි සේසත් මුතු පේනා
පුදා කුසුම් රැහැන් පිටින් දේව බඹුන් ගෙන සේනා
මෙදා මරුන් ගියේ දුකින් දිනුවෝ මුනිඳු තිලෝනා

20. නිවී නිවී ගතින් සිතින් නැණින් වැඩූ සිරියෙන්නේ
නැසූ කලූවරක් ලෙසින් උදා හිරු ය නැග එන්නේ
ගැලූ ගැලූ අමා නිවන් ගඟේ ගිලී සැනසෙන්නේ
තිලෝ දිනූ මහා මුනී අමා සුවෙන් දැන් ඉන්නේ

21. හිරුත් ඔබයි සඳුත් ඔබයි ලොවත් ඔබයි   බුදුරජුනේ
     ගුරුත් ඔබයි දෙවිත් ඔබයි බඹුත් ඔබයි   බුදුරජුනේ
     මවත් ඔබයි පියත් ඔබයි මගත් ඔබයි   බුදුරජුනේ
     තවත් කෙනෙක් නැතේ ලොවේ බුදුන් ඔබයි   බුදුරජුනේ

සාදු! සාදු!! සාදු!!!

❀ ❀ ❀

ද්‍රෝණයක් මුනි ධාතු වඩිනෙමු දෑත නළලේ තබා සාදූ...

01. මුනිඳු ගෞතම අප තිලෝගුරු
- බුදුරැසින් ලොව දසත විහිදූ
සුමුදු බුදුවදනින් සදා සෙත
- ලොවට සිරි සැප සතුට සැදූ
පුබුදුවන මුනි ගුණය කැටිකොට
- රුවන්මැලි මහ සෑය සැදූ
ද්‍රෝණයක් මුනි ධාතු වඩිනෙමු
- දෑත නළලේ තබා සාදූ

02. සසර භව දුක නසා ලොව්තුරු
- අම නිවන් සිරි සැපත සැදූ
විසිර තිලොවේ පැතිර පවතින
- නිමල සම්බුදු වදන් පැදූ
සොඳුරු රන්මැලි සෑයෙ වැඩහිඳ
- නිතින් සුදු බුදු රැසින් විහිදූ
ද්‍රෝණයක් මුනි ධාතු වඩිනෙමු
- දෑත නළලේ තබා සාදූ

03. නේක සුවඳින් යුතු කුසුම් ගෙන
- සෑය බඳ වට සරසවන්ටයි
සෝක දුරුවන සෑසි මුනි ගුණ
- රැඳුණු කොඩි වැල් එහි වෙලන්ටයි

ලෝකයට ආලෝක ලැබ දුන්
- මුනිඳු සෑයට එළිය දෙන්ටයි
රුවන්මැලි මහ සෑය සරසා
- සාදු නාදෙන් ගිගුම් දෙන්ටයි

04. දෙව් බඹුන්ගේ වන්දනා මැද
- සැසි මුනි ගුණ ලොව දිලෙන්ටයි
සව් සතන් සිත් පහන් වී හැම
- සියලු කරදර පහව යන්ටයි
සිව් අරිසස් දහම් ගුණ රැඳි
- රුවන්මැලි මහ සෑ පුදන්ටයි
පව් නසා ලෙව් සැප සදාලන
- ද්‍රෝණයක් ධාතුන් වඳින්ටයි

05. නා ලොවේ නා රජුන් නිතියෙන්
- පිදුම් ලද මහ සෑ වඳින්ටයි
පෑ විකුම් ගුණ තේජසින් නිති
- රුවින් බුදුරැස් විහිදුවන්ටයි
සෑය රන්මැලි තෙදින් බබලන
- මල් පහන් සුවඳින් පුදන්ටයි
ද්‍රෝණයක් ධාතුන් වඳිම් මම
- නිතින් බුදු සරණ ම ලබන්ටයි

06. මහ බඹුන් සිව් වරම් දෙවිඳුන්
- සුමන සුරිඳුන් සෑ වඳින්ටයි
දෙව් බඹුන් පිරිවරා සක් දෙව්
- මදාරා මල් කැන් පුදන්ටයි
නිල් ගුවන් තලයේ සුරන්ගෙන්
- පිදෙන මල් සෑයට වැටෙන්ටයි

සාදු! සාදූ! පින් පුරාගෙන
- සිව් අපායෙන් අපි මිදෙන්ටයි

07. වළාකුළු සේ සෑය වටකොට
- සුදින් බබලන සෑ වඳින්ටයි
අලාමක මුනි ගුණට නතු වී
- නෙළුම් කුසුමින් සෑ පුදන්ටයි
මුළා නොවනා මඟක් පැවසූ
- උතුම් සම්බුදු බණ අසන්ටයි
ගලා හැලෙනා සාදු නාදෙන්
- රුවන්මැලි මහ සෑ පුදන්ටයි

08. විදා හළ බුදුරැසින් බබලන
- අහස සිඹිනා සෑ වඳින්ටයි
නිදා සිටි කොවුලන් ද අවදිව
- උතුම් සම්බුදු ගුණ ගයන්ටයි
මුදා හරිනා බුදු රැසින් නිති
- සියලු ලෝ ගැබ බබුලුවන්ටයි
සදාකාලෙන් සදාකාලෙට
- රුවන්මැලි මහ සෑ වඳින්ටයි

09. මහාමෙව්නා උයනෙ වැඩ හිඳ
- සුදෝ සුදු එළියෙන් දිලෙන්ටයි
මහා මුනි ගුණ කඳින් බැබළී
- හුදෙකලාවේ සුව විඳින්ටයි
කහාවණු පැහැ දිලෙන මේ මල්
- සෑය වටකොට සරසවන්ටයි
වහා වැටහෙන නුවණ ලැබුමට
- රුවන්මැලි මහ සෑ වඳින්ටයි

11.   රන් වනින් දිලෙනා පහන් සිළු
       - සෑ රදුන් හට නිති පිදේවා !
මන් තුටින් සුවඳින් පුදාගෙන
       - සෑය වටකොට සුවඳ දේවා !
කන් පිනා යන උතුම් බුදු ගුණ
       - දනන් තුඩ තුඩ රැව් නැගේවා !
පින් පුරාගෙන ගෙවන සසරේ
       - නිමාවන දිනයක් පෙනේවා !

සාදු! සාදු!! සාදු!!!

⚙ ⚙ ⚙

සේරුවිල මහා සෑ වන්දනාව

1. සෑසි තිලෝගුරු සම්මා සම්බුදු
- ගෞතම අප මුනිඳු
බෝ සෙවණේ විදුරසුනේ වැඩහිඳ
- මර සෙන් බිඳ බුදු වූ
පෑව සෙනේ නර දේව බඹුන් වෙත
- මහා කාරුණික වූ
මම් නමදිම් ගෞතම මුනිදාණන්
- නලලත් බැඳ සාදූ

2. කුසිනාරාවේ සල් රුක් සෙවණේ
- සැතැපී අප මුනිඳා
හිරු මඬලක් නොපෙනී යන විලසින්
- ලොව අතහැර ගිය දා
පිරිනිවනට වැඩියෝ මුනිඳාණෝ
- නිවනට මග සළසා
සාදු සාදු ගෞතම මුනිඳාණන්
- නමදිමු අපි සැමදා

3. සම්බුදු ළය මඬලේ ඉපදුණු අප
- මහ කස්සප තෙරිඳු
ලලාට ධාතුව ගෙන මුනිඳුන්ගේ
- තිලොවට තිලක බඳු

රැකගෙන සඟ පරපුරෙන් අපට ලැබ
- සිරිලක සැපත සැදූ
සාදු සාදු අපි බැතියෙන් නමදිමු
- ලලාට දා සමිඳූ

4. අප මුනිඳුන්ගේ නළලත සැරසූ
- ලලාට දා සමිඳූ
ඌර්ණ රෝම ධාතුව එහි රැඳවූ
- ලලාට දා සමිඳූ
විහිදෙන සම්බුදු රැසින් පහස ලද
- ලලාට දා සමිඳූ
සාදු සාදු අපි බැතියෙන් නමදිමු
- ලලාට දා සමිඳූ

5. සිරිලක් මවගේ ප්‍රිය පතිඳුන් වූ
- කාවන්තිස් නිරිඳූ
සුළුපිඩුපාතිස් මහරහතුන් හා
- සඟ පිරිවර සුසැදූ
වැඩමවමින් ඒ ලලාට ධාතුව
- මහ පුරිස් ලකුණු සැරසූ
බැන්දෝ මෙහි මංගල මහ සෑ රජු
- සිතුමිණි රුවන බඳූ

6. නව රියන් උසට රන් පිළිමය කරවා
- නළලත සරසන්නේ
කාවන්තිස් රජු ලලාට ධාතුව
- ඒ මත රඳවන්නේ
නාග ලොවින් ගෙන ආ කෙස් ධාතු ද
- සිරසෙහි රඳවන්නේ

සාදු සාදු මෙහි සේරු විල් තෙරේ
- මහ සෑ බඳවන්නේ

7. බැබලෙනවා මංගල මහ සෑ රජු
- කිරි බුබුලක් වැන්නේ
ලෙළ දෙනවා ඉහළට එසවූ ධජ
- බුදුරැස් විලසින්නේ
විහිදෙනවා පුද දෙන සුවඳින් නිති
- සිල් සුවඳයි එන්නේ
පුදදෙමිනා මුනිඳුට මේ කුසුමන්
- සිරිපා සරසන්නේ

8. රන් වැටකින් සරසා මංගල සෑ
- අබිසෙස් කරමින්නේ
රන් වන් රන් බුදු බඳ සිහි කරමින්
- සිව්කොන සරසන්නේ
රන් රස සේ සම්බුදු ගුණ කැටි කොට
- මහ සෑ බබලන්නේ
අන්න බලන් මේ රන්වැට අතරින්
- බුදුරැස් විහිදෙන්නේ

9. සමිද්ධිසුමන මහකාල නා රජුන්
- පිරිවර සමගින්නේ
සුවඳ සඳුන් කඩුපුල් මල් සමඟින්
- සෑ වට සරසන්නේ
නා මැණිකක් මැනැවින් රකිනා ලෙස
- මහ සෑ සුරකින්නේ
සාදු සාදු අපි රැස් කළ මේ පින
- නා රජුනට දෙන්නේ

10. සක් දෙව් රජු දෙව් පිරිවර සමඟින්
- මහ සෑ නමදින්නේ
සතර වරම් රජවරු පිරිවර හා
- සෑ වඳිනට එන්නේ
දෙව් සක් පිඹිමින් දෙව්තුරු නද දී
- ධාතුන් පුද දෙන්නේ
සාදු සාදු අපි රැස් කළ මේ පින
- දෙවිවරුනට දෙන්නේ

11. සුමේධංකර නම් අපගේ ගුරුදෙව්
- මෙතැනට වැඩමන්නේ
වල් බිහි වී මහ වනයේ සැඟවුණු
- මහ සෑ දකිමින්නේ
සැදැහෙන් මංගල සෑ යළි බඳවා
- කිරි බුබුලක් වැන්නේ
සාදු සාදු අපි රැස් කළ මේ පින
- නාසමිඳුට දෙන්නේ

12. ගෞතම අපගේ සම්මා සම්බුදු
- උතුම් සරණ සුරැකී
කාවන්තිස් නිරිඳුන්ගේ කල මෙන්
- යළි මේ බිම බැබලී
දෙව් නා රජවරු පෙරට ඇවිත් නිති
- අප හට සෙත සැළසී
දුක් කරදර පීඩා දුරුවේවා
- යහපත හැම පැතිරී

13. තිසරණ හා පන්සිල් නිති රකිනා
- මංගල සෑ පුදනා

ලලාට ධාතුව බැතියෙන් වඳිනා
- දිවමන් මුනි ලෙසිනා
දන් පින් කොට සඟරුවන ද පුදනා
- පිනෙන් සරුව සිටිනා
බොදු ජනයා මෙහි පැතිර වෙසෙත්වා
- විලෙහි නෙළුම් ලෙසිනා

14. රෝග සතුරු බිය යුද බිය ගිනි බිය
- යළි මෙහි නොඇසේවා
දුර්භික්ෂ භයක් වන සතුනගෙ පීඩා
- කිසිදින නොම වේවා
ගොවිතැන් වෙළහෙළඳාමෙන් සරු වී
- කිරි පැණි ඉතිරේවා
මංගල මහ සෑ පිහිට ලැබී හැම
- දියුණුව සැළසේවා

15. සතර අපායේ දුකකට නොවැටී
- සුගති උපත වේවා
කලණ මිතුරු දෙව් පිරිවර හා නිති
- අප සැම එක් වේවා
මුනිඳුන් වදහළ දහමේ හැසිරෙන
- සවිය අපට වේවා
මංගල මහ සෑ පිදූ පිනින් අප
- නිවනට ළං වේවා

සාදු! සාදු!! සාදු!!!

කැළණිය මහ සෑ අපි නමදින්නේ...

1. මිණිඅක් රජු බුදුගුණ   සිතමින්නේ
නා පිරිවර හා මල්   නෙලමින්නේ
මානව වෙස් ගෙන දඹදිව   යන්නේ
දෙව්රම් වෙහෙරෙදි මුනිඳු   දකින්නේ

2. අපගේ භගවත්   බුදුසමිඳාණෙනි
දෙව් මිනිසුන්ගේ   ගුරුවරයාණෙනි
කරුණා සීතල හද   ඇතියාණෙනි
වඩිනු මැනවි ලක්දිව   මුනිඳාණෙනි

3. කැළණි පුරේ සිට අපි   පැමිණෙන්නේ
භගවත් මුනි ගුණ කඳ   සිතමින්නේ
හෙට දින දන් පැන් පිළියෙල   වන්නේ
ඒ ඇරයුමටයි අපි   පැමිණෙන්නේ

4. අප මුනිරජු ඇරයුම   පිළිගන්නේ
පන්සියයක් රහතුන්   සමඟින්නේ
වෙසඟේ පුන් පොහොයයි හෙට   එන්නේ
අප මුනිරජු කැළණියට   වඩින්නේ

5. දෙව්රම් වෙහෙරින් නොපෙනී   යන්නේ
නා පිරිවර ගැන සිත   යොදමින්නේ
සිව්බඹ විහරණයෙන් යුතු   වන්නේ
ගෞතම මුනිඳුන් කැළණි   වඩින්නේ

6. තිල් දිය දහරින් නදිය ගලන්නේ
සිල්ගුණ පිරි අප මුනිඳු වඩින්නේ
කල් නොයවා පැන් පහස ලබන්නේ
මල් වරුසාවෙන් අහස වැහෙන්නේ

7. නා රජු සිත සතුටින් ඉපිලෙන්නේ
මිණි නෙත් පුරවා කඳුළු ගලන්නේ
නා පිරිවර කඩුපුල් සරසන්නේ
සෑ පිහිටන තැන අසුන සදන්නේ

8. රන් මඩුවක් මෙහි මවා තිබෙන්නේ
රන් මිණි පළඟයි එතන දිලෙන්නේ
අරහත් මුනිවරු පිරිවරමින්නේ
මුනි රජු මිණි පළඟෙහි වැඩඉන්නේ

9. නා රජු මෙහි රස බොජුන් ගෙනෙන්නේ
දස අත සුවඳක් විහිදී යන්නේ
අප මුනිඳුට දන් පැන් පුද දෙන්නේ
සාදු! සාදු! පින් නදිය ගලන්නේ

10. දමුණු සිතින් රහතුන් වැඩඉන්නේ
මිහිරි සුවඳ රස බොජුන් පුදන්නේ
බුදු ගුණ - සඟ ගුණ ලොවට දැනෙන්නේ
සාදු! සාදු! පින් නදිය ගලන්නේ

11. මිණිඅක් නා රජු පින් කරගන්නේ
නා පිරිවර පිනටයි එක්වන්නේ
සියලු දෙනා හට සෙත සැලසෙන්නේ
අප මුනිඳුන් දඹදිවට වඩින්නේ

12. ගෞතම මුනිඳුන් වැඩසිටි පින්බිම
ගෞතම මුනිඳුට දන් පිදු පින්බිම

ගෞතම මුනිගුණ රැව්දෙන පින්බිම
අපිත් වඳිමු සතුටින් මේ පින්බිම

13. ගෞතම මුනිගුණ සිහිකරමින්නේ
සුවඳැති මල් සතුටින් පුදමින්නේ
සෑ ගැබ වට සුවඳින් පුද දෙන්නේ
කැළණිය මහ සෑ අපි නමදින්නේ

14. මිණිඅක් රජුගේ නෙත් බඳු වන්නේ
දිලෙන පහන් සිළු වට බබලන්නේ
ගෞතම මුනිගුණ සිහි කරමින්නේ
ආලෝකෙන් මහ සෑය පුදන්නේ

15. සිනිඳු සුමුදු බුදුගුණ සිහිවන්නේ
පිනිබිඳු සේ සිසිලයි සැළසෙන්නේ
මුනිඳුට සිහිලැල් පැන් පුදදෙන්නේ
පිනිපාකර අපි සෑය වඳින්නේ

16. සුරන් - බඹුන් මහ සෑය වඳින්නේ
සරින් මුනිඳු ගුණ අපි මුමුණන්නේ
බලන් අසිරි රුව සෑ බබලන්නේ
ගිලන්පසින් මහ සෑය පුදන්නේ

සාදු! සාදු!! සාදු!!!

රම්බොඩගල සෙල් පිළිමෙ වඩින්නේ...

1. සම්මා සම්බුදු ගුණ සිහි වෙන්නේ
රන්වන් බුදු බඳ ගලෙහි මැවෙන්නේ
නිම් නැති සතුටයි සිතට දැනෙන්නේ
රම්බොඩගල සෙල් පිළිමෙ වඩින්නේ

2. සිත් පිත් නැති ගල් කුලක් තිබෙන්නේ
මෙත් කරුණා මුනි ගුණයි ගලන්නේ
සෙත් කවියක් මතුවුණ විලසින්නේ
සිත් සනසන බුදුරුවයි මැවෙන්නේ

3. ජාති භේද කුල භේද නැසෙන්නේ
එක මවකගෙ දරුවන් විලසින්නේ
ගල් කුල මත ගල් කටුයි වඩින්නේ
ගෞතම මුනිඳුගෙ සිරිය මැවෙන්නේ

4. සරනාමර ලොව සැපත සදන්නේ
දිව රෑ දෙක බුදු ගුණයි කියන්නේ
සිරිපා තැබූ මුනි වැඩි විලසින්නේ
මොණරාගල බුදු සිරිය දිලෙන්නේ

5. සමවත් සුවයෙන් මුනි වැඩඉන්නේ
සියපත් කුසුමක සිරිය පෙනෙන්නේ

යහපත් ලොවකට එළිය ගෙනෙන්නේ
සුවපත් වෙන සිත ඉන් සැනසෙන්නේ

6. විල් තෙර මත මහ සෑයක් වැන්නේ
මල් වියනක් යට මැණිකක් වැන්නේ
කල් සපිරුණ සඳ මඬලක් වැන්නේ
සෙල් මුදුනින් එන ගඟුලක් වැන්නේ

7. ගෞතම මුනි ගුණ සිහියට එන්නේ
දෙව් මිනිසුන් හට යහපත වන්නේ
සම්පත සව්සිරි සැපත සැදෙන්නේ
රම්බොඩගල සෙල් පිළිමෙ වඩින්නේ

8. ගල් කුලකට බුදු ගුණයි දනෙන්නේ
මල් පෙති ලෙස මුදු බවයි පෙනෙන්නේ
සල් උයනට මුනි වැඩි විලසින්නේ
සෙල් පිළිමෙන් බුදු රැස් විහිදෙන්නේ

සාදු! සාදු!! සාදු!!!

සිරි ගෞතම සම්බුදු මහා සෑ වන්දනාව ...

සිරි ගෞතම සම්බුදු මහා සෑය වන්දනා කරමු

පූජේතුං උත්තමංගේන - සුසම්බෝධිං සිරීමතෝ
මහාමේඝ වනුයයානේ - දාඨාධාතු පුරේ වරං
නිදහිත්වා මුනිනෝධාතුං - කාරිතං චාරුදස්සනං
සිරි ගෝතම සම්බුද්ධං - මහා ථූපං නමාමහං

සිරිමත් මහ මුනි රජුන්ගේ - උතුම් සම්බුදු බව පුදන්ටයි
උතුම් දළදා පුරේ අභියස - මහාමේඝ උයනක් තිබෙන්ටයි
නිධන් කොට අප මුනිඳු ධාතුන්
- සොඳුරු මහ සෑයක් කරන්ටයි
සිරි ගෞතම සම්බුද්ධ නම් වූ - මහා ථූපය මම වඳින්ටයි

සාදු ! සාදු !! සාදු !!!

01.	සාදු සාදු බුදුරුවන	වඳින්ටයි
	සාදු සාදු සදහම්	නමදින්ටයි
	සාදු සාදු සඟරුවන	වඳින්ටයි
	සාදු සාදු තෙරුවන්	නමදින්ටයි

02. ගෞතම මුනිඳුගෙ සරණ ලැබෙන්ටයි
සම්බුදු බණ පද මට සිහි වෙන්ටයි
ලොව්තුරු සඟ ගුණ සිහි කරගන්ටයි
ගෞතම සසුනේ පිහිට ලබන්ටයි

03. සිරි දළදා හිමි මම නමදින්ටයි
කිරි සුදු පාටින් සෑය දිලෙන්ටයි
සිරි සම්බුදු ගුණ මට සිහිවෙන්ටයි
සිරි ගෞතම මහ සෑය වඳින්ටයි

04. අහසෙ සිටින දෙව්වරුන් වඩින්ටයි
මුහුදේ නා රජවරුන් වඩින්ටයි
සතර වරම් දෙව් පුතුන් වඩින්ටයි
සක් දෙව් රජු පින්කමට වඩින්ටයි

05. ඝටීකාර දෙව් රජුත් වඩින්ටයි
පන්සිළු දෙව් පුතු ගීත ගයන්ටයි
විස්කම් දෙව්පුතු පිනට වඩින්ටයි
මහ සෑයට දෙව්වරුන් වඩින්ටයි

06. සම්මා සම්බුදු අප මුනිඳුන්නේ
නිම්මා නැති බුදු ගුණයි තිබෙන්නේ
සම්මා සම්බුදු බව සිතමින්නේ
සම්බුදු ගුණයට සෑය බඳින්නේ

07. අපගේ ගෞතම මුනිඳු නමින්නේ
සිරි සම්බුදු බව සිහි කරමින්නේ
දෙදහස් හයසිය වසර ලබන්නේ
සම්බුදු ගුණයට සෑය බඳින්නේ

08. අපගේ ගෞතම මුනිඳු නමින්නේ
ලොව්තුරු දම්කඳ සිහි කරමින්නේ

සව්සත වෙත පින මතු කරමින්නේ
ගෞතම සම්බුදු සෑය වඳින්නේ

09. රිදී රනින් සැදූ මලින් පුදන්ටයි
රිදී බුබුල සේ සෑය දිලෙන්ටයි
නදී ගැලූ සේ පිරිවර එන්ටයි
සාදු! සාදු! මම සෑය වඳින්ටයි

10. සෑ බඳ තුළ සුදු පැහැය දිලෙන්නේ
සැසි තිලෝගුරු මුනි වැඩ ඉන්නේ
රැට දවාලට පින රැස් වන්නේ
සාදු! සාදු! මහ සෑය වඳින්නේ

11. රන් කරඬුව සෑ මුදුනෙ තිබෙන්නේ
රන්වන් අරලිය මලින් පුදන්නේ
රන් කොත මුදුනේ මැණික් දිලෙන්නේ
සාදු! සාදු! මහ සෑය වඳින්නේ

12. ජීවමාන ලෙස මුනි වැඩ ඉන්නේ
වීතරාගී බුදු ගුණ සිහි වෙන්නේ
සීත නිවන් සුව සිතට දැනෙන්නේ
සාදු! සාදු! මහ සෑය වඳින්නේ

13. ගෞතම සම්බුදු බව සමරන්නේ
ගෞතම මුනිඳුගෙ ධාතු පුදන්නේ
ගෞතම සම්බුදු සෑය වඳින්නේ
ගෞතම සම්බුදු පිහිට ලැබෙන්නේ

14. රැව් දෙන වීණා හඬ පැතිරෙන්නේ
මල් වරුසා අහසින් වැගිරෙන්නේ
ගෞතම මුනිඳුට සෑය බඳින්නේ
දෙව්ලොව දෙවියෝ සෑය වඳින්නේ

15. සක් දෙව් රජු මහ සෑය වඳින්නේ
විස්කම් දෙව් ඒ සමඟ වඩින්නේ
රැස්වෙන දෙව් පිරිසත් සමඟින්නේ
ගෞතම සම්බුදු සෑය වඳින්නේ

16. මලුත් නෙලාගෙන අහසින් එන්නේ
සිලුත් රැගෙන වෙසගේ සිරි ගන්නේ
සළුත් පුදාගෙන සිත සතුටින්නේ
අලුත්නුවර දෙව් සෑය වඳින්නේ

17. ගිමන් හරින පරසතු සෙවනක සේ
සමන් පිච්ච මල් විසිරුණ විලසේ
සමන් ගිරෙන් එන සුවඳක් විලසේ
සමන් සුරිඳු සෑ නමඳී සිත්සේ

18. හේවිසි නද දෙන දළදා මැදුරේ
සූවිසි තිසරණ ගුණ කඳ ඉතිරේ
ලෝවැසි දන ඒ ගුණ මත වැතිරේ
සාදු! සාදු! සම්බුදු ගුණ පැතිරේ

19. සෑය වඳින දෙව් පිරිස තුටින්නේ
තේවා හඬ අහසින් ගෙන එන්නේ
මහ සෑයේ මුදුනට වඩිමින්නේ
තේවාවෙන් මහ සෑය පුදන්නේ

20. සම්බුදු සසුනට සවි බල දෙන්නේ
සම්බුදු ශ්‍රාවක පිරිස රකින්නේ
සම්බුදු ගුණ කඳ සිහි කරමින්නේ
සෙන්පති දෙව්වරු සෑය වඳින්නේ

21. බුදු ගුණයට සිත අවනත වන්නේ
බුදු සසුනේ දියුණුව සලසන්නේ

මුදු කෝමල ගුණ සිතෙහි රඳින්නේ
සටීකාර දෙව් සෑය වඳින්නේ

22. ලක්මව සිරසෙහි කිරුළක් වැන්නේ
දික්වෙන සසරට වැටකි බඳින්නේ
සක් නද පතුරා සෑය පුදන්නේ
සක්දෙව් රජු මහ සෑය වඳින්නේ

23. දස්කම් පාමින් සිත සතුටින්නේ
දිස්වෙන බුදු ගුණයට නමඳින්නේ
ලස්සන සෑයට උදව් කරන්නේ
විස්කම් දෙව් පුතු සෑය වඳින්නේ

24. ගෞතම මුනිඳුගෙ ශ්‍රාවක යන්නේ
කස්සප තෙරිඳුන් ගැන පහදින්නේ
උත්තම මුනි ගුණ සිහි කරමින්නේ
සීවක දෙවියෝ සෑය වඳින්නේ

25. ලොව්තුරු බුදු ගුණ සිහි කරමින්නේ
කව් බැඳ මහ සෑ වරුණ කියන්නේ
පව් මළ සේදී සිත පහදින්නේ
ගෞතම සම්බුදු සෑය වඳින්නේ

26. සුදු රැස් ඇති කොත් කැරලි දිලෙන්නේ
මුතු මැණිකෙන් මහ සෑය පුදන්නේ
පලිඟු බුබුල සේ සෑය දිලෙන්නේ
සාදු! සාදු! මහ සෑය වඳින්නේ

27. ඩා බිඳු වගුරා සෑය බඳින්නේ
සේසත සිත සතුටින් පුදමින්නේ
වෙහෙසට මුනි ගුණ වරුණ කියන්නේ
සාදු! සාදු! මහ සෑය වඳින්නේ

28. සම්බුදු බණ පද නිතර ඇසෙන්ටයි
පින් එල උපදින මග සූරුකෙන්ටයි
නිම් නැති සම්පත සතුට ලැබෙන්ටයි
සම්බුදු සෑයේ පිහිට ලැබෙන්ටයි

සාදු! සාදු!! සාදු!!!

සිරි ගෞතම දම්සක් මහා සෑ වන්දනාව ...

1. ඇසළ සඳේ සඳ එළියෙන්
 - මිගදායම බබලන්නේ
 දම් සක් හඬ පැතිරෙන විට
 - සුදු බුදු රැස් විහිදෙන්නේ
 අපගේ ගෞතම මුනිඳුන්
 - දහම් සකයි පෙරලන්නේ
 යළිත් වරක් තුන් ලෝකෙට
 - දහම් ඇසයි උපදින්නේ

2. දෙව්ලොව දෙවියෝ සතුටින්
 - සාදුකාර දී එන්නේ
 මුළු ලොව කම්පා කරමින්
 - සදහම් හඬ පැතිරෙන්නේ
 පස්වග මහණුන් සතුටින්
 - සවන් යොමා සිටිමින්නේ
 චතුරාර්ය සත්‍යය දැක
 - නිවන් මගට බැසගන්නේ

3. දම්සක් පැවතුම් දෙසුමයි
 - මිගදායෙන් රැව් දෙන්නේ
 මුව පොව්වන් තැන් තැන්වල
 - නිහඬව කණ් දී ඉන්නේ

සිලි සිලි නද දී ගස්වැල්
- මඳ සුළඟෙන් නැළැවෙන්නේ
යළිත් වරක් තුන් ලෝකෙට
- දහම් ඇසයි උපදින්නේ

4. ජීවිතයේ තිබෙන සියලු
- දෙය ලොව වැනසී යන්නේ
වසඟෙට ගන්නට බැහැ එය
- අනාත්ම බව දැනගන්නේ
අනත්ත ලක්ඛණ දෙසුමයි
- අප මුනිඳුන් පවසන්නේ
පස්වග මහණුන් එහිදී
- රහත් බවට පත්වන්නේ

5. ජීවිතයේ සැප සොයමින්
- යස කුමරුන් එහි එන්නේ
සම්මා සම්බුදු සමිඳුන්
- දහම් සකයි පෙරළන්නේ
අමා නිවන් සැප සොයමින්
- දෙව් මිනිසුන් රොක් වන්නේ
මේ ගෞතම බුදු සසුනේ
- සසරින් එතෙරට යන්නේ

6. සිහින සැබෑවිය අපගේ - ඒ දම් සක කැරකෙන්නේ
චතුරාර්ය සත්‍යය ගැන - දැන් අපි ටික ටික දන්නේ
සදහම් දකිනා විට ඒ - බුදු සමිඳුන් දැකගන්නේ
චතුරාර්ය සත්‍යය දැක - සසරෙන් එතෙරට යන්නේ

සාදු! සාදු!! සාදු!!!

ගෞතම මුනිඳු මගෙ හිරු සඳු වන සේක...

01. තුලමතුලඤ්ච සම්භවං
- භවසංඛාරමවස්සජ් මුනි,
අජ්ඣත්තරතෝ සමාහිතෝ
- අභින්දි කවචමිවත්තසම්භවන්ති.

නිවන ද භව දුක ද මැනැවින් දුටු සේක
මගෙ බුදු සමිඳු ආයුෂ අත්හළ සේක
නිවනට ඇලුණු සන්සුන් සිත් ඇති සේක
ඇඳුමක් ඉවතලන ලෙස අත්හළ සේක

02. පරිපක්කෝ වයෝ මය්හං පරිත්තං මම ජීවිතං
පහාය වෝ ගමිස්සාමි කතම්මේ සරණමත්තනෝ.
අප්පමත්තා සතිමන්තෝ සුසීලා හෝථ භික්ඛවෝ,
සුසමාහිතසංකප්පා සචිත්තමනුරක්ඛථ.
යෝ ඉමස්මිං ධම්මවිනයේ අප්පමත්තෝ විහෙස්සති
පහාය ජාතිසංසාරං දුක්ඛස්සන්තං කරිස්සතී ති.

මාගේ වයස මෝරා නිම වී යන්නේ
තව සුළු කලයි මට ඉතිරිව පවතින්නේ
ඔබ අත්හැර දමා යන්නට සිදුවන්නේ
ලැබුවෙමි පිළිසරණ මම නිවනට යන්නේ

පින්වත් ශ්‍රමණයෙනි, නොපමා විය යුතුමයි
සිහි නුවණින් යුතුව සිල්වත් විය යුතුමයි
මැනැවින් සිතුවිලි ද සංවර කළ යුතුමයි
සදහම් මගෙහි තම සිත රැක ගත යුතුමයි

මා පැවසූ දහම් විනයෙහි සිටින විට
නොපමාවෙන් දහම තුළ කල් ගෙවන විට
ඉපදෙන මැරෙන බිහිසුණු ලොව බැහැර කොට
නිමවෙයි සසර දුක නිවනට යයි එවිට

03. ගන්ත්වාන බුද්ධෝ නදියං කකුත්ථං
අච්ඡෝදකං සාතෝදකං විප්පසන්නං
ඕගාහි සත්ථා සුකිලන්තරූපෝ
තථාගතෝ අප්පටිමෝ'ධ ලෝකේ.
නහාත්වා ච පීත්වා චුදතාරි සත්ථා
පුරක්ඛතෝ භික්ඛුගණස්ස මජ්ඣේ
සත්ථා පවත්තා භගවා'ධ ධම්මේ
උපාගමී අම්බවනං මහේසී.
ආමන්තයී චුන්දකං නාම භික්ඛුං
චතුග්ගුණං පත්ථර මේ නිපජ්ජං
සෝ චෝදිතෝ භාවිතත්තේන චුන්දෝ
චතුග්ගුණං පත්ථරි ඛිප්පමේව
නිපජ්ජි සත්ථා සුකිලන්තරූපෝ
චුන්දෝ'පි තත්ථ පමුඛේ නිසීදී'ති.

ගෞතම බුදුරජුන් නදියට වැඩි සේක
සුපහන් සොඳ සිසිල් පැන් වැළඳූ සේක
වෙහෙසුණු ඇඟපතින් යුතුවම සිටි සේක
පැන් පහසුවට නදියෙහි බැසගත් සේක

වළඳා පැන් ද නදියෙන් නා ගත් සේක
සඟ පිරිවර මැදින් මෙගොඩට වැඩි සේක
මහ ඉසිවර මුනිඳු ලොව සැනසූ සේක
අපගේ මුනිඳු අඹවනයට වැඩි සේක

චුන්දක තෙරුන් අමතා පැවසූ සේක
සංඝාටිය නවා එහි වැඩ සිටි සේක
වෙහෙසුණු ඇඟපතින් එහි සැතපුණු සේක
රහතුන් අපේ මුනිසඳු පිරිවැරූ සේක

04. **දදතෝ පුඤ්ඤං පවඩ්ඪති**
- සඤ්ඤමතෝ වේරං න චීයති,
කුසලෝ ච ජහාති පාපකං
- රාගදෝසමෝහක්ඛයා ස නිබ්බුතෝ'ති.

දන් දෙන කෙනා හට පින් එල වැඩි වන්නේ
සංවර සිතෙහි නැත වෛරය පවතින්නේ
නුවණැති කෙනා ම ය හැම පව් දුරලන්නේ
නිකෙලෙස් කෙනා ලොව පිරිනිවනට යන්නේ

05. **ඒකූනතිංසෝ වයසා සුභද්ද**
- යං පබ්බජිං කිං කුසලානුඒසී
වස්සානි පඤ්ඤාස සමාධිකානි
- යතෝ අහං පබ්බජිතෝ සුභද්ද
ඤායස්ස ධම්මස්ස පදේසවත්ති
- ඉතෝ බහිද්ධා සමණෝ පි නත්ථි
දුතියෝ පි සමණෝ නත්ථි
- තතියෝ පි සමණෝ නත්ථි
චතුත්ථෝ පි සමණෝ නත්ථි

- සුඤ්ඤා පරප්පවාදා සමණේහි අඤ්ඤේ
ඉමේ ච සුභද්ද භික්ඛූ සම්මා විහරෙය්‍යුං
- අසුඤ්ඤෝ ලෝකෝ අරහන්තේහී'ති.

විසිනව වියෙහි මම අබිනික්මන් කළෙමි
කුසලය කුමක්දැයි සොයමින් හැසිරුණෙමි
යම් දින පටන් පැවිදිව මම ගත කළෙමි
මෙය පින්වත් සුභද්‍රය, මෙලෙසින් දකිමි

පනහක් වසර දැන් පසුකොට ගෙවා ඇත
සසුනෙන් පිටත නිවනට ගිය කෙනෙක් නැත
පළමු දෙවන ශ්‍රමණවරු වෙන තැනක නැත
තෙවෙනි සතරවැනි සමණන් ද එහි නැත

නිවැරදි අරි අටැඟි මග මෙහි පවතින්නේ
සමණන් සතර දෙන ලොව මෙහි ම ය ඉන්නේ
සමණෝ සිටිත් නම් මේ මග වඩමින්නේ
රහතුන් ලොවේ කිසි දින නැත හිස්වන්නේ

06. **සබ්බේව නික්ඛිපිස්සන්ති - භූතා ලෝකේ සමුස්සයං**
යථා ඒතාදිසෝ සත්ථා - ලෝකේ අප්පටිපුග්ගලෝ
තථාගතෝ බලප්පත්තෝ - සම්බුද්ධෝ පරිනිබ්බුතෝ'ති.

ලොව ඉපදුණු සියල්ලෝ ලොව හැර දමති
එලෙසින් අප තථාගත මුනි දස බලැති
තුන් ලොව ගුරු දෙවිඳු අපමණ ගුණ පැවැති
සම්බුදුරජාණෝ පිරිනිවනට වඩිති

07. **අනිච්චා වත සංඛාරා - උප්පාදවයධම්මිනෝ**
උප්පජ්ජිත්වා නිරුජ්ඣන්ති - තේසං වූපසමෝ සුඛෝ'ති.

හටගත් සියලු දෙය ලොව වැනසී යන්නේ
උපදින - මැරෙන දහමට එය යට වෙන්නේ
හටගෙන ඒ සියලු දෙය නැතිවී යන්නේ
මෙය නැති තැනදි ලොව්තුරු සැප මතුවෙන්නේ

08. **නාහු අස්සාසපස්සාසෝ - ඨිතචිත්තස්ස තාදිනෝ,**
අනේජෝ සන්තිමාරබ්භ - යං කාලමකරී මුනි.
අසල්ලීනේන චිත්තේන - වේදනං අජ්ඣවාසයී,
පජ්ජෝතස්සේව නිබ්බානං
- විමොක්ඛෝ චේතසෝ අහූ'ති.

ඉහළට පහළ යන හුස්මක් නොපෙනෙන්නේ
නොසැලෙන සිත පැවති මුනිරජු සැතැපෙන්නේ
නිවනට යොමුව කෙලෙස් නැතිවයි වැඩඋන්නේ
අපගේ මුනිරජුන් අපගෙන් වෙන් වන්නේ

නොඇලුණු සිතින් හැම දුක් ඉවසූ සේක
සසරේ හැම දෙයින් නිදහස් වූ සේක
සුව දෙන අම නිවන තුළ වැඩසිටි සේක
පහනක් නිවෙන ලෙස වෙන් වී ගිය සේක

09. **තදාසි යං භිංසනකං - තදාසි ලෝමහංසනං**
සබ්බාකාරවරූපේතේ - සම්බුද්ධෙ පරිනිබ්බුතේ'ති.

උත්තම මගේ මුනිඳු ගුණයෙන් දිලිසේක
බබලන මහා පුරිස් ලකුණින් යුතු සේක
ලෝ ධා සැලී කම්පා වී ගිය නේක
මගේ සම්බුදුරජාණෝ පිරිනිවි සේක

ගෞතම මුනිඳු මගෙ හිරු සඳු වන සේක ....

1. දෙදහස් වසර හයසිය පසුවී යන්නේ
සසරේ තවම දුක සේ අපි නම් යන්නේ
නොසිතූ ලෙසින් මෙවර තිසරණ හමුවෙන්නේ
අතහැරුණොත් මෙයත් යළි සසරට යන්නේ

2. අරහත් මුනිඳු මගෙ ගෞතම තිලෝගුරු
කවදත් ලොවට ඇති පිළිසරණය මහරු
පිළිවෙත් පුරා වෙසගේ පින් කරන'යුරු
සිහිකොට මම වඳිමි ගෞතම තිලෝගුරු

3. භගවත් තථාගත දසබල ඇති සේක
සතහට කළණ මිතුරාණන් වන සේක
සසරින් එතෙර කරවන මග දෙසූ සේක
ගෞතම මුනිඳු මගෙ හිරු සඳු වන සේක

4. ලොව්තුරු මුනිදහම නිසි ලෙස දෙසූ සේක
ගෞතම බුදු සසුන ලොව බැබලූ සේක
පව් හැම නැසූ රහතුන් පිරිවැරූ සේක
ගෞතම මගේ මුනිඳු නිවනට වැඩි සේක

5. පියකරු මල් නෙලා සිරිපා ළඟ පුදමි
නෙක තරු දිලෙන ලෙස ආලෝකය පුදමි
නිරතුරු පිළිසරණ මුනිඳුගෙ බව දනිමි
බියකරු සසර වෙනුවට නිවන ම පතමි

6. පිරිනිවනට වැඩිය බුදුසමිඳුන් ගාවා
මම පුද කරන හැම දෙය දුහුවිලි වේවා
කිසි විට නොමග යන මගකට නොවැටේවා
නිවනට යන මග ම මා හට සුරැකේවා

සාදු! සාදු!! සාදු!!!

ඛීණාසව මහාකස්සප මහාථේරාභිවන්දනා

මහා පින් ඇති මහා බල ඇති මහා කස්සප මුනිඳුනේ
මහා සිල් ඇති මහා නුවණැති මහා කස්සප මුනිඳුනේ
මහා ගුණ ඇති මහා වෙර ඇති මහා කස්සප මුනිඳුනේ
මහා සතුටින් අපිත් වඳිනෙමු මහා කස්සප මුනිඳුනේ

මහා මුනිඳුගෙ ලයෙහි ඉපදුන මහා කස්සප මුනිඳුනේ
මහා මුනිඳුගෙ සිවුර පෙරවූ මහා කස්සප මුනිඳුනේ
මහා මුනිඳුගෙ රුවට සම වූ මහා කස්සප මුනිඳුනේ
මහා මුනිඳුගෙ මහා සව්වෙකි මහා කස්සප මුනිඳුනේ

පංසකූලික සිවුරු දරනා මහා කස්සප මුනිඳුනේ
මහා වනයේ බවුන් වඩනා මහා කස්සප මුනිඳුනේ
පිණ්ඩපාතෙන් දිවිය ගෙවනා මහා කස්සප මුනිඳුනේ
ඈත සිට දෙවිවරුන් වඳිනා මහා කස්සප මුනිඳුනේ

ලැබුණු සිවුරෙන් සතුටු වන ඔබ මහා කස්සප මුනිඳුනේ
ලැබුණු අහරින් සතුටු වන ඔබ මහා කස්සප මුනිඳුනේ
ලැබුණු බෙහෙතින් සතුටු වන ඔබ මහා කස්සප මුනිඳුනේ
වැඩුණු සිතකින් වනයෙ වසනා මහා කස්සප මුනිඳුනේ

මහා ඉසිවර මුනිඳු ඔබමයි මහා කස්සප මුනිඳුනේ
දහම සංගායනා කළ ඔබ මහා කස්සප මුනිඳුනේ
රහත් මුනිවරු අතර බබලන මහා කස්සප මුනිඳුනේ
පුන්සඳයි ඔබ සසුන් අඹරේ මහා කස්සප මුනිඳුනේ

ඉර්ධිබලයෙන් අහසෙ වඩිනා මහා කස්සප මුනිඳුනේ
වෙහෙස නොමැතිව කන්ද නගිනා මහා කස්සප මුනිඳුනේ
මහා ගුණ කඳ දරා සිටිනා මහා කස්සප මුනිඳුනේ
හුදෙකලාවේ තුටින් වසනා මහා කස්සප මුනිඳුනේ

දවා කෙලෙසුන් නිවී සිටිනා මහා කස්සප මුනිඳුනේ
අමා නිවනේ රැඳී සිටිනා මහා කස්සප මුනිඳුනේ
අලාමක මුනිගුණෙන් දිලෙනා මහා කස්සප මුනිඳුනේ
සදා වඳිනෙමු මහා බැතිනා මහා කස්සප මුනිඳුනේ

සෝක දුක් නැති සිතින් වසනා මහා කස්සප මුනිඳුනේ
නේක සමවත් සුවය විඳිනා මහා කස්සප මුනිඳුනේ
වීතරාගිව ලොවේ වසනා මහා කස්සප මුනිඳුනේ
රෑට මට සිහිනෙන් පෙනේවා මහා කස්සප මුනිඳුනේ

මහා වනයේ ගල් ලෙනක් තුළ හුදෙකලාවේ වසමිනේ
අමා නිවනේ සුවය ලබමින් උතුම් සතුටක් විඳිමිනේ
දෙව් මිනිස් සැම දෙනා වෙත සම සිතින් මෙත් පතුරවමිනේ
ලොවේ යහපත සැදූ මුනිඳුනි, අපිත් නමඳිනෙමු සතුටිනේ

මහා කස්සප මුනිඳු තුළ ඇති දහැන් සමවත් සුව බලා
සුගත් සම්මා සම්බුදුන් තම දහැන් සුවයට සම කළා
උතුම් අනුබුදු කෙනෙකුගේ ගුණ නිරන්තරයෙන් පල කළා
එවන් ගුණ ඇති මහා කස්සප මුනිඳු වනයේ ගත කළා

අහසෙ නැගෙනා සඳක් විලසින් අලුත් වී යන හැම දිනේ
ගෙයක් පාසා පිඬු සිඟා යති රසට නොබැඳුණු සිතකිනේ
දිළින්දන් හට සැප සදන්නට ඔවුන් සොයමින් වඩිමිනේ
සුපුන් සඳ සේ ලොවේ දිලුණා මහා කස්සප මුනිඳුනේ

ළඳක් දෙව්ලොව ගියා මුනිඳුට කැඳක් පූජා කළ පිනෙන්
ඇඟිල්ලක් බත් පිඬෙහි වැටුණා රෝගියෙකු දන් බෙදූ සැණින්
සිතක් නැති පිළිකුලක් ඇතිවෙන යොමා කරුණාබර නෙතින්
ඉවත් කොට ලාදුරු ඇඟිල්ල ද වැළඳුවා දන් සිත තුටින්

පොරි පුදාගෙන කසුප් තෙරිඳුට ළඳක් දෙව් විමනක් ලබා
සොරෙන් ඇවිදින් කුටිය අමදී පොළොව මත පා නොම තබා
මහා කස්සප මුනිඳු එය දැක බැහැර කළ විට පසු නොබා
හඬා වැටෙමින් අහසෙ සිටියා දෑත නළලේ තබ තබා

සමවතින් සත් දිනක් ගත කොට පිඬු සිඟා වඩිනා විට
හිඟන වෙස් ගෙන සක් දෙවිඳු විත් පැළක් අසලින් සිටි විට
මහා කස්සප මුනිඳු එහි වැඩ සිඟන්නා දන් බෙදූ විට
කැළඹුණා ඒ අවට සැම තැන දිව බොජුන්වල සුවඳට

ඇයි ද දෙවිඳුනි දන් බෙදන්නේ සිඟන වෙස් ගෙන මේ ලෙසින්
පැළට වැඩියේ දිළින්දෙකු හට පිනක් ලැබ දීමට තුටින්
අනේ කස්සප මුනිඳුනේ මට සමා වනු මැන කළ දෙයින්
අපිත් කැමතියි පින් ලබන්නට ඔබට පුද දී දන් පැතින්

නමින් සීවක යක්ෂ සෙනෙවි ද මුනිඳු වෙත වඩමින් සෙනේ
මහා කස්සප මුනිඳු ඩා බිඳු රන් මලක් වෙත රැගෙමිනේ
රනින් කළ කරඬුවක රඳවා උතුම් පූජා කරමිනේ
දනුත් හඬමින් වඳී මුනිඳුට උතුම් ගුණ සිහිකරමිනේ

දෙව්බඹුන්ගේ වන්දනා මැද දිළෙන කස්සප මුනිඳුනේ
දුප්පතුන් හට සදා සැප දෙන කාරුණික වූ මුනිඳුනේ
සසුන් ගමනක එළිය විහිදන හිරු මඬල වැනි මුනිඳුනේ
ගොයුම් ගොත් බුදුසසුන බැබලූ මහා කස්සප මුනිඳුනේ

විසි වසක් සියයකට වැඩිකොට මුනිඳුගේ ආයුෂය ගෙවුණේ
නිවී යන තෙල් පහන විලසින් පිරිනිවෙන්නට කල් ය දැනුණේ
හඬා වැටෙනා පින්වතුන් මැද කසුප් තෙරිඳුන් අහසෙ නැගුණේ
ගුරුපාද කඳු මුදුන වෙත වැඩ නිවී යන ගමනකට සැදුණේ

දෙව් බඹුන් ඒ ගල්ලෙනේ මැද යහන් පණවා දුන් තැනේ
මදාරා පරසතු මලින් ඒ ලෙන පුරා සුවඳක් දැනේ
මෙතේ බුදුහිමි වඩින තුරු ඒ ගල වැසෙන්නට සිතමිනේ
පිරිනිවන් වැඩි සේක අපගේ මහා කස්සප මුනිඳුනේ

මෙතේ බුදුහිමි වඩින තුරු එහි මහා කස්සප මුනිඳු නමිනේ
සැඟවිලා ඇත ඔබේ දේහය ගුරුපාද කඳු ශිඛර මුදුනේ
මෙතේ බුදු හිමි ඉදිරියේ එය දැවී යනු ඇත කපුරු ලෙසිනේ
සදා වඳිනෙමු තෙරිඳුනේ ඔබ නමින් දෝතම සිරසෙ රැඳුණේ

වැටී ගිය විට ඔබේ මුවඟින් දතක් රහතුන් වෙතට ලැබුණේ
සුරැක එය පරපුරෙන් ගෙනැවිත් අපේ සිරිලක් දිවට ලැබුණේ
බෙන්තොටේ මහවෙහෙරෙ මැදුරක් තනවමින් කරඬුවක තැබුණේ
සන්තොසින් දෙව් මිනිස් හැමදෙන ඔබේ දළදා මැදුර පිදුණේ

මහා පැරකුම් නිරිඳු සැදැහෙන් මහා සෑයක් තනා සතුටින්
ඔබේ දළදා වඩා හිඳුවා එහි නිදන් ගත කළේ මැනැවින්
මෙපමණයි තුන් ලොවට ඇත්තේ වඳින්නට ඔබෙ නමින් බැතියෙන්
සාදු! සාදු! අපිත් වඳිනෙමු කසුප් දළදා සමිඳු බැතියෙන්

මළුව සකසා සෙල්මුවා ගල් පතුරු අතුරා සතුටිනේ
කසුප් දළදා සමිඳු වෙත අපි පහන් සිත් ඇති කරමිනේ
දිලෙන පහනින් පුදා ඔබෙ ගුණ කඳට එළියක් සදමිනේ
සදා වඳිනෙමු තිලොව ජයගත් මහා කස්සප මුනිඳුනේ

සුවඳ මල් ගෙන සෑය සරසා මලින් පුද දී බැති සිතින්
විළඳ මී පැණි පුදා සෑයට කසුප් මහ තෙරිඳුන් නමින්
පැතිරෙනා මේ මිහිරි සුවඳින් සෑය වට සුවඳක් දෙමින්
සදා වඳිනෙමු අපිත් මහ සෑ මහා කස්සප හිමි නමින්

මගේ සිත කය වචනයෙන් ඔබෙ ගුණට වරදක් වී තිබේ නම්
මහා කස්සප මුනිඳු වැඳ වැඳ සමාවක් ඉල්ලා සිටිමි මම්
පමණ නොකළැකි ගුණෙන් බැබලුණ කසුප් මුනිඳුන් සිහි කරන්නම්
සදා වැතිරී පුදා වඳිනෙමි මහා කස්සප සමිඳු හට මම්.....
සදා වැතිරී පුදා වඳිනෙමි මහා කස්සප සමිඳු හට මම්.....
සදා වැතිරී පුදා වඳිනෙමි මහා කස්සප සමිඳු හට මම්.....

සාදු! සාදු!! සාදු!!!

පැව සෙනේ ලොව සිහින කුමාරිය ඔබ මිස වෙන නැති යසෝදරා...

01. පෙර සසරේ සිට - පෙමට පුදා සිත
- ආවා ඔබ මෙහි යසෝදරා... යසෝදරා...
පෙරුම් පුරන බුදු - බවට ලෝල බැඳි
- හිමි තනි නොකළේ යසෝදරා... යසෝදරා...
සෙවණැල්ලක් සේ - ආවා පසුපස
- හඬා වැටෙන සිත යසෝදරා... යසෝදරා...
දෙසිතක් නොමැතිව - හිමිට ආල වැඩූ
- පිවිතුරු සෙනෙහස යසෝදරා... යසෝදරා...

02. සඳකිඳුරා සිටි - හිමගිරි අරණේ
- සඳකිඳුරිය ඔබ යසෝදරා... යසෝදරා...
මාල පැළඳ හිස - වස්දඬු රාවෙන්
- ගීත ගැයූ ඔබ යසෝදරා... යසෝදරා...
බඹදත් රජු එහි - කිඳුරු මරණ විට
- දූන සිටියේ නෑ යසෝදරා... යසෝදරා...
ආදර කිඳුරා - වැටී සිටිනු දුටු
- හඬා වැටුණු ඔබ යසෝදරා... යසෝදරා...

03. පණ ඉල්ලාගෙන - කිඳුරුගෙ මළකඳ
- වැළඳ සිටියෙ ඔබ යසෝදරා... යසෝදරා...
වැළපෙද්දී එහි - හිමගිරි දෙදරා
- මල් බිම වැටුණා යසෝදරා... යසෝදරා...

දෙව්ලොව දෙවියෝ - ඔබෙ සෙනෙහස දැක
- දිව ඔසු දුන්නා යසෝදරා... යසෝදරා...
අසරණ හිමි හට - යළි පණ දෙන්නට
- හැඬුවා අසරණ යසෝදරා... යසෝදරා...

04. සොඳුරියෙ මම බුදු - බවට කැමති වෙමි
- යන හිමි වදනට යසෝදරා... යසෝදරා...
බාධාවක් නැති - ආසිරි මල් ගෙන
- හිමි පිදුවා ඔබ යසෝදරා... යසෝදරා...
තම හිමිසඳු හට - පෙරුම් පුරන්නට
- දිවි පිදුවා ඔබ යසෝදරා... යසෝදරා...
හැම දුක් විඳ විඳ - සෝර සසරෙ වැද
- පසුපස ආවා යසෝදරා... යසෝදරා...

05. මුව දෙන වී ඔබ - දරු කුසෙහි දරාගෙන
- දිවි පුදනා විට යසෝදරා... යසෝදරා...
බෝසත් මුව රජ - හනික පෙරට වැද
- ඔබ රැකගත්තේ යසෝදරා... යසෝදරා...
වක් වී ගලනා - දිය කඳ විලසින්
- වරදෙ බැඳෙන ලොව යසෝදරා... යසෝදරා...
හිමි හට රහසේ - වරදේ නොබැඳුණ
- අසිරිය ඔබමයි යසෝදරා... යසෝදරා...

06. චපල සිතින් ලොව - වසන කතුන් මැද
- අචපල සිත ඔබ යසෝදරා... යසෝදරා...
හිමි හට රහසේ - පෙම් බඳිනා ලොව
- රහසක් නැති ඔබ යසෝදරා... යසෝදරා...
සොඳුරු හදට බැඳි - පෙමට ආල වැඩු
- නපුරු වචන නැති යසෝදරා... යසෝදරා...

නෙතු සඟලින් ඔබ - තම හිමි මිස වෙන
- කිසිවෙකු නොම දුටු යසෝදරා... යසෝදරා...

07. හංස කුලේ ඔබ - මානස විල මැද
- පෙමින් බැඳුණු විට යසෝදරා... යසෝදරා...
අප මහ බෝසත් - රාජ හංසයා
- අල්ලාගත් විට යසෝදරා... යසෝදරා...
අහසට නැගුණා - සියලු හංසයෝ
- ඔබ එහි රැඳුණා යසෝදරා... යසෝදරා...
සෙනෙහසකට දිවි - පුදා සියලු කල
- ඔබ ළඟ සිටියා යසෝදරා... යසෝදරා...

08. ඇත් රජෙකුව අප - බෝසත් හිමිසඳ
- හිමගිරි අරණේ යසෝදරා... යසෝදරා...
දළ දෙක දන් දී - මිය යන විට දුකසේ
- ඇතින්න වී ඔබ යසෝදරා... යසෝදරා...
තම හිමි ළමැදේ - තබමින් සොඬවැල
- හඬා වැටුණු ඔබ යසෝදරා... යසෝදරා...
පුරන පෙරුම් කඳ - ආදර හිමිසඳ
- වෙනුවෙන් දිවි දුන් යසෝදරා... යසෝදරා...

09. ලෙහෙන කුලේ ඔබ - දෙදෙන උපන් සඳ
- දරු සිඟිති ඇතිව සිටි යසෝදරා... යසෝදරා...
බෝසත් ලෙහෙනා - බලා සිටිද්දී
- දියේ වැටුණු ඔබ යසෝදරා... යසෝදරා...
ගිලෙනා විට ඔබ - සැඩ රළ පහරේ
- ලෙහෙනා හැඬුවා යසෝදරා... යසෝදරා...
වළිගය තෙමමින් - සැඩ පහර සිඳින හිමි
- ඔබ දුටුවේ නෑ යසෝදරා... යසෝදරා...

10. සසරෙන් එතෙරට - වඩින හිමිට ඔබෙ
- සෙනෙහස වැඩුවා යසෝදරා... යසෝදරා...
සිල් සුරකින විට - ඔබගේ හිමිසඳ
- සීලය නොබිඳින යසෝදරා... යසෝදරා...
වනගත වී හිමි - බවුන් වඩන විට
- උවටැන් කරනා යසෝදරා... යසෝදරා...
දුක් විඳිමින් මේ - ඝෝර සසරෙ හිමි
- තනි කෙරුවේ නැති යසෝදරා... යසෝදරා...

11. මන්ද්‍රි බිසව වී - වෙසතුරු සිරිතේ
- හිමි පසු පස ආ යසෝදරා... යසෝදරා...
ජාලිය ක්‍රිෂ්ණා - දන් දුන් වග දන
- සෙනෙහස රැකගත් යසෝදරා... යසෝදරා...
දන් දෙන විට ඔබ - දුගී බමුණු හට
- හිමිට ආල වැඩූ යසෝදරා... යසෝදරා...
තම හිමිසඳුගේ - පුරන පෙරුම් මඟ
- තනියට සිටි ඔබ යසෝදරා... යසෝදරා...

12. තම දිවි දකිනා - එකම ඇසක් සේ
- හිමිසඳු රැකගත් යසෝදරා... යසෝදරා...
පණ නළ රකිනා - හදමඬලක් සේ
- හිමි තනියට සිටි යසෝදරා... යසෝදරා...
හැම දුක විඳිනා - සුසුම් පොදක් සේ
- දැවටී සිටි ඔබ යසෝදරා... යසෝදරා...
සයුරට වදිනා - නෞකාවක් සේ
- එතෙර බලා ගිය යසෝදරා... යසෝදරා...

13. සිදුහත් කුමරුන් - අතිනත ගත් දා
- සොඳුරු සිහින මැවූ යසෝදරා...

යසෝදරා...

සිඟිති පුතෙකු මව් - කුසින් දරා ගෙන
- සෙනෙහස වැඩුවා යසෝදරා... යසෝදරා...
බෝසත් හිමි හට - පෙරුම් පුරා ආ
- ප්‍රිය බිරිඳයි ඔබ යසෝදරා... යසෝදරා...
ගෙවනා සසරේ - අවසන් භවයට
- ආ වග නොදුටුව යසෝදරා... යසෝදරා...

15. රාහුල පුතු ඔබ - තුරුලේ රඳවා
- සැතපී සිටි විට යසෝදරා... යසෝදරා...
තම හිමිසඳ දොර - කවුළුව අසලින්
- ඔබ දකිනා විට යසෝදරා... යසෝදරා...
සිහිනෙන් වත් හිමි - යන බව නුදුටුවෙ
- කිසි වරදක් නැති යසෝදරා... යසෝදරා...
ඇයි ද කියන් මට - යසෝදරාවෙනි
- අවදි නොවුණෙ ඇයි යසෝදරා... යසෝදරා...

16. හිමිදිරියේ ඔබ - සිඟිති දරු ද ගෙන
- හිමිසඳ සෙව්වා යසෝදරා... යසෝදරා...
මෙතුවක් කල් ගිය - සසර පුරා ආ
- කොහිද ගියේ හිමි යසෝදරා... යසෝදරා...
පෙරුම් පුරාගෙන - ආ භව ගමනේ
- එකට ම ගිය ඔබ යසෝදරා... යසෝදරා...
සිහිසන් නැති වී - හඬා වැටුණු ඔබ
- තනිවුණා ද දූන් යසෝදරා... යසෝදරා...

17. වැළපෙන විට ඔබ - පෙම තුරුළට ගෙන
- හිමිසඳ නොමැතිව යසෝදරා... යසෝදරා...
සිහින ලොවක ඇති - සිතුවම් විලසට

- බොඳ වුණා ද ඔබ යසෝදරා... යසෝදරා...
සිඟිති රහල් පුතු - දකිනා විට ඔබ
- කුමක්ද සිතුණේ යසෝදරා... යසෝදරා...
සකල සතට නිති - සෙත සළසන්නට
- ගිය වග නොදැනුණි යසෝදරා... යසෝදරා...

18. වනයේ වල් වැද - තාපස වෙස් ගෙන
- බවුන් වඩයි හිමි යසෝදරා... යසෝදරා...
සළු පිළි අබරණ - ඉවත දැමූ ඔබ
- කහවත් හැන්දා යසෝදරා... යසෝදරා...
එක වේලක් හිමි - වළඳන බව දැන
- එක් වේලක් ගත් යසෝදරා... යසෝදරා...
රුක් සෙවණේ හිමි - සැතපුණු බව දැන
- බිම සැතපී සිටි යසෝදරා... යසෝදරා...

19. පෑව සෙනේ ලොව - සිහින කුමාරිය
- ඔබ මිස වෙන නැති යසෝදරා... යසෝදරා...
ඒක දවාලක - හිමි නොමැතිව සිටි
- සෙවණැල්ලයි ඔබ යසෝදරා... යසෝදරා...
නේක දරා දුක - සෝක සිතින් ගෙන
- ආල වැඩූ ඔබ යසෝදරා... යසෝදරා...
ආදරයේ රන් - පුදසුන අභියස
- පුදන කිරුළ ඔබ යසෝදරා... යසෝදරා...

20. සත් වසරක් තෙර - නොපෙනෙන අහසේ
- ඈත බලා සිටි යසෝදරා... යසෝදරා...
හිමිසඳ යළි එහි - වඩිනා විට ඔබ
- ඇයි දෝ නාවේ යසෝදරා... යසෝදරා...
වාවාගන්නට - බැරි තරමේ දුක
- තිබුණ නිසාවෙද යසෝදරා... යසෝදරා...

හවයෙන් හවයට - සෙනෙහේ කඳුළු මැද
- තෙමී ගියාවෙද යසෝදරා... යසෝදරා...

21. දොර කවුළුව අසළින් - ආයෙත් සැරයක්
- නම ඇසෙනා විට යසෝදරා... යසෝදරා...
සත් වසර පුරාවට - නෑසුන ඒ හඬ
- යළි ඇසෙනා විට යසෝදරා... යසෝදරා...
දෑස විවර කොට - අවදිව සැණෙකින්
- බැලුවේ කොහොමද යසෝදරා... යසෝදරා...
හිමිසඳුගේ සිරි - පතුල් වැළඳ ගෙන
- වැඳ වැටුණා ඔබ යසෝදරා... යසෝදරා...

22. රාහුල පුතු හට - දායාද ගෙනෙන්නට
- පිය හිමි වෙත යැවූ යසෝදරා... යසෝදරා...
ශ්‍රමණ පුතෙකු වී - එහි නැවතුණ විට
- ආයෙත් හැඬුව ද යසෝදරා... යසෝදරා...
සත් වසර පුරාවට - නොලැබුණු සෙනෙහස
- දුන් රාහුල පුතු යසෝදරා... යසෝදරා...
වෙන් වී යනවිට - සසරේ තිබෙනා
- දුක දුටුවද ඔබ යසෝදරා... යසෝදරා...

23. තම හිමිසඳ වැඩි - නිවනට යන මග
- යන්නට සිතුණ ද යසෝදරා... යසෝදරා...
කිඹුල්වතේ සිට - සුළුමව් සමඟින්
- පැවිදි වෙසින් ගිය යසෝදරා... යසෝදරා...
පා ගමනින් ඒ - විසල් පුරට ඔබ
- යන විට වෙහෙසී යසෝදරා... යසෝදරා...
සියුමැලි පා යුග - පුපුරා ගිය විට
- හැඬුවෙ නැත්තෙ ඇයි යසෝදරා... යසෝදරා...

24. භික්ෂුණියක් වෙන්නට - අවසර ඉල්ලා
- නොලැබී ගිය විට යසෝදරා... යසෝදරා...
වෙහෙරේ දොරටුව - අසලට විත් ඔබ
- ආයෙත් හැඬුවා යසෝදරා... යසෝදරා...
තවදුරටත් මේ - සසරේ එක් වී
- යන්නට බැරි වග යසෝදරා... යසෝදරා...
තේරුණ විට ඔබ - හෙලූ සුසුම් කඳ
- සුළඟට ඇදුණා යසෝදරා... යසෝදරා...

25. ළබැඳි සෙනෙහෙ මත - වැඩුණු ආල සිත
- පිනට ම යොමු කළ යසෝදරා... යසෝදරා...
එක් වෙන දේ හැම - වෙන් වී යන වග
- තේරුම් ගිය විට යසෝදරා... යසෝදරා...
අසනා විට ඒ - සම්බුදු බණ පද
- භවයෙන් මිදුණා යසෝදරා... යසෝදරා...
කඳුලින් පිරි මේ - සසරෙන් එතෙරට
- වැඩියේ පින් ඇති යසෝදරා... යසෝදරා...

26. ආදරයේ රන් - කිරුළ දරාගෙන
- පෙරුම් පුරා ආ යසෝදරා... යසෝදරා...
හිමිසඳ බුදු වී - දහම් දෙසන විට
- කඳුළු පිස දැමූ යසෝදරා... යසෝදරා...
දරා කසා වත - භික්ෂුණියක ලෙස
- නිවන් මගේ වැඩි යසෝදරා... යසෝදරා...
ආදරයෙන් අපි - වඳිනෙමු සැමදා
- ඔබ ම යි අපගේ යසෝදරා... යසෝදරා...

සාදු! සාදු!! සාදු!!!

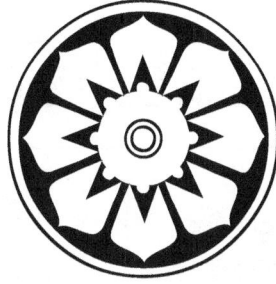

රන්මැලි මහා සෑ

වරුණ

(ස්වර්ණමාලී මහා සෑ වන්දනාව)

සාදු! සාදු! තෙරුවන් නමදින්ටයි...

01. සාදු! සාදු! බුදුරුවන වදින්ටයි
සාදු! සාදු! සදහම් නමදින්ටයි
සාදු! සාදු! සඟරුවන වදින්ටයි
සාදු! සාදු! තෙරුවන් නමදින්ටයි

02. ගෞතම මුනිඳුගෙ සරණ ලැබෙන්ටයි
සම්බුදු බණ පද මට සිහි වෙන්ටයි
ලොව්තුරු සඟ ගුණ සිහි කරගන්ටයි
ගෞතම සසුනේ පිහිට ලබන්ටයි

03. වදිම් වදිම් බුදු සමිඳුන් වදිමි
වදිම් වදිම් සිරි සදහම් වදිමි
වදිම් වදිම් සඟරුවන ද වදිමි
වදිම් වදිම් මම තෙරුවන් වදිමි

සාදු! සාදු!! සාදු!!!

සාදු! සාදු! මම ගෞතම මුනිඳු සරණ යන්නේ

01. රාග ද්වේෂ මෝහ නොමැති - සිතකින් යුතු වන්නේ
සිල් සමාධි ගුණ නුවණැති - නිවන් සුවය දන්නේ
තුන් ලොව වැඳුමන් ලැබුමට - නිතියෙන් හිමි වන්නේ
අරහං යන ගුණයෙන් යුතු - බුදු හිමි නමදින්නේ
සාදු! සාදු! මම ගෞතම - මුනිඳු සරණ යන්නේ

02. ගුරු උපදෙස් කිසිවක් නැති - ඍජු ගමනකි යන්නේ
පෙරුම් පුරා ගෙන ආ බල - රැකවරණෙට එන්නේ
දස බල බුදු නුවණ ඇතිව - තුන් ලොව ජය ගන්නේ
සම්මා සම්බුදු ගුණ යුතු - බුදු හිමි නමදින්නේ
සාදු! සාදු! මම ගෞතම - මුනිඳු සරණ යන්නේ

03. කෙලෙසුන් තොර නුවණ ඇතිව - පෙර භවයන් දන්නේ
ඉපදෙන මැරෙනා සසරේ - ඇති තතු වැටහෙන්නේ
හිරු සඳු ලෙස නුවණ ඇතිව - දහමේ හැසිරෙන්නේ
විජ්ජාචරණින් යුතු වූ - බුදු හිමි නමදින්නේ
සාදු! සාදු! මම ගෞතම - මුනිඳු සරණ යන්නේ

04. සුන්දර වූ නිවන් මගෙහි - සොඳින් වැඩමවන්නේ
අමා නිවන් සුවය විඳින - සිතකින් යුතු වන්නේ
සිත කය වචනය හැම විට - සොඳුරුව පවතින්නේ
සුගත ගුණෙන් යුතු ගෞතම - මුනිඳුන් නමදින්නේ
සාදු! සාදු! මම ගෞතම - මුනිඳු සරණ යන්නේ

05. දෙව්ලොව බඹ ලොව මනු ලොව - සතර අපා දන්නේ
කල කම් පල දෙමින් සතුන් - ඒ ඒ තැන යන්නේ
ලොව උපදින ලොවින් මිදෙන - මඟ මැනවින් දන්නේ
ලෝකවිදූ ගුණයෙන් යුතු - බුදු හිමි නමදින්නේ
සාදු! සාදු! මම ගෞතම - මුනිඳු සරණ යන්නේ

06. මහා කාරුණික ගුණ ඇති - බුදු නෙත යොමු වන්නේ
දෙසනා විට සිරි සදහම් - ලොව දමනය වන්නේ
සසරේ සැරිසරන සතුන් - එයින් එතෙර වන්නේ
අනුත්තරෝ පුරිසදම්ම - සාරථී නම් වන්නේ
සාදු! සාදු! මම ගෞතම - මුනිඳු සරණ යන්නේ

07. දෙව්ලොව බඹලොව දෙවිවරු - බණ ඇසුමට එන්නේ
මනුලොව නුවණැති මිනිසුන් - නිවන් මගෙහි යන්නේ
දෙව් මිනිසුන්ගේ උත්තම - ගුරු දෙවිඳුන් වන්නේ
සත්ථා දේවමනුස්සානං - බුදු හිමි නමදින්නේ
සාදු! සාදු! මම ගෞතම - මුනිඳු සරණ යන්නේ

08. ලෝසතවිදිනාදුකගැන-පැහැදිලිකරමින්නේ
දුකෙන් මිදෙන නිවන් ලබන - මග ගැන පවසන්නේ
චතුරාර්ය සත්‍යය ගැන - අවබෝධය දෙන්නේ
බුද්ධ ගුණෙන් යුතු සම්බුදු - සමිඳුන් නමදින්නේ
සාදු! සාදු! මම ගෞතම - මුනිඳු සරණ යන්නේ

09. අප මුනිඳුගෙ බුදු නුවණට - හිරු සඳු පරදින්නේ
සීල සමාහිත ගුණයට - ලොවම වසඟ වන්නේ
දියෙන් උඩට විත් විහිදුණ - පියුමක් විලසින්නේ
භගවා යන ගුණයෙන් යුතු - බුදු හිමි නමදින්නේ
සාදු! සාදු! මම ගෞතම - මුනිඳු සරණ යන්නේ

සාදු! සාදු! මම ගෞතම බුදුබණ නමදින්නේ

01. මුල මැද අග පිරිසිදු ලෙස - අරුතින් සරු වන්නේ
අවබෝධය ඇති කරවන - වචන හසුරුවන්නේ
මහා කාරුණික නුවණින් - සදහම් දෙසමින්නේ
අප මුනිඳුන් වදහළ බණ - ස්වාක්ඛාත වන්නේ
සාදු! සාදු! මම ගෞතම - බුදු බණ නමදින්නේ

02. පරලොව නොව මෙලොවදීම - දකගත හැකි වන්නේ
අකුසල් දුරු කොට සිල් ගුණ - මතු කළ යුතු වන්නේ
කළණ මිතුරු ඇසුර ඇතිව - සදහම් අසමින්නේ
සන්දිට්ඨික වූ බුදු බණ - දනගත යුතු වන්නේ
සාදු! සාදු! මම ගෞතම - බුදු බණ නමදින්නේ

03. කල් නොයවා පිහිට ලැබෙන - ගුණයෙන් යුතු වන්නේ
මල් වරුසාවක් විලසට - ලොවට සතුට දෙන්නේ
සිල් සමාධි නුවණ වඩන - නිවනට යොමු වන්නේ
අකාලිකයි සම්බුදු බණ - සිත පහදා ගන්නේ
සාදු! සාදු! මම ගෞතම - බුදු බණ නමදින්නේ

04. රහසේ උපදෙස් පවසන - දෙයින් බැහැර වන්නේ
කාටත් පෙන්වා දිය හැකි - හිරු සඳු විලසින්නේ
ඒ සදහම් මතු වුණ විට - මැනැවින් දිලිසෙන්නේ
ඒහිපස්සිකයි බුදු බණ - සිත පහදාගන්නේ
සාදු! සාදු! මම ගෞතම - බුදු බණ නමදින්නේ

05. බණ අසමින් සිත පහදා - එය පිළිපදිමින්නේ
දහමට විනයට අනුවම - හැසිරිය යුතු වන්නේ
තමා තුළම ඇති කරගෙන - සදහම් දකිමින්නේ
ඕපනයික වූ බුදු බණ - දැනගත යුතු වන්නේ
සාදු! සාදු! මම ගෞතම - බුදු බණ නමදින්නේ

06. නුවණැති අය බුදු බණ ගැන - සිත පහදා ගන්නේ
නුවණින් යුතුවම දහමේ - සතුටින් හැසිරෙන්නේ
තම තම නැණ පමණින් ඒ - සදහම් දකිමින්නේ
පච්චත්තං වේදිතබ්බ - විඤ්ඤූ බව දන්නේ
සාදු! සාදු! මම ගෞතම - බුදු බණ නමදින්නේ

සාදු! සාදු! මම ගෞතම ශ්‍රාවක නමදින්නේ

01. රාග ද්වේෂ මෝහ නසන - දහම් ඉගෙන ගන්නේ
දහමට විනයට අනුවම - බඹසර සුරකින්නේ
බුදු සසුනට ඇතුළු වෙලා - සිවුරු දරාගන්නේ
ඒ ශ්‍රාවක සඟරුවන ද - සුපටිපන්න වන්නේ
සාදු! සාදු! මම ගෞතම - ශ්‍රාවක නමදින්නේ

02. අන්ත දෙකම බැහැර කෙරුව - නිවන් මගෙහි යන්නේ
සිල් සමාධි නුවණ සපිරි - අටඟින් යුතු වන්නේ
සසරින් එතෙරට ගෙන යන - ඍජු මඟ වඩිමින්නේ
උජුපටිපන්නයි සඟ ගණ - සිත පහදාගන්නේ
සාදු! සාදු! මම ගෞතම - ශ්‍රාවක නමදින්නේ

03. අවිදු අඳුර දුරු කරවන - විදසුන් වඩමින්නේ
චතුරාර්ය සත්‍යය වෙත - සිත යොමු කරමින්නේ

අවබෝධය සලසාලන - නිවන් මගෙහි යන්නේ
ඤායපටිපන්නයි සඟ ගණ - නුවණින් බබලන්නේ
සාදු! සාදු! මම ගෞතම - ශ්‍රාවක නමදින්නේ

04. විහිළු තහළු ඕපදූප - බණකට නොකියන්නේ
ජීවිතයේ ඇති තතු ගැන - නිසි ලෙස පහදන්නේ
උතුම් නිවන් මඟ මතු වන - බුදු බණ දෙසමින්නේ
සාමීචිපටිපන්නයි සඟ ගණ - කළණ මිතුරු වන්නේ
සාදු! සාදු! මම ගෞතම - ශ්‍රාවක නමදින්නේ

05. මගඵල පියවර සතරකි - යුගල විලස ගන්නේ
වෙන් වෙන් වශයෙන් ගත් විට - අට දෙනෙක්ම වන්නේ
චතුරාර්ය සත්‍යය දුටු - ඒ ශ්‍රාවකයන්නේ
සරු පිළිවෙත නිසා ලොවේ - සසුනයි බබලන්නේ
සාදු! සාදු! මම ගෞතම - ශ්‍රාවක නමදින්නේ

06. දුර ගොස් දන් පිදිය යුතුය - ආහුණෙය්‍ය වන්නේ
ආගන්තුක දන් සුදුසුය - පාහුණෙය්‍ය වන්නේ
පින් සලකා දීම හොඳය - දක්ඛිණෙය්‍ය වන්නේ
අංජලිකරණී ගුණයට - ගරු කළ යුතු වන්නේ
සාදු! සාදු! මම ගෞතම - ශ්‍රාවක නමදින්නේ

07. සිහිනුවණින් යුතුව සොඳින් - සිල් පද සුරකින්නේ
සසරේ උපදින දුක වෙත - යන්නට බිය වන්නේ
අට ලෝ දහමට නොසැලෙන - දහම කරා යන්නේ
ලොවට උතුම් පින්කෙත වූ - සඟ ගණ නමදින්නේ
සාදු! සාදු! මම ගෞතම - ශ්‍රාවක නමදින්නේ

සාදු! සාදු!! සාදු!!!

204 පූජ්‍ය කිරිබත්ගොඩ ඥාණානන්ද ස්වාමීන් වහන්සේ

අහසෙ සිටින දෙව්වරුන් වඩින්ටයි...

01. අහසෙ සිටින දෙව්වරුන් වඩින්ටයි
මුහුදේ නා රජවරුන් වඩින්ටයි
සතර වරම් දෙව්පුතුන් වඩින්ටයි
සක් දෙව්ඳුන් පින්කමට වඩින්ටයි

02. ස්වර්ණමාලි දෙව් දුවත් වඩින්ටයි
පන්සිළු දෙව්පුතු ගීත ගයන්ටයි
විස්කම් දෙව්පුතු පිනට වඩින්ටයි
පින් රැස් වෙන මහ සෑය වඳින්ටයි

03. ගෞතම මුනිඳුගෙ ධාතු වඳින්නේ
නිම් නැති පින්පල රැස් කරගන්නේ
මව් විලසට තුන් සරණ ලැබෙන්නේ
ගෞතම සසුනේ පිහිට ලැබෙන්නේ

04. සුදු රැස් ඇති කොත් කැරලි දිළෙන්නේ
සිළුමිණ මුදුනේ රැස් විහිදෙන්නේ
පළිඟු බුබුල සේ සෑය දිලෙන්නේ
සාදු! සාදු! මහ සෑය වඳින්නේ

05. ගැමුණු නිරිඳු කළ සෑය වඳින්නේ
අමුණු ගණන් මුතු මැණික් පුදන්නේ
පිරුණු සඳක් සේ සිසිලස දෙන්නේ
සාදු! සාදු! මහ සෑය වඳින්නේ

06. රන්කොත බබළන සෑය වඩින්නේ
රන්වන් රැස් අහසට විහිදෙන්නේ
රන් විමනක රන් බුබුලක් වැන්නේ
රන්මැලි සෑයෙන් රැස් විහිදෙන්නේ

07. බුදු රැස් සිහිවෙන කොඩි පළඳන්නේ
සුදු සෑ වට ඒ කොඩි ද දිළෙන්නේ
සුදු මුදු බුදු ගුණ සිහියට එන්නේ
සාදු! සාදු! මහ සෑය වඩින්නේ

08. නා විමනෙන් කඩුපුල් ද ගෙනෙන්නේ
නා පිරිවර බුදු ගුණයි ගයන්නේ
නා මෙනවියො සොඳ සඳුන් පුදන්නේ
නා රජ වරු මහ සෑය වඩින්නේ

09. රැව් දෙන වීණා හඬ පැතිරෙන්නේ
මල් වරුසා අහසින් වැගිරෙන්නේ
ගෞතම මුනිඳුගෙ ධාතු පුදන්නේ
දෙව්ලොව දෙවියන් සෑය වඩින්නේ

10. නිතර සැපත දෙන සසුන දිලෙන්නේ
සතර අපායේ දොරටු වැසෙන්නේ
නතර නොවී පින්පල රැස් වන්නේ
සතර වරම් දෙවි සෑය වඩින්නේ

11. ලක් බුදු සසුනයි නිති සුරකින්නේ
සෙත් මඟ මතු කොට සැපත සදන්නේ
රැස්වෙන දෙව් පිරිසත් සමඟින්නේ
සක් දෙවිඳුන් මහ සෑය වඩින්නේ

12. මහසෑයට සේසත් පුදමින්නේ
මහමෙරටත් දුර සිට පැමිණෙන්නේ
මහ මුනි ගුණ කඳ සිහි කරමින්නේ
මහ බඹ පිරිස ද සෑය වඳින්නේ

13. දිස්වෙන රන් රස විලස දිලෙන්නේ
ලස්සන සෑ බඳ වට දිලිසෙන්නේ
රැස්වෙන පින නිති සිහි කරමින්නේ
විස්කම් දෙව්පුතු සෑය වඳින්නේ

14. තිස්සෙම බුදු ගුණ සිහියට ගන්නේ
මෙත් කරුණා ගුණ දරා සිටින්නේ
සස්න රකින්නට සිත යොදමින්නේ
විෂ්ණු දෙවිඳු මහ සෑය වඳින්නේ

15. කොත මුදුනේ සිට එළි විහිදෙන්නේ
සෑ බඳ වට රන් පහන් දිලෙන්නේ
පෝ දා පුන් සඳ ලෙස බබළන්නේ
ආලෝකෙන් මහ සෑය පුදන්නේ

16. පින් රැස් කෙරුමට අප සැම එන්නේ
රන්වැලි සෑ පැදකුණු කරමින්නේ
පුන් කුසුමින් නෙළුමින් සරසන්නේ
පුන් කළසින් මහ සෑය පුදන්නේ

17. මාස ගණන් සිට අප සැරසෙන්නේ
වාසනාවමයි මතු වී එන්නේ
මහන්සි නොබලා මල් නෙලමින්නේ
දාස් පෙතිය මල් මාල පුදන්නේ

18. මිහිතලයට සිරි සැපත සදන්නේ
සීල සුවඳ මුනි ගුණ සිහි වන්නේ
වීතරාගී බුදු සමිඳු පුදන්නේ
සීතල පැන් සැයටයි පුදන්නේ

19. සිහිලැල් පවනේ සිසිල දනෙන්නේ
බිහිසුණු සසරින් එතරට යන්නේ
විහිදුනු සුවඳට සිත සැනසෙන්නේ
මිහිරි ගිලන්පස අපි පුද දෙන්නේ

20. රන් දා සිත කුසලේ බල ගන්ටයි
බන්දා අකුසල් බැහැර කරන්ටයි
නින්දා බස් හැම විට දුරු වෙන්ටයි
කැන්දා ගෙන පින සැපත ලබන්ටයි

21. මිසදිටු බල පරදා ජය ගන්ටයි
දුසිල් පවිටු මිතුරන් නොලැබෙන්ටයි
රුපුන් නසන බුදු පිහිට ලබන්ටයි
නිතින්ම අප මුනි සසුන රකින්ටයි

22. සිල් රකිනා සඟරුවන රැකේවා
පිල් බෙදනා මිසදිටු දුරු වේවා
කල් නොයවා බුදු සසුන රැකේවා
ගෞතම සසුනේ පිහිට ලැබේවා

සාදු! සාදු!! සාදු!!!

රන්මැලි සෑයේ වරුණ අසන්ටයි...

01. සිරි මහ බෝ රජු නිතර වඳින්ටයි
රන්වැලි මහ සෑයත් නමදින්ටයි
ථූපාරාමය සිහි කරගන්ටයි
අටමස්ථානය මම නමදින්ටයි

02. සන්සුන් සිත් අප හට ඇති වෙන්ටයි
කන්කළු ලෙස බුදු ගුණ පවසන්ටයි
රන්වන් රැස් සෑයෙන් විහිදෙන්ටයි
රන්මැලි සෑයේ වරුණ අසන්ටයි

03. කකුසඳ කොණාගමන කසුප් බුදු
සිහි කළ මැන ඒ සම්බුදු ගුණ මුදු
පිරිණිවි සඳ මුනිවරු පුන් සඳ බඳු
යලි යුගයක් ආවා ලොව සම්බුදු

04. අඳුර නසන පහනක් විලසින්නේ
පවස නිවාලන ගඟුලක් වැන්නේ
සඳ එළියක් සේ සිසිලස දෙන්නේ
සිරි ගෞතම බුදු සමිඳු වඩින්නේ

05. දඹදිව් තලයේ හිමි වැඩ ඉන්නේ
දෙව් මිනිසුන් හට සැපත සදන්නේ
ලොව්තුරු මගඵල දහම ඇසෙන්නේ
ගෞතම බුදු සසුනයි බබලන්නේ

06. බුදු කරුණාවෙන් දෑස තෙමෙන්නේ
මුදු කෝමල සිරි පතුල් තබන්නේ
සුදු බුදු රැස් සිරසින් විහිදෙන්නේ
බුදු සමිඳුන් සිරිලකට වඩින්නේ

07. මහියංගණ කැළණිය නාදිවයින
සංසුන් කොට පවසා සම්බුදු බණ
පින්කෙත ලෙස සරසා මේ දිවයින
වැඩියා ගෞතම මුනි සැනසුම දෙන

08. සිරිපා සමනොල සිරසෙ තබන්නේ
පිනි පා කොට සුරිඳුන් නමදින්නේ
සතපා දිවමල් යහන් තනන්නේ
මුනි පා පහසින් පිරිසිදු වන්නේ

09. අටමස්ථානෙට සමිඳු වඩිනවා
සැට අමුණක සුදු මල් වැගිරෙනවා
වට කොට දෙව් බඹ පිරිස සිටිනවා
අටමස්ථානේ ලොව බබලනවා

10. රන්කොත බබලනවා නිල් අහසේ
පින්වතුනේ දැක ගනු මැන සිත් සේ
රන්බඳ දිස්වෙයි කිරි බුබුලක් සේ
රන්මැලි සෑ නමදිමු අපි සිත් සේ

11. සලන සෙමර මැද දිළි මැණිකක් සේ
චලන නොවන මහමෙර මුදුනක් සේ
මිලින නොකළ හැකි රන් පියුමක් සේ
බලනු මැනවි රන්මැලි සෑ සිත් සේ

12. මුදුන සිටම විදුලිය දල්වෙනවා
බුදුරැස් කැටි කළ කොඩි ලෙළ දෙනවා
මුදු මද පවනේ සුවඳ හමනවා
බුදු සසුනක ඇති සිරිය දනෙනවා

13. පුන් කළසේ ඇති නෙළුම් පිපෙනවා
රන් මල් ලෙස මල් මාල ගෙතෙනවා
පින් වරුසාවක් ලොවට වසිනවා
රන්මැලි සෑයෙන් රැස් විහිදෙනවා

රහසක් නැති බුදු සසුන දිලෙන්නේ...

01. රහතුන්ගෙන් දඹදිව බබලන්නේ
දහසක් හිරු සඳු විලස දිලෙන්නේ
මහසත් ගුණ ඇති හැම එක්වෙන්නේ
රහසක් නැති බුදු සසුන දිළෙන්නේ

02. සතළිස් පස් වසරක් ගත වන්නේ
සැම සිත් ලොව දහමට නතු වන්නේ
විකසිත කළ බුදු කිස නිම වන්නේ
පිරිනිවනට කල් බව දැන ගන්නේ

03. විසල් පුරේ අප මුනි වැඩ සිටි සඳ
කුසල් නොමැති මරු පැමිණ පෙරට වැද
සියල් සැපත දෙන සම්බුදු මඟ බිඳ
නොකල් ගමනකට ඇරයුම් ලද සඳ

04. සැම සත හට මෙත් සිත යොදමින්නේ
මුනි ගුණයට නැඹුරුව පවතින්නේ
අවරගිරට යන හිරු විලසින්නේ
පිරිණිවනට දින නියම කරන්නේ

05. අසූ වසක් මනු ලොවේ ගෙවන්නේ
ගැසූ ඇසුරු සැණ ලෙස නිම වන්නේ
විසූ තැනින් බැහැරට වඩිමින්නේ
නැසූ දුකින් නිවනට යොමු වන්නේ

06. කුසිනාරාවට මුනිඳු වඩින්නේ
වැසි පොද ලෙස දෙව්වරු රැස් වන්නේ
රිසි ලෙස මුනිඳුට යහන තනන්නේ
නිසි විලසට මුනිඳුන් සැතපෙන්නේ

07. සල් රුක් යුගලක් දෙපස තිබෙන්නේ
මල් වරුසාවක් විලස පිපෙන්නේ
කල් බලනා අප මුනි මෙලෙසින්නේ
සිල් ඇති සක්දෙවිඳුට පවසන්නේ

08. දෙවිඳුනි මේ බුදු සිරුර දැවුණ විට
ලැබෙයි ධාතු සොළොසක් වූ නැළියට
බෙදනා විට අට ද්‍රෝණක් විලසට
එක ද්‍රෝණක් රැක දෙනු වෙන රටකට

09. සයුරේ මුතු ඇටයක් විලසින්නේ
ඒ රට ඔබ සුරැකිය යුතු වන්නේ
සීහළ දීපය ලෙස දැනගන්නේ
ඒ රට තුළ බුදු සසුන දිලෙන්නේ

10. රාම ගමේ දාගැබක් තැනෙනවා
ද්‍රෝණයක් ම ධාතුන් ද රැඳෙනවා
නා ලොව නා රජවරු නමදිනවා
ඒ ධාතුන් සිරිලකට වඩිනවා

11. සීහලදීපේ සෑය තැනෙනවා
වීතරාගී බුදු ගුණය රැඳෙනවා
මිහිකත මුදුනේ මල්කඩ වෙනවා
ද්‍රෝණයක් ම ධාතුන් පිහිටනවා

එදා සුරැකුණි මුනිඳු දා...

01. අසා සක් දෙවිඳුගේ මේ බස
මහා කස්සප හිමි එදා
අජාසත් රජු හට ද දුන්නේ
ද්‍රෝණ සතකින් මුනිඳු දා

02. ලබා එක් ද්‍රෝණයක් රම්ගම
සදා දාගැබ තුළ රඳා
බෙදා ගන්නට නොහැකි විය එය
එදා සුරැකුණි මුනිඳු දා

03. දහම්සෝ නරපතිඳු දඹදිව
සහන් සිත් ලැබ සාසනේ
දහස් ගණනින් තනා දාගැබ්
පහන් සිත් මතුකළ තැනේ

04. සතක් වූ ද්‍රෝණයක් ධාතුන්
රැගෙන තැන්පත් කරමිනේ
රාමගම ඇති ධාතු ගන්නට
සිතක් පහළව සිටි තැනේ

05. රහත් මුනිවරු පැමිණ රජු වෙත
මුනිඳු වදහල දේ කියන්නේ
සාක්කියකට සිටින සක් දෙවි
ද්‍රෝණයක් ධාතුන් රකින්නේ

06. මහත් කොට ලොව සදන සෑයට
බුදු රජුන් වෙන්කොට තබන්නේ
රහත් ගුණයට හිස නමා රජු
ධාතු ගන්නට එහි නොයන්නේ

නා රජවරු නමළිති කරඬුව ගෙන...

01. හිමවතේ සිට ගලා බසිනා
නදී සැඩ පහරයි වදින්නේ
රම්ගමේ ඇති සෑය බඳ වට
සඳක් ගෙවෙනා ලෙස කැඩෙන්නේ

02. දිනක් ඒ දාගැබ කැඩී ගොස්
කරඬුව ද නදියට වැටෙන්නේ
මැණික් වරුසාවකට මැදි වුණ
රනක් ලෙස පහළට ඇදෙන්නේ

03. නිවන් ලැබ දුන් මුනිඳු ධාතුන්
මහා සයුරට වඩිමිනේ
ගමන් නවතා කෙමෙන් පහළට
වඩින කරඬුව දකිමිනේ

04. පවන් විලසින් රැලි නඟා යන
නාගයින් එය රකිමිනේ
දැනුම් දුන් විට නාග රජු හට
වැඳ වැටී එහි පැමිණුනේ

05. රන් රුවන් අතුරා යහන් මත
මැණික් දාගැබ කරමිනේ
මන් තුටින් මහකාල නා රජු
ලොවක් ලද ලෙස සතුටිනේ

06. නා අඟනන් මිණි වීණාවන් ගෙන
නා නැටුමෙන් මල් සුවඳ සඳුන් ගෙන
නා නා බුදු ගුණ කවිපද බැඳ ගෙන
නා රජවරු නමදිති කරඬුව ගෙන

දම්රජුගේ දම්සක සුරැකෙනවා...

01. දඹදිව් තලයේ පිපුණ සසුන් මල
කලින් කලට පරවෙන්නට යන කල
මලින් සුවඳ රොන් උරන බඹර කැළ
ලෙසින් දෙව්බඹුන් රකිති සසුන් මල

02. සම්බුදු බණ දුක් නිවන මගේ යන
අමතක කොට වාදයකට බැස ගෙන
ගෞතම සම්බුදු සසුන බැහැර වෙන
තැනට පැමිණි විට සිවුරු දරා ගෙන

03. පෙරට රහත් මුනිවරු වඩිමින්නේ
අකලට පරවෙන මල රැක ගන්නේ
රජවරු බුදු සසුනට පහදින්නේ
නිසි කල සංගායනා කරන්නේ

04. දම්සෝ නිරිඳුන් දායක වෙනවා
කම්පල අදහන හැම එක්වෙනවා
නිම් නැති බාධක දුරහැරලනවා
දම්රජුගේ දම් සක සුරැකෙනවා

සිරිලක ගෞතම සසුන දිලෙනවා...

01. නැවත සසුන් මඟ පිරිසිදු වෙන්නේ
ලොවට සෙතට රහතුන් වඩිමින්නේ
පිනට අපට මහ මිහිඳු නමින්නේ
අරහත් මාහිමියන් වැඩමන්නේ

02. තිස්ස නිරිඳු රජ කරනා කාලේ
මිස්සක පව්වට වඩිනා වේලේ
ලස්සන රුව ඇති සදහම් මාලේ
තිස්ස රජුට ලැබුණා ඒ කාලේ

03. සත්ගුණ ඇති හිමි දහම් දෙසන්නේ
ඇත් පියවර උපමාවට ගන්නේ
සෙත් සලසන තුන් සරණ ලැබෙන්නේ
තිස්ස නිරිඳු තෙරුවන් නමදින්නේ

04. දම් රජුගේ බුදු බණ අසමින්නේ
සංසාරේ දුක ගැන වැටහෙන්නේ
නම්මාගෙන සිත සිල් සුරකින්නේ
ළං වී ගෞතම සසුනට එන්නේ

05. අරිට්ඨ ඇමතිගෙ සිත පහදිනවා
පන්සියයක් කුමරුන් එක්වෙනවා
පින් පල දෙන යුගයක් මතුවෙනවා
ගෞතම සසුනේ පිහිට ලබනවා

06. පන්සියයක් ලක් පුතුන් සැදෙන්නේ
තුන් සිවුරෙන් ගත පොරවා ගන්නේ
සන්සුන් ලෙස නිවනට යොමු වන්නේ
ගෞතම බුදු සසුනයි බබලන්නේ

07. සඟමිත් තෙරණිය මෙහි වඩිමින්නේ
ජය සිරි මහ බෝධිය සමගින්නේ
පන්සියයක් අඟනන් එක්වන්නේ
ගෞතම සසුනේ පිහිට ලබන්නේ

08. සිරිලක අඟනන්ගේ සිත පහදා
බුදු සසුනේ පැවිදිව සෙත් සාදා
ා දුරු කළමින් කතුනට ඇතිා බ
සිරිලක බබලයි විලසින් පොහොදා

09. ගෞතම මුනිඳුගෙ ධාතු ලැබෙනවා
එය වට කොට දාගැබක් තනනවා
ථූපාරාමය ලෙස නමදිනවා
සිරිලක ගෞතම සසුන දිලෙනවා

10. අනුබුදු මාහිමි පෙරට වඩිනවා
බුදු සසුනට සඟ පිරිස සැදෙනවා
දහම විනය මැනැවින් පිහිටනවා
ථූපාරාමෙන් රැස් විහිදෙනවා

මෙන්න මෙතන මහ සෑය කරන්නේ...

01. දිනක් මිහිඳු හිමි මෙහි වඩිමින්නේ
දනක් උසට මල් මිටි පුදමින්නේ
පිනක් කරන නිරිඳුන් කැඳවන්නේ
මැණික් පිරුණු බිම ගැන පවසන්නේ

02. රජුනි ඔබට මුණුබුරෙක් ලැබෙනවා
නමින් ගාමිණී අභය කියනවා
මහ පින් ඇති ඔහු මෙහි රජවෙනවා
එකලට ගෞතම සසුන දිලෙනවා

03. සිරිලක එක්සේසත් කරවන්නේ
මෙන්න මෙතැන මහ සෑය කරන්නේ
ද්‍රෝණක් මුනි ධාතුන් පිහිටන්නේ
ගෞතම බුදු සසුනයි බබලන්නේ

04. තිස්ස නිරිඳු සතුටින් ඉපිලෙනවා
දෑත නළලෙ බැඳ සාදු කියනවා
එය සිහි කොට කුළුණක් තනවනවා
මහ සෑයට බිම් කොටස තබනවා

සසුන රකින දරුවෙකුයි පතන්නේ...

01. කාවන්තිස් නම් රජු රජ වෙනවා
කැළණි රජුගෙ දූ කුමරි ලැබෙනවා
විහාර මහා දේවියයි කියනවා
පින් ඇති බිලිදෙකු පතා සිටිනවා

02. සිරිලක සිරි සැප ලොවට ඇසෙන්නේ
පරසතුරන්ගේ උවදුරු එන්නේ
රජ පරපුර පසු බැස ගෙනයන්නේ
මිසදිටුවයි රට තුළ පැතිරෙන්නේ

03. එළාර නම් රජු මෙහි පැමිණෙන්නේ
ලබා සෙනඟ දඹදිවින් ගෙනෙන්නේ
බලා සිටින විට රට පිරිහෙන්නේ
අවාසනාවේ යුගයකි එන්නේ

04. රුහුණට කාවන්තිස් රජු යන්නේ
නුහුරට යන සතුරන් රජ වන්නේ
බුදු සසුනයි රැක ගත යුතු වන්නේ
විහාර මහා දේවිය ලතැවෙන්නේ

05. පුත් කුමරෙකු නැති දුකින් තැවෙන්නේ
සඟ රුවනට දන් පැනින් පුදන්නේ
සසුන රකින දරුවෙකුයි පතන්නේ
සිල් ගුණ දම් රැක පින් කර ගන්නේ

ගැමුණු කුමරු ලෙස උපත ලබනවා...

01. සිතුල් පව්වෙ සඟ ගණ වැඩ සිටිනා
විසල් ගුණය රැඳි සිල් කඳ දරනා
නිසල් සිතින් සමවත තුළ සිටිනා
කමල් පුදමු සඟ රුවනට තුටිනා

02. හෙරණ නමක් මේ අතර සිටින්නේ
ලෙඩ දුක් මැද දහමේ හැසිරෙන්නේ
අවසන් මොහොතට එළඹ සිටින්නේ
සඟ රුවනට මේ බව සැලවන්නේ

03. විහාර මහ දේවියට කියන්නේ
හනිකට එතුමිය එතැනට එන්නේ
හෙරණ නමගෙ සිත පහදාලන්නේ
බුදු සසුනයි රැක ගත යුතු වන්නේ

04. දේවියගෙන් ඇරයුමක් ලැබෙනවා
තම කුස පිළිසිඳ ගන්න කියනවා
පින් ඇති හිමි නම අපවත් වෙනවා
ගැමුණු කුමරු ලෙස උපත ලබනවා

05. පුර පස සඳ මඬලක් ලෙස වැඩෙනා
ගැමුණු කුමරු සසරේ පින් තිබෙනා
බල වීරිය ඥානය තුළ දිලෙනා
එඩිතර සිත ඇත සිරිලක රකිනා

ගැමුණු කුමරු සිරිලක රජ වෙන්නේ...

01. සැප විඳුමට රජකම නොපතන්නේ
බලතණ්හාවෙන් වියරු නොවන්නේ
සැප සලසන්නට සියලු සතුන්නේ
රට රැක ගන්නට සටනට එන්නේ

02. මිසදුටු බල හැම සුන් වී යන්නේ
පරසතුරන්ගෙන් රට මුදවන්නේ
යළි සිරිලක එකසේසත් වන්නේ
ගැමුණු කුමරු සිරිලක රජ වන්නේ

03. රහතුන්ගෙන් ආසිරි ලැබ ගන්නේ
ගෞතම සසුනට ආල වඩන්නේ
දන් පැන් පුදමින් පින් කර ගන්නේ
දෙව්ලොවටත් කිතුගොස පැතිරෙන්නේ

04. සටන් වැදී සතුරන් සමගින්නේ
සිටි කල ලුණු මිරිසක් වළඳින්නේ

සඟ රුවනට පිදුමට බැරි වන්නේ
වරදක් බව එය සිහි කරලන්නේ

05. සිරස නමා සඟ රුවන පුදන්නේ
වරදට පිළියම් ඇතැයි කියන්නේ
සරසන සිත පින්කමක් කරන්නේ
මිරිසවැටිය මහා සෑ කරවන්නේ

බබලවයි බුදු සසුන කුමරුන් රහත් යුගයට උර දෙමින්...

01. රජ මැදුරේ කරඬුවක් තිබෙනවා
ඒ තුළ සොඳ රන් පතක් දිලෙනවා
ගැමුණු රජුට කියවන්ට ලැබෙනවා
මේ අයුරින් එහි ලියා තිබෙනවා

02. මිහිඳු මාහිමි දෙවන පෑතිස් - රජුට මෙලෙසින් වදහලේ
සියලු සිරිලක සතුරු බල බිඳ - මුණුබුරෙක් රජ වන කලේ
දුටුගැමුණු යන නමින් පරසිඳු - සිටින පතුරා තෙද බලේ
උතුම් ගෞතම සසුන බබලන - යුගය එනු ඇත එම කලේ

03. තව්තිසාවේ සුධර්මා නම් - දෙව් සභාවේ විලසිනේ
මහල් නවයක් උසින් දිලෙනා - උතුම් මැදුරක් කරමිනේ
සිල් පුරන්නට සඟරුවන හට - පොහොය ගෙය එහි බඳිමිනේ
ලෝව මහ පා නමින් ලොව එය - දිලෙනු ඇත හිරු විලසිනේ

04. උසින් එක්සිය විසි රියන් ඇති - මහා සෑයක් තනවමින්
ද්‍රෝණයක් මුනි ධාතු රදවා - ස්වර්ණමාලී යන නමින්

කල්පයක් බුදු ගුණ ගයන්නට - දෙව් මිනිස් හැම එක්වෙමින්
බබලවයි බුදු සසුන කුමරුන් - රහත් යුගයට උර දෙමින්

05. ගැමුණු කුමරු සතුටින් ඉපිලෙන්නේ
ඔල්වරසන් දී සාදු කියන්නේ
මල් පිපෙනා පින් යාය දකින්නේ
සිල් ගුණ ඇති සඟරුවන වඳින්නේ

06. අසනු මැනවි පින්වත් හිමි වරුනේ
පොහොය ගෙයක් තනවන්නට සිතුණේ
දෙව්ලොව වෙත එක නමක් වඩිමිනේ
ගෙන එනු මැන සැලසුමක් විගසිනේ

ලෝවාමහපාය පිදුවා වඩන රුති...

01. අරහත් ගුණැති සඟරුවන ද රැස් වෙනවා
රහතුන් අට නමක් ගමනට එක් වෙනවා
ඇතින් දෙව් විමන් සොඳුරුව දිස් වෙනවා
රහතුන්ගේ නෙතට විමනක් ලක් වෙනවා

02. හරණී නමින් යුතු දෙව්දුවගේ විමන
බබලයි කුළුගෙවල් දහසින් යුතු රනින
මන්මත් කරන දුටු විට එම දෙව් විමන
දහසක් දෙවඟනන් නිති එහි සැරි සරන

03. රහතුන් වඩින විට එම දෙව් විමන වෙත
හරණිය පැමිණ වැඳ යොමු කොට සැදැහැ සිත
විමසන විටදි රහතුන් ඇගෙ පෙර පුවත
පවසයි මෙලෙස මතු කොට පෙර පිනක වත

04. පින්වත් හිමිවරුනි මේ කප තුන් වෙනිව
කස්සප බුදු සමිඳු වැඩසිටි සැක නැතිව
පතුරන විටදී සදහම් බුදු බල ඇතිව
හැසිරුණි පිනැති අය බුදු දහමට නතුව

05. විසුවා දාසියක් ලෙස මා එහි එකල
වැඩියා සඟරුවන මා සිටි නිවස තුල
සකසා පිරිසිදුව දන් පැන් පිසින කල
වැඩුවා බුදු ගුණම හිමියනි මම එකල

06. පන්සිල් සුරැක තුන් සරණය මුලට තබා
දන් පැන් පිසින විට වෙහෙසකට පසු නොබා
සන්සුන් සිතින් සිට සුදනන් ඇසුර ලබා
දැන් මම සැප විඳිමි මේ දෙව් විමන ලබා

07. අනුමෝදන්ව අරහත් මුනිවරුන් එය
මනුලොව ගෙන යන්ට සැලසුමට ගෙන මෙය
නව මහලකින් බබලන දෙව්දුවගෙ ගෙය
ඇන්දා රහත් මුනිවරු සළු පටක එය

08. ගෞතම සසුන වෙත අපමණ සැදැහැ ඇති
රහතුන්ගෙන් ලබා ඒ සළු පට රුවැති
නිරිඳුන් ගැමුණු තනවා නව මහල් ඇති
ලෝවාමහාපාය පිදුවා වඩන රැති

09. සතියක් පුරා මහ දන් පැන් පුදමින්නේ
යොදුනක් උස පොහොය ගෙය මෙහි තනවන්නේ
සිරසක් මත රැඳුණ මැණිකක් විලසින්නේ
සතුටක් ලබන රජ මේ බිමටයි එන්නේ

ස්වර්ණමාලි සෑ කළ මැන සිතලා...

01. ගල් කුළුනක තිබෙන සටහන දැක ගන්නේ
සිල් කඳ මිහිඳු මාහිමි බස සිහි වන්නේ
මල් පිඳු මහා සෑය ඉදිවන තැන දන්නේ
මල් මිටි රැගෙන රජු බෝ මළුවට යන්නේ

02. සිලි සිලි පත් දිලෙන බෝ සමිඳුන් ගාවා
සියපත් උපුල් පුදමින් සොඳ පැන් නහවා
ගන රන් පුරා අතුරා බෝ හිමි ගාවා
නිරිඳුන් වැඳ වැටී බැතිබර සිත පෑවා

03. මහ සෑ පිහිටුවන මෙතැනට රජු එනවා
ඒ මැද තිබෙන කුළුණ ඉවතට ගෙන යනවා
එනමුදු එක් රැකක් මේ බිම තනි වෙනවා
රජු හට එය ඉවත් කෙරුමට බැරි වෙනවා

04. නිරිඳුන් රහත් සඟරුවනට වඳිමින්නේ
සෑ බිම ඇති තෙළිඹු රැක ගැන විමසන්නේ
ඒ රන් තෙළිඹු රැක බාධාවක් වන්නේ
හිමියනි, එය කපන්නට බැරි බව දන්නේ

05. රහතුන් මේ සෑ බිමට වඩිනවා
තෙළිඹු රැකින් එළියක් විහිදෙනවා
දෙව් විමනක් ඒ තුළ මතු වෙනවා
දෙව් දුව රහතුන් වෙත පැමිණෙනවා

06. තෙළිඹු රුකින් බැස රහතුන් ගාවා
ස්වර්ණමාලි නම් දෙව්දුව ආවා
රහතුන් පා වැඳ හඬ හඬ බෝවා
රුක සිඳුමට නම් බැරි බව කීවා

07. රහතුන් දෙව් දුව සනසාලන්නේ
වෙන විමනක් සොයලා ලැබ දෙන්නේ
සතුටින් යුතු ඇය එය පිළිගන්නේ
රහතුන් හට යළි මෙය පවසන්නේ

08. ස්වර්ණ ගුණැති සම්දුනි මෙය අසලා
ස්වර්ණ වර්ණ බුදු ගුණ කැටි කරලා
ස්වර්ණමාලි යන මගෙ නම තබලා
ස්වර්ණමාලි සෑ කළ මැන සිතලා

09. ස්වර්ණ වර්ණ බුදු ගුණ කැටි වෙන්නේ
ස්වර්ණ ගුණැති රහතුන් වඩිමින්නේ
ස්වර්ණමාලි යන නම තබමින්නේ
ස්වර්ණමාලි මහ සෑය තනන්නේ

10. අසනු මැනව මෙය ස්වර්ණමාලියේ
ආවෙමු අපි මෙහි ස්වර්ණමාලියේ
වදිමු මුනිඳු ගුණ ස්වර්ණමාලියේ
වදිමු සෑය අපි ස්වර්ණමාලියේ

දෙවියන්ගෙන් මට උදව් ලැබෙන්ටයි...

01. ගැමුණු නිරිඳු බුදු ගුණ සිතමින්නේ
සිනිඳු සුමුදු යහනේ සැතපෙන්නේ
මුනි දාගැබ තැනුමට සිතමින්නේ
සුදු සේසත යට රජු සැතපෙන්නේ

02. ගෞතම අප මුනි ධාතු නිධන් කොට
ලොව්තුරු සෑයක් අහසේ මතුකොට
රැස් විහිදෙන කොත මුදුනේ සවිකොට
සෑය සදන්නට පින ඇත මා හට

03. අය බදු කිසිවක් අය නොකරන්ටයි
කිසිවෙකු හට පීඩා නොකරන්ටයි
සියලු දෙනට සැම සෙත සලසන්ටයි
දෙවියන්ගෙන් මට උදව් ලැබෙන්ටයි

04. සිතනා විට රජු මෙලෙසින් යහනේ
සිටි දෙව්දුව එහි දුරු කොට මානේ
සෑය කරන නිරිඳුට දෙන සහනේ
දෙව්දුව වැඩියා විමනක් ගානේ

05. අසනු මැනවි පින් ඇති දෙවි වරුණේ
ගැමුණු නිරිඳු කරනා පින වරුණේ
ගෞතම සසුනම බබලන කරුණේ
දෙනු මැන සහයෝගය දෙවි වරුණේ

06. දෙව් දුවගේ බස සැමට ඇසෙනවා
දෙව් විමනෙන් විමනට නද දෙනවා
සක් දෙවිඳුට මේ බව සැල වෙනවා
ගෞතම මුනිඳුගෙ බස සිහි වෙනවා

07. සක් දෙවිඳුන් දෙව් සබයට එන්නේ
දෙව් පිරිසට බුදු ගුණ පවසන්නේ
ලක්දිව ගෞතම සසුන දිලෙන්නේ
දූන් අප සැම එහි යා යුතු වන්නේ

08. විස්කම් දෙව් පුතු සිත සතුටින්නේ
සක් දෙවිඳුන් හට අවනත වන්නේ
දෙව් පිරිසක් සමඟින් එක් වන්නේ
සෑය තනන ලක්දිවට වඩින්නේ

09. ගෞතම මුනිඳුගෙ ගුණ සිහි කොට නිති
- දෙව්වරු අහසේ රැස් වෙනවා
ලෞකික ලොව්තුරු සැප සලසාලන
- සෑය බඳින්නට එක්වෙනවා

10. සව්සත පින් පල ලබන සසුන් මඟ
- බබලන ගමනට සිත් දෙනවා
ගෞතම සම්බුදු රැස් විහිදාලන
- සෑය බඳින්නට එක් වෙනවා

දෙව් පිරිස ද දැන් එක්වෙනවා...

01. අනුරපුරේ සිට යොදුනක් ගිය විට
ගම්භීර නමින් නදියකි ඇත්තේ
ඒ ගං ඉවුරේ ගඩොල් මැවී ඇත
බොරුවක් නොව පවසමි සත්තේ

02. ඊසාන දෙසට තුන්යොදුනක් ගිය විට
ආචාරවිටිය නම් ගම ඇත්තේ
රන්වන් බිජු ඇත විසිරී සැම තැන
වියතෙ පමණ රන් බිජු ඇත්තේ

03. පෙර දිග දෙස සත් යොදුනක් ගිය කල
තඹවිට නම් ගම හමුවෙනවා
ගෞතම මුනිඳුගෙ සෑය බඳින්නට
තඹ ලෝකඩ එහි හමුවෙනවා

04. ගිණිකොණ දෙස සිව් යොදුනක් ගිය කල
සමන් වැවේ ගම හමුවෙනවා
ඒ වැව් තෙර වැලි අතර රුවන් සිරි
මැණික් සියලු තැන මතුවෙනවා

05. දකුණු දෙසට අට යොදුනක් ගිය විට
අඹටකෝල නම් ගම ඇත්තේ
එහි ඇති මහගල් ලෙනක් පුරාවට
රිදී කඳක් මතු වී ඇත්තේ

06. බටහිර දෙස පස් යොදුනක් ගිය කල
උරුවේල නමින් පටුනක් ඇත්තේ
මහ සයුරෙන් ගොඩ ගසා තිබෙන කඳු
දිලෙනා මුතු පබළු ද ඇත්තේ

07. උතුරු දෙසට සත් යොදුනක් ගිය විට
පෙලවැව නම් ගම හමුවෙනවා
එහි ගලනා දිය කඳු රැලි අතරේ
සුවිසාල මැණික් ගල් මතුවෙනවා

08. ගැමුණු රජුට මේ ගැන සැලවෙන විට
ලොව්තුරු බුදු ගුණ සිහිවෙනවා
ගෞතම සසුනේ සෑය බඳින්නට
දෙව් පිරිස ද දූන් එක්වෙනවා

මහ සෑ බිම මැනැවින් සකසනවා...

01. මහා සෑ තනවන බිම සරසන්නේ
මිහිරි සුවඳ මල් වට අතුරන්නේ
සෑ බිම රන් නඟුලින් සාරන්නේ
සත් රියනක පස් ඉවත් කරන්නේ

02. සුණු ගල් කළු ගල් ගෙන්වා ගන්නේ
යෝධ පිරිස් යොදවා කොටවන්නේ
සෑ බිම ඒ කුඩු ගල් අතුරන්නේ
ඇතුන් ලවා සොඳ ලෙස තලවන්නේ

03. පොඩි හිමිවරු හිමවතට වඩිනවා
සුවඳ රැඳුන තෙත මැටි ගෙන එනවා
එයට ලොවේ නවනීත කියනවා
ගල් අතරේ ඒ මැටි තවරනවා

04. ඒ මත යලි කළු ගල් අතුරනවා
ඇතුන් ලවා එය තද කරවනවා
සිදුරු වැසෙන්නට මැටි අතුරනවා
ලෝහ දැලක් ඒ මතට යොදනවා

05. බොරළු දමා යළි තද කරවනවා
පළිඟු මැණික් හිමවතින් ගෙනෙනවා
සුවඳ සිනිඳු මැටි එහි තවරනවා
රසදිය මැලියම් උඩට දමනවා

06. ලෝහ තහඩුවක් එහි රඳවනවා
අට අඟලක් සණකම පවතිනවා
සිරියල් කුඩු තල තෙලින් අනනවා
තවරා තද කොට බිම සකසනවා

07. රිදී තහඩුවක් උඩින් තබනවා
අඟල් සතක සණකමක් තිබෙනවා
මහ සෑ බිම මැනවින් සකසනවා
මුල් ගල් තැබුමට කල් පැමිණෙනවා

පුන් පොහොයට වෙසක් දිනේ එය කළ යුතු වන්නේ...

01. ගෞතම මුනිඳුගෙ සසුනේ - සිත පහදා ගන්නේ
සුන්දර සිත් ඇති රහතුන් - බැහැ දකින්ට යන්නේ
මුල් ගල තැබුමට සෑයේ - දිනයයි ළං වන්නේ
පුන් පොහොයට වෙසක් දිනේ - එය කළ යුතු වන්නේ

02. පින්වත් මගෙ හිමිවරුනේ - අසා වදාරන්නේ
රන්මැලි මහ සෑයේ වැඩ - අරඹන්නට යන්නේ
පුන් පොහෝ දින හෙටයි අපට - වෙසක් උදාවන්නේ
මංගල මුල් ගඩොල තබන - තැනට වැඩමවන්නේ

03. රට වැසියන් සැම දෙන හට - අඬ බෙර පතුරන්නේ
පින්වත් ජනයනි, හෙට දින - පැමිණිය යුතු වන්නේ
සිල්ගෙන පොහොදා පෙහෙවස් - බුදු පුද කරමින්නේ
මහ සෑ මුල් ගල තබන්ට - නිසි කල පැමිණෙන්නේ

ගැමුණු නිරිඳු ඒ පිරිවර පෙරටුව සක් දෙවිඳුන් විලසින් පැමිණෙනවා...

01. දෙව් විමනක් ලෙස අනුරපුරේ හැම
- මංමාවත් සැරසී යනවා
ගෞතම මුනිඳුගෙ සෑය බඳින මඟ
- පුන් කලසින් බැබලී යනවා
සුන්දර කිංකිණි ජාල සීනු හඬ
- තාලයකට නද දී යනවා

දෙව් පිරිස ද මල් සුවඳ සඳුන් ගෙන
- සුන්දර පිනකට එක් වෙනවා

02. නුවරට එන මහ දොරටු සතර ළඟ
- කරණ්ඩවැමියන් තබවන්නේ
වෙහෙරට එන සැම දෙනට සතුට දෙන
- රැවුල් කපා හිස සරසන්නේ
පොකුණට ගොස් දිය නා පැමිණෙන විට
- සුදුවත් අලුතින් ලැබදෙන්නේ
පිනකට යන ගමනට එක්වෙන සැම
- සිනිඳු සුදුවතින් සැරසෙන්නේ

03. දන්සැල් පෙල දෙපසේ තනවා ඇත
- මිහිරි බසකි එහි පවසන්නේ
පින්වතුනේ අනුභව කළ මැන මෙය
- යන වදනයි සවනට එන්නේ
සන්සුන්ව ගොසින් එහි දන්සැල් වැඳගෙන
- දන් වෙන තැනකට පැමිණෙන්නේ
සුවඳ සඳුන් නිල් මහනෙල් මල් ගෙන
- මිටිය බැගින් සැමටම දෙන්නේ

04. ඇතින් සක් නද ගුවනට යනවා
- මංගල බෙර හඬ පැතිරෙනවා
හේවිසි තම්මැට හොරණෑ සද්දෙන්
- අවට ගිගුම් දී නද දෙනවා
දහස් ගණන් දෙව්ලිය සිරි පාමින්
- අඟනන් නටමින් දන් එනවා
විදුලිය සේ අත් පා ළෙල දෙවමින්
- තාලයකට ගී පවසනවා

05. ගැමුණු නිරිඳු ඒ පිරිවර පෙරටුව
- සක්දෙව් විලසින් පැමිණෙනවා
ඇමති මැතිඳුවරු රජ පිරිවර ගෙන
- නිරිඳු පිටුපසින් එක්වෙනවා
තව්තිසාවෙ දෙව් පිරිවර විලසින්
- දුටුවන් මන්මත් කරවනවා
අරහත් මුනිවරු වෙත පැමිණෙන රජු
- වැඳගෙන මේ ලෙස පවසනවා

වඩිනු මැනවි හිමිවරුනේ මෙබිමට දැනෙන ලෙසට සම්බුදු ගුණ වරුණේ...

01. ගෞතම මුනිඳුගෙ සරණ ලබාගෙන
- සසරෙන් එතෙරට වැඩි හිමිවරුනේ
පවසාලනු මැන තුන් ලොව සැනසෙන
- සම්මා සම්බුදු මුනි ගුණ වරුණේ
ගෞතම මුනිඳුගෙ සෑය බඳින්නට
- දෙව් මිනිසුන් සැමගේ සිත හැරුණේ
වඩිනු මැනවි හිමිවරුනේ මෙබිමට
- දැනෙන ලෙසට සම්බුදු ගුණ වරුණේ

02. ඉන්ද්‍රගුප්ත නම් අරහත් මා හිමි
- අසූ දහක් රහතුන් පිරිවර ගෙන
දඹදිව රජගහ නුවරින් නික්මී
- අහසින් මෙතනට වැඩමන්නේ
ධම්මසේන නම් අරහත් මාහිමි
- දොළොස්දහක රහතුන් පිරිවර ගෙන

බරණැස ඉසිපතනේ මිගදායෙන්
- අහසින් මෙතනට වැඩමන්නේ

03. පියදස්සී නම් අරහත් මාහිමි
- සැටදහසක් රහතුන් පිරිවර ගෙන
සැවැතේ දෙව්රම් වෙහෙරෙන් නික්මී
- අහසින් මෙතනට වැඩමන්නේ
මාහිමිගේ නම බුද්ධරක්ඛිතය
- රහතුන් දහඅටදහසක් සමගින්
විසල්පුරේ මහ වනයෙන් නික්මී
- අහසින් මෙතනට වැඩමන්නේ

04. මහාධම්මරක්ඛිත නම් මාහිමි
- තිස් දහසක් රහතුන් පිරිවර ගෙන
කොසඹෑ නුවරේ ඝෝෂිත අරමින්
- අහසින් මෙතනට වැඩමන්නේ
උදේනි නගරේ දක්ඛිණ වෙහෙරින්
- සම සතලිස් දහසක රහතුන්
මහාධම්මරක්ඛිත හිමියන් හා
- අහසින් මෙතනට වැඩමන්නේ

05. පැළලුප් නගරේ අශෝකරාමෙන්
- එක්සිය සැට දහසක් රහතුන්
මිත්තින්න නමින් යුතු රහතුන් සමගින්
- අහසින් මෙතනට වැඩමන්නේ
කාෂ්මීරයේ මණ්ඩල පෙදෙසින්
- දෙලක්ෂ සැට දහසක් රහතුන්
උත්තින්න නමින් යුතු රහතුන් සමගින්
- අහසින් මෙතනට වැඩමන්නේ

06. පල්ලවභෝගේ ජනපදයේ සිට
- සාරලක්ෂ සැට දහසක් රහතුන්
මහාදේව නම් මාහිමි සමගින්
- අහසින් මෙතනට වැඩමන්නේ
යෝනක රට අලසන්දා නුවරින්
- තිස් දහසක් රහතුන් පිරිවර ගෙන
මහාධම්මරක්ඛිත මාහිමියන්
- අහසින් මෙතනට වැඩමන්නේ

07. වින්ධ්‍යා වන වත්තනිය සෙනසුනෙන්
- උත්තර නම් රහතුන් සමගින්
සැට දහසක් රහතුන් පිරිවර ගෙන
- අහසින් මෙතනට වැඩමන්නේ
බුද්ධගයාවේ බෝමැඩ වෙහෙරින්
- චිත්තගුත්ත රහතුන් සමගින්
තිස් දහසක සිල් ගුණ ඇති රහතුන්
- අහසින් මෙතනට වැඩමන්නේ

08. වනවාස දෙසේ වන සෙනසුන් අරනින්
- චන්ද්‍රගුප්ත නමඇති රහතුන්
අසූ දහක් රහතුන් පිරිවරගෙන
- අහසින් මෙතනට වැඩමන්නේ
කයිලාස විහාරෙන් හිමාලයේ සිට
- සූරියගුප්ත නම ඇති රහතුන්
අනූ දහසකින් රහතුන් සමගින්
- අහසින් මෙතනට වැඩමන්නේ

09. අපගේ මේ සිරි ලංකාදීපෙන්
- ඒ ඒ තැන පිහිටිය අරනින්

වැඩියා ගෞතම මුනිඳුගෙ සසුනේ
- සරණ ලැබූ උත්තම රහතුන්
පමණ කරන්නට නොහැකි ය ඒ සැම
- කසාවතින් බබලන රහතුන්
ගෞතම මුනිඳුගෙ සෑය බඳින දින
- රැස් විය ලෝ දස දෙස රහතුන්

රන්මැලි සෑ සීමා මතුවන්නේ...

01. සසුන’ඹරේ දිලෙනා තරු වැන්නේ
සඳ එළියක් සේ එළිය කරන්නේ
හිරු රැස් විලසින් අඳුර නසන්නේ
ගෞතම බුදු සසුනයි බබලන්නේ

02. අරහත් මුනිවරු අහසේ වඩිනා
බුදු සව්වෝ වෙති මුනිඳු තිලෝනා
ගෞතම සම්බුදු සසුන බබලනා
වඳිමි රහත් සඟ නුවණින් දිලෙනා

03. ගැමුණු නිරිඳු සඟරුවන වඩින්නේ
පිපි කුසුමින් දෝතින් පුදමින්නේ
සඟරුවනේ ආසිරි ලැබ ගන්නේ
නිරිඳු හනික සෑ බිම වෙත එන්නේ

04. රන් ටැඹ සෑ බිම මත සිටුවන්නේ
රන් නූලෙන් කෙවිටක් බඳවන්නේ
රන් රේඛාවෙන් රවුම සදන්නේ
රන්මැලි සෑ සීමා මතු වන්නේ

05. සිදුහත් නම් මහ තෙරුන් වැඩම කොට
රජු සමගින් එක් වී සෑ මළුවට
රන්මැලි සෑයට පළල නියම කොට
ආසිරි පැතුවා ගැමුණු නිරිඳු හට

මුල්ගල තැබුමට රජු සැරසෙන්නේ...

01. සැදැහැ සිතින් නිරිඳුන් ඉපිලෙන්නේ
නොසැලෙන අදිටන පෙරටම ගන්නේ
බලවීරිය යුතු පින සමගින්නේ
මුල් ගල තැබුමට රජු සැරසෙන්නේ

02. දිසා අටට පුන් කලස් තබනවා
සුවඳ හමන මැටි බිම සරසනවා
නිරිඳු ගඩොල දෝතට ගෙන එනවා
පෙරදිග පෙදෙසින් ගඩොල තබනවා

03. අරහත් මුනිවරු පිරිත් කියනවා
සමන්පිච්ච මල් මළුවෙ වැටෙනවා
දෙව් බඹ අහසේ සාදු කියනවා
මිහිකත සැදැහෙන් කම්පා වෙනවා

04. ඇමතිවරුන් අත ගඩොල් තිබෙන්නේ
ඉතිරි දිසා වෙත ගමන් කරන්නේ
සැදැහැ සිතින් සැමගේ සුරතින්නේ
සුවඳ ගඩොල් මෙහි පිහිටාලන්නේ

රහත් නමක් දැන් බණට වඩිනවා...

01. සැම දෙන සතුටින් බුදුන් වදිනවා
දහම් අසන්නට සිත යොමු වෙනවා
අරහත් මුනිවරු බවුන් වඩනවා
රහත් නමක් දැන් බණට වඩිනවා

02. පියදස්සී අරහත් මාහිමියන්
- රැස් වූ පිරිසට දහම් දෙසන විට
සතලිස් දහසක් සැදැහැවතුන් එහි
- පත්වූවා පළවෙනි මගඵලයට
සකදාගාමීවන්නට පින් ඇති
- දහසක් දෙන ඵලයට පත්වන විට
අනාගාමී ඵලයට පත්වීමෙන්
- ලැබුණි නිවන් මග දහසක් දෙන හට

03. සියලු කෙලෙස් හැම ගෙවා දැමීමෙන්
- දහසක් අරහත් ඵලය ලබනවා
දහ අටදහසක් සඟ පිරිස ද එහි
- සසරින් එතෙරට ගමන් කරනවා
තුදුස් දහසකින් යුතු මෙහෙණින් එහි
- කෙලෙස් නිවා දෙන නිවන ලබනවා
එවිට සාදු හඬ ඇසුණා අහසේ
- සාදු! සාදු! බුදු සසුන දිලෙනවා

විශ්මකර්ම දෙව්පුතුගේ බැල්මෙන් විස්මිත වඩුවෙක් එහි එන්නේ...

01. ගැමුණු නිරිඳු සැදැහෙන් ඉපිලෙන්නේ
- සතියක් මහ දන් පුද දෙන්නේ
සෑ බිම අවටින් මණ්ඩප තනවා
- දහඅට තැනකදි දන් දෙන්නේ
ගෞතම මුනිඳුගෙ සෑය කරන්නට
- ශිල්ප දන්න අය කැඳවන්නේ
විශ්මකර්ම දෙව්පුතුගේ බැල්මෙන්
- විස්මිත වඩුවෙක් එහි එන්නේ

02. රන්තලියක සොඳ පැන් පුරවාගෙන
- ගැමුණු නිරිඳු වෙත පැමිණෙනවා
තව දිය දෝතක් අත රඳවා ගෙන
- ඒ පැන් මත පහරක් දෙනවා
පළිඟු ගෝලයක් විලසින් බුබුලක්
- රන්තලියෙන් මතු වී යනවා
නිරිඳුනි මේ දිය බබුල හැඩය ඇති
- රන්මැලි සෑ මා කරවනවා

03. පැහැදුණී නිරිඳුන්ගේ සිත බොහො සේ
- එළෙසින් දා ගැබ කරන ලෙසේ
මිනිසුන් නොපෙලා ගඩොල් ගෙනෙන්නේ
- සෑය තනන්නට මා කෙලෙසේ
හිතන කලට මෙත් කුලුණු යොදා සිත
- දෙව් පිරිස ද ඒ දැන සතොසේ
තැබුවා සෑයේ සිව් දොරටුව ළඟ
- සියලු ගඩොල් ගෙනැවිත් නොලසේ

පව් නසාලන පින් පුරා දෙන වඳිමු රන්මැලි සෑ බලා...

01. දෙවියන්ගේ උපකාර ලබන රජු
- මෙත් සිත දස දෙස පතුරනවා
ලොවට උතුම් වූ සෑය බඳින්නට
- නොමිලේ කිසිවක් නොකරනවා
සිව් දොරටුව ළඟ සොළොස් ලක්ෂයක
- රන් කහවනු නිති තබවනවා
මිහිරි බොජුන් හා සුවඳ සඳුන් හැම
- සිරි සාර බුලත් විට එහි දෙනවා

02. ගෞතම මුනිඳුගේ සිව්වණක් පිරිස යුතු
- දේව මිනිස් ලොව හැම පිරිසේ
පේලි සැදී මහ සෑය බඳින සිත
- යොදවා බුදු ගුණ එක විලසේ
ගැමුණු නිරිඳුගේ තෑගි බෝග ලැබ
- දාගැබ කරවන විට සතොසේ
තනවන පේසා වළලු ගිලී යයි
- නව වාරයකට පුදුම ලෙසේ

03. ගැමුණු නිරිඳු ඒ ගැන බිය වෙනවා
- රහතුන් වැඳ එය විමසන්නේ
නිරිඳුනි, ඒ ගැන බියක් නොකළ මැන
- පේසා වළලු යළි නොගිලෙන්නේ
රන්මැලි සෑයට සවි බල දෙන්නට
- සඟරුවනයි එය කරවන්නේ

සෑය බඳින වැඩ කරගෙන යනු මැන
- අප සැම දෙන එක් වී ඉන්නේ

04. සුමන උත්තර යන නමින් යුතු
- රහත් දෙනමක් වඩිමිනේ
උතුරු කුරු දිවයිනේ තිබෙනා
- මේඝ කුළුගල් දකිමිනේ
තීරු කොට එය අසූ රියනට
- ඉර්ධි බලයෙන් පළමිනේ
රැගෙන වැඩියා දිලෙන ඒ ගල්
- අහස් ගමනින් වඩිමිනේ

05. සිව් දෙසින් බැඳි මල් යහන් මත
- සෙල් මුවා පතුරක් තබා
කල්පනා කොට යහන් වට කොට
- සිව් කොණේ යලි ගල් තබා
රන් රුවන් පුරවා යහන් මත
- මුනිඳු ගුණ කඳ සිත රඳා
පව් නසාලන පින් පුරා දෙන
- වඳිමු රන්මැලි සෑ බලා

මහ සෑයේ දාගැබ තැනවෙනවා...

01. ධාතු ගැබ මැද රනින් නිමවා
- බෝධි රුක කරවා සොඳින්
නේක පෙනුමැති පාට මැණිකින්
- නීල කොළ දළු තනවමින්
ඇත දිලෙනා විලස හිරු සඳු

- තාරුකා තනවා සොඳින්
වාසනාවන් මෙය අසන්නට
- සාසනේ දාගැබ තුලින්

02. පෙර දිගින් වජිරාසනේ මත
- දිලෙයි බුදු පිළිමය රනින්
එතන මැතින් සේසතක් ගෙන
- සිටී මහ බඹු සුදුවතින්
අනික් පස සක් දෙවිඳු ගේ රුව
- සංඛයක් ගෙන බැති සිතින්
පන්චසිඛ ගන්ධර්ව දෙව් පුතු
- සිටී වීණා ගෙන අතින්

03. මහා කාල නා රජුගෙ රුව ඇත
- අප්සරාවන් පිරිවරා
දහසකුත් අත් මවා ගෙන ඇති
- මාරයා ඇත අව්දරා
බිම්බරක් සේනාව සමගින්
- මේඛලා ගිරි ඇතු අරා
විහිදුවා අප මුනිඳු බුදු රැස්
- ලැබුවේ ඒ ජය ලොව්තුරා

04. බරණැසේ මිගදාය වනයේ
- උතුම් දම් සක් දෙසමිනේ
පංචවග්ගිය ශ්‍රමණවරුනට
- බණ කියන හැටි කරමිනේ
භද්දවග්ගිය කුල පුතුන් හැම
- යස කුමරු රුව තනමිනේ
සැට නමක් ලොව බුදු පුතුන් හැම

- විසිර යන රුව අඹමිනේ

05. වඩින විට රජගහා නුවරට
- නිරිඳු බිම්සර සෙත ලබන්නේ
සිව් දිසාවෙන් වඩින සඟනට
- වේළුවන උයනයි පුදන්නේ
සාරිපුත් මුගලන් අනඳ හිමි
- අසූ මහ සව්වරු නමින්නේ
බුදු රජුන් පිරිවරා සිටිනා
- රහත් මුනිවරු මෙහි අඹන්නේ

06. රුවන් සක්මන මෙහි තනන්නේ
- කිඹුල්වත් පුර ගොඩනගන්නේ
නන්ද රාහුල කුමරුවන්ගේ
- පැවිදි බව කැටයම් කරන්නේ
අනේපිඬු සිටු රනින් තැවරූ
- ජේතකුමරුගෙ බිම සඳන්නේ
ගඳ කිළිය හා අනඳ බෝධිය
- සමග දෙව්රම මෙහි කරන්නේ

07. දෙව් ලොවේ වස් වසා සංකස්
- වඩිනයුරු කැටයම් කරන්නේ
කිඹුල්වත මහා සමය දෙසුම ද
- රාහුලෝවාදය කරන්නේ
මහා මංගල රතන පිරිත ද
- අගුල්මල් දමනය කරන්නේ
ආලවක අපලාල නාරජු
- සච්චකගෙ දමනය අඹන්නේ

08. බාවරී බමුණුගේ පුවත ද
- පරායන දෙසුමන් අඟන්නේ
යමක මහ පෙළහරේ පුවත ද
- අඹ රුකක් සෙවනේ තනන්නේ
දෙව් බඹුන් බණ අසන අයුරු ද
- මෙහි රනින් කරවා තබන්නේ
දඹදිවේ බුදු සිරිත බැබලුන
- සිරිය මෙහි කැටයම් කරන්නේ

09. මරුගෙ ඇරයුම අනුව ආයුෂ
- අත් හලේ මුනිඳුන් එදා
චුන්ද කුමරුගෙ දන් ලබා ගෙන
- ගිලන් කයකින් වඩින දා
අනඳ හිමි දුන් පැන් ද වළඳා
- කකුත්ථා ගං තෙර එදා
වැඩ සිටින විට මල්ල කුමරුන්
- ඇඹුවෙ රන් සළු පිදුව දා

10. නුවර කුසිනාරා උයන් බිම
- පිපුණු සල් රුක් යුගල සෙවනේ
උතුරු දෙස හිස දමා සැතපී
- මුනිඳු අවසන් දෙසුම කෙරුනේ
දෙව් මිනිස් හැම දෑත් හිස් බැඳ
- හඬන විට දුක් කඳුළු මතිනේ
වැටුණි සල් මල් පිපී අකලට
- මුනිඳුගේ බුදු දෙනෙත වැසුණේ

11. මහ කස්සප තෙරුන් වැඩ එහි
- සිරිපතුල් සිප වැළඳ වැටුණේ

සඳුන් දර සෑ මත රඳා සිටි
- බුදු සිරුර ගිනි දැලින් වැසුණේ
ද්‍රෝණ අටකින් ධාතු සැදෙමින්
- මුනිඳුගේ බුදු සිරුර දැවුණේ
ද්‍රෝණ බමුණා ධාතු බෙදමින්
- සිටින'යුරු සෑ ගැබෙහි මැවුණේ

12. පෙර භවේ අප මුනිඳු මෙලොවේ
- තිරිඳු වෙසතුරු ලෙසින් සිටි කල
බෙදූ දන් අනුහසින් තුසිතේ
- සන්තුසිත දෙව්කුමරු විය බල
එයින් සැව මායා බිසව් කුස
- ලබා පිළිසිඳ සිටින මනකල
වෙසක් දින ලුම්බිණී උයනේ
- වඩින'යුරු විය ධාතු ගැබ තුළ

13. සිදුහත් රුව සණ රතින් තනන්නේ
යසෝදරා හා අතිනත ගන්නේ
විසිනව විය තෙක් ගිහිව සිටින්නේ
නිවන සොයා වනයට පිවිසෙන්නේ

14. ශ්‍රමණ වෙසක් ගෙන තපස් කරන්නේ
අපමණ දුක් කම්කටොළු දෙමින්නේ
සය වසරක කාලයක් ගෙවන්නේ
නිවනට යන මඟ පමණි සොයන්නේ

15. මහබෝ මැඬ වෙත මුනිඳු වඩින්නේ
විදුරසුනේ කුස තණ අතුරන්නේ
තිරසර අදිටන මතු වී එන්නේ
පළඟක් බැඳ භාවනා කරන්නේ

16. දහසක් අත් මවමින් මරු එන්නේ
ගිරි මේඛල ඇතු පිට නඟිමින්නේ
පිරිවර දසබිම්බරක් සිටින්නේ
නිවන් මඟට හැම අකුල් හෙලන්නේ

17. පාරමිතා බල මතු වී එනවා
සීල සමාධිය නුවණ වැඩෙනවා
සම්මා සම්බුදු පදවි ලබනවා
අපගේ ගෞතම මුනිඳු දිනනවා

18. දෙව්වරු වීණාගෙන සැරසෙනවා
සුවඳ මලින් මල් මාල ගොතනවා
කැඩපත් ගෙන මුතු වැල් අමුණනවා
සෑ ගැබ තුළ දෙව් රූ බබලනවා

19. සුවඳ තෙලින් යුතු පහන් දිළෙනවා
සසුන තිබෙන තුරු එළි විහිදෙනවා
සුවඳ සඳුන් මැටි එහි තවරනවා
සසුන තිබෙන තුරු සුවඳ හමනවා

20. රහතුන්ගේ ඉර්ධිය එක් වෙනවා
දෙවියන්ගේ ඉර්ධිය එක් වෙනවා
ගැමුණු රජුගෙ ඉර්ධිය එක් වෙනවා
මහ සෑයේ දාගැබ තැන වෙනවා

කරනෙමි සුවාමිනි, හෙට මුනි ධාතු නිධන්

01. ගාමිණී නිරිඳු රහතුන් වැඳ කී මෙලෙසින්
සම්බුනි ධාතු ගැබ මම නිම කළෙමි සොඳින්
සමණිඳු අප මුනිඳුගේ ධාතු ලැබුණොතින්
කරනෙමි සුවාමිනි, හෙට මුනි ධාතු නිධන්

02. බෝ මලුවට එදා රහතුන් රැස් වන්නේ
සෝණුත්තර නමින් සිටි හිමි කැඳවන්නේ
වෙහෙසක් නොගෙන නා ලොව යා යුතු වන්නේ
ද්‍රෝණක් මුනි ධාතු හනිකට ගෙන එන්නේ

03. නා ලොව ඇති ධාතු ගෙන එනු පිණිස යන
සෝණුත්තර හිමිට කෙලෙස ද ලැබුණෙ පින
ඒ ගැන දැනගන්න සවනත යොමනු මැන
පවසමි රහත් හිමි කළ පෙර දිනක පින

04. ගෞතම මුනිඳු වැඩසිටි දඹදිව එකලේ
නන්දුත්තර නමින් තරුණෙකි බමුණු කුලේ
රන්වන් බුදුරුවට පැහැදී සිටිය කලේ
දන් පැන් පුදන්නට විය බුදු බණට ලොලේ

05. ගං තෙර වැඩිය බුදු සමිඳුන් එක් දිනක
සඟ පිරිස ද කැටිව යන විට නැග නැවක
ගඟ මැද දිය අතර කැළඹුණ සුළිය දැක
භද්දජි නම් සමිඳු මෙය පැවසී නිසැක

06. පින්වත් හිමිවරුනි, මා පෙර භවයකදී
මහ පනාද නමින් රජ කළ යුගයකදී
වාසය කළ මාලිගය ඇත මෙහි කිමිදී
ඔය දිය සුළි නැගෙයි එහි කොත් මුදුනෙ වැදී

07. අන් හිමිවරුන් හට එහි සැක මතු වන්නේ
ගෞතම මුනිඳු හට මේ ගැන පවසන්නේ
භික්ෂුව, ඔබ ඒ පහය දන් ගොඩ අරගන්නේ
පෙන්වා එය සැකය දුරු කළ යුතු වන්නේ

08. සැනෙකින් භද්දජි හිමි වැඩ නිල් අහසේ
අතකින් සියුම් ගෙන සිළුමිණි සෑ නොලසේ
ගුවනින් වැඩම කොට එය පෙන්වා රිසි සේ
මෙලොවින් නැවත බඹලොව රැඳවී පෙර සේ

09. ගංගා දියේ ඇවිදින සක්මන් කරන
හිමියන් පා ඇඟිලි ගෙන දිය මත තෙමන
පටලා කොත් මුදුන ඒ පහයේ ගිලුණ
ඇද්දා උඩට පෙන්වන්නට රජ විමන

10. නැවතත් සෙමින් එය පහතට දමමින්නේ
තැන්පත් කොට ජලය නොම විසුරුවමින්නේ
වඩිමින් බුදු සමිඳු වඳිමින් පුද දෙන්නේ
දකිමින් සෙනඟ මෙය සතුටින් ඉපිලෙන්නේ

11. මෙය දුටු තරුණයා දන් පැන් පුදා තව
පැතුවා ලබන්නට ඒ ඉර්ධි බල තව
ලබමින් යළි උපත සිරිලකදි පැවිදිව
අරහත් වීය විස්මිත ඉර්ධිය ඇතිව

එනිසා මුනිධාතු අප හට දෙනු මැනැව

01. පොළොවේ කිම්ද හිමියන් නා ලොවට වැඩ
දමනය කරන්නට නා රජවරුන් සැඩ
සොයමින් නා විමනෙ යන විට ලබා ඉඩ
දුටුවා නා රජුන් හිමි නම වඩින හැඩ

02. පින්වත් නා රජුනි සිරිලක ඉදි කරන
රන්වැලි මහා සෑය තුළ තැන්පත් කරන
ද්‍රෝණක් මුනි ධාතු කරඬුව තුළ රැඳුණ
ගෙන යමි එය මෙමා හට දුන් පුදනු මැන

03. අසමින් භික්ෂුවගෙ බස රජු රවමින්නේ
ඉඟි කළ විටදි සොයුරු රජ හට සැණෙකින්නේ
මවමින් තුන්සියක් යොදුනැති විලසින්නේ
ගිල්ලා කරඬුව ද රහසින් රැක ගන්නේ

04. මහමෙර මත වෙලා දරණය සකස් කොට
සිටියා වාසුදත් රජු යොදුනක් දුරට
මතුකොට පෙණ මඬුළු දහසක් ලෙස යසට
සයනය කළා ගිණි දැල් දුම් යවා පිට

05. රහතුන්ගේ වචන නා රජු නොඅසන්නේ
වෙන වෙන කරුණු කියමින් මඟ හරිමින්නේ
කරඬුව තබා සිටි මැදුරට පිවිසෙන්නේ
මැණිකෙන් දිලෙන සෑ හිමි හට පෙන්වන්නේ

06. හිමියනි, බලනු මැන මෙහි මිණි මුතු   දිලෙන
ලක්දිව සියලු සම්පතට ද සම   නො වන
එනිසා තව වරක් මේ ගැන සිතනු   මැන
මහ පුද නොමැති තැනකට නොගෙන යනු   මැන

07. නා රජතුමනි එලෙසින් නොසිතුව   මැනව
මනුලොව සිටින ජනයා දහමට   නතුව
ලැබගති නිවන හා මගඵල බල   ඇතිව
එනිසා මුනි ධාතු අප හට දෙනු   මැනව

08. දහමේ හැසිරුණත් නා ලොව සැම   දෙනම
ලැබ ගත නොහැක මගඵල මෙම   භවයෙදිම
එනිසා බුදු සමිඳු ද්‍රෝණක් ධාතු   හැම
වෙන් කොට වදාළේ මහසෑය   පිණිසම

09. කොතෙකුත් කීවත් රජු   නාසන්නේ
දෙන්නට ධාතුන් නැතැයි   කියන්නේ
තිබෙනා තැනෙකින් ගන්න   කියන්නේ
මා ළඟ ධාතුන් නැතැයි   කියන්නේ

10. සියුම් අතක් හිමියන්   මවමින්නේ
නිදා සිටින නා රජුට   යොමන්නේ
කුස තුළ ඇති කරඬුව   අරගන්නේ
මහ වෙහෙරෙන් හිමියන් මතු   වෙන්නේ

11. තෙරිඳුන් ගිය පසු රජු   හිනැහෙන්නේ
නිදා සිටින නා රජු   කැඳවන්නේ
ගිලිනා ලද කරඬුව   සොයමින්නේ
එය නැති බව දැන සෝක   කරන්නේ

12. හඬමින් මනුලොව වෙත පැමිණෙන්නේ
රහතුන් වැඳ ඉල්ලමින් සිටින්නේ
කරුණා ඇති හිමිවරු වැඩ ඉන්නේ
ධාතු බිඳක් නා රජුට පුදන්නේ

13. සතුටින් ඉල්පෙන නා රජු එනවා
නා පිරිවර සමඟින් පැමිණෙනවා
ධාතු පුදන්නට මල් ද නෙළනවා
මහ සෑ තැනුමට සැම එක්වෙනවා

ද්‍රෝණක් මුනි ධාතු මහ සෑයට ලැබුණි

01. සක්දෙව් රජුන් ගෙන මිණි කරඬුවක් සොඳ
සිත්කළු බමරකඬුපුල් මල් ගෙන සුවඳ
ලස්සන මැණික් පළඟක අතුරා නිබඳ
ගෞතම බුදු සමිඳුගේ ගුණ කියන සඳ

02. සෝණුත්තර රහත් හිමි එහි පහළ වුණි
ද්‍රෝණක් මුනි ධාතු මහ සෑයට ලැබුණි
සෝකය නැතිව නාරජුන් එහි පැමිණුනි
ලෝකය සතුටුවන පිනට කල් එළඹුණි

03. නරනිඳු හිස තබා ගෙන කරඬුව සොඳිනේ
පවසන විටදී සැම දෙන අප මුනි වරුණේ
මුනිසඳු වඳින්නට දෙව්වරු පිරිවැරුණේ
පුද දෙන දේ පෙනුණි දෙව්වරු නොම පෙනුණේ

04. සතුටින් ඉපිළ ගිය අප ගාමිණී නිරිඳා
හෙලමින් තුටු කඳුළු හිස මත ධාතු රඳා
කියමින් බුදු සමිඳුගේ ගුණ සිත පහදා
පුදමින් සිහළ දීපය මෙය කීය එදා

05. සමිඳුන් තිලෝනා ගෞතම මුනිඳු මගේ
කෙලෙසුන් නසා වැඩි සඳ පිරිණිවන් මගේ
ලබමින් දෙව් මිනිස් සේ සත් කරන අගේ
වඩිමින් පුදම් සෑයට ලක් රජය මගේ

05. අරහත් සඟ පිරිස පෙරටුව සෑය වට
පැදකුණු කොට නිරිඳ කරඬුව ගෙන යසට
පෙරදිග දිසාවෙන් බසිමින් දාගැබට
තැන්පත් කරන්නට කරඬුව සිතන විට

සැණෙකින් ලස්සන බුදුරුව මැවුණා...

01. ඉර්ධි බලෙන් ඒ කරඬුව ඇරුණා
අන්න බලන් ඒ ධාතුන් වඩිනා
සැණෙකින් ලස්සන බුදු රුව මැවුණා
සවනක් සණ බුදු රැස් ද විහිදුණා

02. රහතුන් වැඳගෙන සාදු කියන්නේ
ගැමුණු නිරිඳු සැදැහෙන් ඉපිලෙන්නේ
අහසින් පරසතු මල් වැගිරෙන්නේ
සතුටින් සැමදෙන සාදු කියන්නේ

03. සුළු මොහොතකි ඒ බුදු රුව පෙනුනේ
දෙව් මිනිසුන් හට මඟ ඵල ලැබුණේ
නැවත ධාතු කරඬුවට වඩිමිනේ
ගැමුණු නිරිඳුගේ සිරසෙහි රැඳුණේ

04. රහතුන් නිරිඳුව වටකොට ගන්නේ
රන් පළඟින් කරඬුව ද තබන්නේ
අඟනන් පූජා පිණිස නටන්නේ
සුවඳ දියෙන් අත් සෝදා ගන්නේ

05. නිරිඳුන් යළි කරඬුව අරිමින්නේ
ධාතු මතට තම දෑත තබන්නේ
සම්බුදු ගුණ කඳ සිහියට ගන්නේ
මේ අයුරින් අදිටනක් කරන්නේ

06. දෙව් මිනිසුන්ගේ හිත සුව පිණිස ම
- මේ ධාතුන් වැඩ සිටිති ලොවේ
මා පවසන මෙය සැබෑ බසක් ම ය
- ඒ ගැන මට කිසි සැකක් නොවේ
එනිසා මේ රන් පළඟ මතට වැඩ
- අප මුනි ධාතුන් සදන සුවේ
සැතපෙනු මැන පිරිණිවන් වැඩිය ලෙස
- සල් රුක් යට කුසිනාරාවේ

07. ලෙව් සත සනසන ඒ මුනි ධාතුන්
- සැතපුණි පිරිණිවනට වැඩි සේ
ගෞතම සසුනේ පෙළහර දකිමින්
- මිහිකත කම්පා විය බොහො සේ
නිම් නැති සතුටින් ගාමිණි නිරිඳුන්

- පිදුවා සිරිලක් බිම සතොසේ
දෙව් මිනිසුන් සැම බුදු ගුණ කියමින්
- සතුටු වුණා හිරු සඳු ලද සේ

08. ගැමුණු නිරිඳු මෙලෙසින් පින් කරමින්
- මුනි ධාතුන් තැන්පත් කෙරුණේ
අරහත් මුනිවරු වැඳ සිත සතුටින්
- දාගැබ වැසුමට ඉඩ හැරුණේ
ගෞතම සසුනේ සැනසුම ලබමින්
- එහි සිටි රහතුන් පිරිවැරුණේ
ලක්ෂයකට වැඩි ඒ සඟරුවන ද
- මේ අයුරින් අදිටන් කෙරුණේ

09. ගෞතම මුනිඳුගෙ සසුන දිලෙන තුරු
- මේ මල් මේ අයුරින් ම තිබේවා!
ඒ සම්බුදු බණ ලොව පවතින තුරු
- දිලෙන පහන් සිළු නොනිවේවා!
බුදු සසුනේ සිසිලස පැතිරෙන තුරු
- සුවඳ මැටි ද මේ තෙත් වේවා!
වසනා ලද ගල් පියන් සැම ද මේ
- සිදුරු නැතිව එක්වී යේවා!

සාදු! සාදු!! සාදු!!!

නිවනට යන මග සුරැකේවා!

01. ගෞතම සම්බුදු සසුන රකින්නට
- දෙවියෝ අප හා එක් වෙත්වා!
ගෞතම සම්බුදු සසුන රකින්නට
- නා රජවරු මෙහි පැමිණෙත්වා!
ගෞතම සම්බුදු සසුන රකින්නට
- සතර වරම් දෙවිවරු එත්වා!
ගෞතම සම්බුදු සසුන රකින්නට
- සක් දෙවිඳුන් මෙහි පැමිණෙත්වා!

02. කළණ මිතුරු සඟරුවන වෙතින් නිති
- සම්බුදු බණ පද මට ද ඇසේවා!
නිවන සදන සිල් ගුණ සපුරන්නට
- ගෞතම මුනිඳුගෙ බණ සිහිවේවා!
දුවන සිතට සැනසුම ලැබ දෙන්නට
- සමාධියේ සිසිලස සැලසේවා!
පවන විලස පව් බැහැර කරන්නට
- විදර්ශනා නුවණ ද ඇති වේවා!

03. අකුසලයට කිසිවිට නොනැමී සිත
- කුසල් වඩන්නට යොමු වේවා!
පවිටු මිතුරු හැම ඇසුරෙන් දුරු වී
- කළණමිතුරු මඟ පෑදේවා!
නපුරු බසට අවනත නොම වී නිති
- එඩිතර සෘජු සිත පවතීවා!
සකල සතට සෙත සුවය සදන්නට
- තුනුරුවනේ සරණ ම වේවා!

04. අකලට පරවෙන මලක් විලස නොව
- ලෙඩ දුක් කරදර දුරු වේවා!
වරදට හසුවන කෙනෙක් විලස නොව
- නිසි යහමගට ම යොමු වේවා!
මරණෙට බිය වන කෙනෙක් විලස නොව
- සුගතියට ම සිත සැකසේවා!
සසරට යොමු වුණ කෙනෙක් විලස නොව
- නිවනට යන මඟ සුරැකේවා!

සාදු! සාදු!! සාදු!!!

බුදුරැස් විහිදෙන

සෝමාවතිය

මහා සෑ වන්දනාව

සාදු! සාදු! බුදුරුවන වඳින්ටයි

01. සාදු! සාදු! බුදුරුවන වඳින්ටයි
සාදු! සාදු! සදහම් නමදින්ටයි
සාදු! සාදු! සඟරුවන වඳින්ටයි
සාදු! සාදු! තෙරුවන් නමදින්ටයි

02. ගෞතම මුනිඳුගෙ සරණ ලැබෙන්ටයි
සම්බුදු බණ පද මට සිහි වෙන්ටයි
ලොව්තුරු සඟ ගුණ සිහි කරගන්ටයි
ගෞතම සසුනේ පිහිට ලබන්ටයි

03. වඳිමි වඳිමි බුදු සමිඳුන් වඳිමි
වඳිමි වඳිමි සිරි සදහම් වඳිමි
වඳිමි වඳිමි සඟරුවන ද වඳිමි
වඳිමි වඳිමි මම තෙරුවන් වඳිමි

04. අහසෙ සිටින දෙවිවරුන් වඩින්ටයි
මුහුදේ නා රජවරුන් වඩින්ටයි
සතර වරම් දෙවිපුතුන් වඩින්ටයි
සක් දෙවිඳුන් පින්කමට වඩින්ටයි

05. සෑය රකින දෙවිවරුන් වඩින්ටයි
පන්සිළු දෙව්පුතු ගීත ගයන්ටයි
විස්කම් දෙව්පුතු පිනට වඩින්ටයි
සෝමවතිය මහ සෑය වඳින්ටයි

06.	අප මුනිඳුගෙ දළදා	වැඳගන්ටයි
	මහ සෑයෙන් බුදුරැස්	විහිදෙන්ටයි
	අහස පුරා දෙවියෝ	වැඩඉන්ටයි
	සෝමවතිය මහ සෑය	වඳින්ටයි
08.	මහ සෑයේ රන් කොත	බබලන්නේ
	රන්වන් රැස් අහසට	විහිදෙන්නේ
	රන් විමනක රන් බුබුලක්	වැන්නේ
	සෝමාවතියෙන් රැස්	විහිදෙන්නේ
09.	සුදු රැස් ඇති කොත් කැරළි	දිලෙනවා
	සිළුමිණ මුදුනේ රැස්	විහිදෙනවා
	පළිඟු බුබුල සේ සෑය	දිලෙනවා
	සෝමාවති මහ සෑය	වඳිනවා
10.	බුදු රැස් සිහිවෙන කොඩි	පළඳන්නේ
	සුදු සෑ වට ඒ කොඩි ද	දිළෙන්නේ
	සුදු මුදු බුදු ගුණ සිහියට	එන්නේ
	සෝමාවති මහ සෑය	වඳින්නේ
11.	නා විමනෙන් කඩුපුල් ද	ගෙනෙන්ටයි
	නා පිරිවර බුදු ගුණම	ගයන්ටයි
	නා මෙනවියො සොඳ සඳුන්	පුදන්ටයි
	නා රජවරු මහ සෑය	වඳින්ටයි
12.	දෙව් ලොව සිට ඇත් පැටවුන්	එන්ටයි
	සෑය වටේ පැදකුණු කර	යන්ටයි
	දළදා සමිඳුට සුවඳ	පුදන්ටයි
	සෝමවතිය මහ සෑය	වඳින්ටයි

13. සැයෙන් හේවිසි හඬ පැතිරෙන්නේ
මල් වරුසා අහසින් වැගිරෙන්නේ
ගෞතම මුනිඳුගෙ ධාතු පුදන්නේ
දෙව්ලොව දෙවියන් සෑය වඳින්නේ

14. නිතර සැපත දෙන සසුන දිලෙන්ටයි
සතර අපායේ දොරටු වැසෙන්ටයි
නතර නොවී පින් එල රැස් වන්ටයි
සතර වරම් දෙව් සෑය වඳින්ටයි

15. ලක් බුදු සසුනයි නිති සුරකින්නේ
සෙත් මඟ මතු කොට සැපත සදන්නේ
රැස්වෙන දෙව් පිරිසත් සමඟින්නේ
සක් දෙවිඳුන් මහ සෑය වඳින්නේ

16. මහසෑයට සේසත් පුද දෙන්ටයි
මහමෙරටත් දුර සිට පැමිණෙන්ටයි
මහ මුනි ගුණ කඳ සිහි කරගන්ටයි
මහ බඹ පිරිස ද සෑය වඳින්ටයි

17. දිස්වෙන රන් රස විලස දිලෙන්නේ
ලස්සන සෑ බඳ වට දිලිසෙන්නේ
රැස්වෙන පින නිති සිහි කරමින්නේ
විස්කම් දෙව් පුතු සෑය වඳින්නේ

18. ගල්කුලකින් බුදුගුණ මතුවන්නේ
විස්කම් දෙව්පුතු බැල්ම හෙලන්නේ
ජීවමාන බුදුරුවකි පෙනෙන්නේ
සෝමවතිය සෙල් පිළිම වඳින්නේ

19. තිස්සෙම බුදු ගුණ සිහි කරමින්නේ
මෙත් කරුණා ගුණ දරා සිටින්නේ
සසන රකින්නට සිත යොදමින්නේ
විෂ්ණු දෙවිඳු මහ සෑය වඳින්නේ

20 කොත මුදුනේ සිට එළි විහිදෙන්නේ
සෑ බඳ වට රන් පහන් දිලෙන්නේ
පෝ දා පුන් සඳ ලෙස බබලන්නේ
ආලෝකෙන් මහ සෑය පුදන්නේ

21. පින් රැස් කෙරුමට අප සැම එන්නේ
සෝමවතිය සෑ අපට පෙනෙන්නේ
පුන් කලසින් නෙළුමින් සරසන්නේ
සාදු සාදු මහ සෑය පුදන්නේ

22. මිහිතලයට සිරි සැපත සදන්නේ
සීල සුවඳ මුනි ගුණ සිහි වෙන්නේ
වීතරාගී බුදු සමිඳු පුදන්නේ
සීතල පැන් සෑයටයි පුදන්නේ

23. සිහිලැල් පවනේ සිසිල දැනෙනවා
බිහිසුණු සසරින් එතෙරට යනවා
විහිදුනු සුවඳට සිත සැනසෙනවා
මිහිරි ගිලන්පස අපි පුදදෙනවා

24. රන්දා සිත කුසලේ බල ගන්ටයි
බන්දා අකුසල් බැහැර කරන්ටයි
නින්දා බස් හැම විට දුරු වෙන්ටයි
කැන්දාගෙන පින සැපත ලබන්ටයි

25. මිසදිටු බල පරදා ජය ගන්ටයි
දුසිල් පව්ටු මිතුරන් නොලැබෙන්ටයි
රුපුන් නසන බුදු පිහිට ලැබෙන්ටයි
නිතින්ම අප මුනි සසුන රැකෙන්ටයි

26. සිල් රකිනා සඟරුවන රැකේවා
පිල් බෙදනා මිසදිටු දුරු වේවා
කල් නොයවා බුදු සසුන රැකේවා
ගෞතම සසුනේ පිහිට ලැබේවා

සාදු! සාදු!! සාදු!!!

මුනිඳු ගෞතම අප තිලෝගුරු
බුදුරැසින් ලොව දසත විහිදූ

01. මුනිඳු ගෞතම අප තිලෝගුරු
- බුදුරැසින් ලොව දසත විහිදූ
සුමුදු බුදුවදනින් සදා සෙත
- ලොවට සිරි සැප සතුට සෑදූ
පුබුදුවන මුනි ගුණය කැටිකොට
- උතුම් සෝමාවතිය සෑදූ
දකුණු දළදා සමිඳු වඩිනෙමු
- දෑත නළලේ තබා සාදූ

02. සසර භව දුක නසා ලොව්තුරු
- අම නිවන් සිරි සැපත සෑදූ

විසිර තිලොවේ පැතිර පවතින
- නිමල සම්බුදු වදන් පැදූ
සොඳුරු සෝමාවතියෙ වැඩහිඳ
- නිතින් සුදු බුදු රැසින් විහිදූ
දකුණු දළදා සමිඳු වඳිනෙමු
- දෑත නළලේ තබා සාදූ

03. නේක සුවඳින් යුතු කුසුම් ගෙන
- සෑය බඳ වට සරසවන්ටයි
සෝක දුරුවන සෑසි මුනි ගුණ
- රඳුණු කොඩි වැල් එහි වෙලන්ටයි
ලෝකයට ආලෝක ලැබ දුන්
- මුනිඳු සෑයට එළිය දෙන්ටයි
සෝමවති මහ සෑය සරසා
- සාදු නාදෙන් ගිගුම් දෙන්ටයි

04. දෙව් බඹුන්ගේ වන්දනා මැද
- සෑසි මුනි ගුණ ලොව දිලෙන්ටයි
සව් සතන් සිත් පහන් වී හැම
- සියලු දුක් දොම්නස් නැසෙන්ටයි
සිව් අරිසස් දහම් ගුණ රැඳි
- සෝමවති මහ සෑ පුදන්ටයි
පව් නසා ලෙව් සැප සදා ලන
- දකුණු දළදා හිමි වඳින්ටයි

05. නා ලොවේ නා රජුන් නිතියෙන්
- පිදුම් ලද දළදා වඳින්ටයි
පෑ විකුම් ගුණ තේජසින් නිති
- රුවින් බුදුරැස් විහිදුවන්ටයි

සෑය සෝමාවතිය බබලන
- මල් පහන් සුවඳින් පුදන්ටයි
ඒ උතුම් දළදා වඳිම් මම
- නිතින් බුදු සරණ ම ලබන්ටයි

06. මහ බඹුන් සිව් වරම් දෙවිඳුන්
- සුමන සුරිඳුන් සෑ වඳින්ටයි
දෙව් බඹුන් පිරිවරා සක් දෙව්
- මදාරා මල් කැන් පුදන්ටයි
නිල් ගුවන් තලයේ සුරන්ගෙන්
- පිදෙන මල් සෑයට වැටෙන්ටයි
සාදු සාදු පින් පුරාගෙන
- සිව් අපායෙන් අපි මිදෙන්ටයි

07. වළාකුළු සේ සෑය වටකොට
- දළ ඇතුන් මහ සෑ වඳින්ටයි
අලාමක මුනි ගුණට නතු වී
- නෙළුම් කුසුමින් සෑ පුදන්ටයි
මුළා නොවනා මඟක් පැවසූ
- උතුම් සම්බුදු බණ අසන්ටයි
ගලා හැලෙනා සාදු නාදෙන්
- සෝමවති මහ සෑ පුදන්ටයි

08. විදා හල පිල් කළඹ යුතු ඒ
- මොණර කැළ මහ සෑ වඳින්ටයි
නිදා සිටි කොවුලන් ද අවදිව
- උතුම් සම්බුදු ගුණ ගයන්ටයි
මුදා හරිනා බුදු රැසින් නිති
- සියලු ලෝ ගැබ බබුලුවන්ටයි

සදාකාලෙන් සදාකාලෙට
- සෝමවති මහ සෑ වඳින්ටයි

09. මහාවැලි ගංතෙරෙහි වැඩ හිඳ
- සුදෝසුදු එළියෙන් දිලෙන්ටයි
මහා මුනි ගුණ කඳින් බැබලී
- හුදෙකලාවේ සුව විඳින්ටයි
කහාවණු පැහැ දිලෙන මේ මල්
- සෑය වටකොට සරසවන්ටයි
වහා වැටහෙන නුවණ ලැබුමට
- සෝමවති මහ සෑ වඳින්ටයි

11. රන් වනින් දිලෙනා පහන් සිළු
- සෑ රදුන් හට නිති පිදේවා
මන් තුටින් සුවඳින් පුදාගෙන
- සෑය වට හැම සුවඳ දේවා
කන් පිනා යන උතුම් බුදු ගුණ
- දනන් තුඩ තුඩ නිති ගැයේවා
පින් පුරා ගෙන ගෙවන සසරේ
- නිමාවන දිනයක් පෙනේවා

සාදු! සාදු!! සාදු!!!

සාදු! සාදු! අපි ගෞතම මුනිඳු වඳින්නේ...

අරහත් ගුණයෙන් බබලන - සම්බුදු බුදු සිරිය දරන
විදුසරණේ නුවණ දිලෙන - මුනිඳු වඳින්නේ
සාදු! සාදු! අපි ගෞතම - මුනිඳු වඳින්නේ ....

සුගත ගුණෙන් යුතුය ගමන - ලෝකවිදූ ගුණ විහිදුන
පුරිසදම්මසාරථී වන - මුනිඳු වඳින්නේ
සාදු! සාදු! අපි ගෞතම - මුනිඳු වඳින්නේ ....

සුර නර හිත සුවය සදන - බුදු ගුණයෙන් ලොව සනසන
භගවා යන ගුණය දරන - මුනිඳු වඳින්නේ
සාදු! සාදු! අපි ගෞතම - මුනිඳු වඳින්නේ ....

සතර අපායෙන් මුදවන - සුගති සැපය ඇතිකරදෙන
පිහිට ලබා දෙන මුනිඳුගෙ - සරණ ලබන්නේ
සාදු! සාදු! අපි සම්බුදු - සරණ ලබන්නේ ....

හිරු සඳු ලෙස අහසෙ දිලෙන - මැනැවින් වදහල බුදුබණ
මෙලොවදී ම සෙත සලසන - දහම වඳින්නේ
සාදු! සාදු! අපි සම්බුදු - දහම වඳින්නේ ....

කල් නොයවා පිහිට ලැබෙන - ඇවිත් බලනු යැයි පවසන
ගුණය තමා වෙතට ගෙනෙන - දහම වඳින්නේ
සාදු! සාදු! අපි සම්බුදු - දහම වඳින්නේ ....

තම තම නුවණින් ලැබගෙන - මගපල නිවනින් සැනසෙන
සදා සැපත සලසාලන - දහම වඳින්නේ

සාදු! සාදු! අපි සම්බුදු - දහම වඳින්නේ ....

සිල් සමාධි නුවණ වැඩෙන - භවයෙන් එතෙරට ගෙනයන
ගෞතම මුනිඳුගෙ සදහම් - සරණ ලබන්නේ
සාදු! සාදු! අපි සදහම් - සරණ ලබන්නේ ....

පිළිවෙත් සරු මගෙහි වඩින - සුන්දර නිවනට ගෙනයන
අවබෝධය කරා වඩින - සඟුන් වඳින්නේ
සාදු! සාදු! අපි ශ්‍රාවක - සඟුන් වඳින්නේ ....

සතර යුගලකින් සැකසුන - පුද්ගලයෝ වෙති අට දෙන
මගපල ගුණයෙන් යුතුවෙන - සඟුන් වඳින්නේ
සාදු! සාදු! අපි ශ්‍රාවක - සඟුන් වඳින්නේ ....

ආහුනෙය්‍ය පාහුනෙය්‍ය - දක්ඛිණෙය්‍ය ගුණ බබලන
වැඳුම් පිදුම් ලැබිදිය යුතු - පිංකෙත වන්නේ
සාදු! සාදු! අපි ශ්‍රාවක - සඟුන් වඳින්නේ ....

ගෞතම බුදු සසුනෙ දිලෙන - අරහත් පරපුරෙන් වඩින
ලොවට උතුම් වූ පිංකෙත - සරණ ලබන්නේ
සාදු! සාදු! අපි සංඝං - සරණ ලබන්නේ ....

සාදු! සාදු!! සාදු!!!

බුදු සිරිත

පුරා දස පෙරුම් මැනැවින් - සිටි විට තුසිතේ සතුටින්
දෙවියන්ගේ ඇරයුම ලැබ - මනු ලොවට වඩින්නේ
සාදු! සාදු! මහබෝසත් - මනු ලොවට වඩින්නේ ....

පස් මහ බැලුමන් බලමින් - මහමායා මව් ලබමින්
සුදොවුන් පිය රජුන් වෙතින් - සිඟිති පුතෙක් වඩින්නේ
සාදු! සාදු! මහබෝසත් - මනු ලොවට වඩින්නේ ....

ලුම්බිණි සල් වනය මැදින් - විහිදේ රැස් වෙසක් සඳෙන්
සත් පියවර තබා සිඟිති - පුතෙක් වඩින්නේ
සාදු! සාදු! අපබෝසත් - පුතුන් වඩින්නේ ....

දෙවියන් පසු පස ඇවිදින් - පෙන්නා පෙරනිමිති සොඳින්
නිවනට සිත යොමු කළ විට - වනගත වන්නේ
අබිනික්මන් කළ බෝසත් - වනගත වන්නේ .....

සිරුරට දුක් ගැහැට දෙමින් - දුකෙන් මිදෙන මග සොයමින්
නේරඤ්ජර ගං තීරේ - නිවන සොයන්නේ
දුක් විඳිමින් අපබෝසත් - නිවන සොයන්නේ .....

බැහැර ගොසින් අන්ත දෙකෙන් - මැද පිළිවෙත වඩා සොඳින්
අම නිවනට වඩිනා මග - පුරුදු කරන්නේ
ගුරු උපදෙස් නැතුව සොඳින් - දහැන් වඩන්නේ .....

රැස් විහිදෙයි වෙසක් සඳෙන් - සෙවණයි බෝපත් සුළඟින්
වජිරාසන මත වැඩහිඳ - දහැන් වඩන්නේ

දස මර සෙන් යුතු මරු එහි - සටනට එන්නේ .....

මතුවෙන මහ පින් බලයෙන් - වැඩුණු දහම් මග නුවණින්
සේනා ඇති මරු පරදා - ජය ලැබ ගන්නේ
අප මුනිඳුන් බෝ සෙවණේ - සම්බුදු වන්නේ .....

දෙව්වරු හිනැහේ සතුටින් - වරම් රජුන් සිටිති තුටින්
මහබඹු සේසත් අල්ලා - මුනිඳු පුදන්නේ
දෙව්ලොව දෙවියෝ සතුටින් - මුනිඳු පුදන්නේ .....

බඹුගෙන් ඇරයුම් ලබමින් - දම් දෙසුමට සතුටු වෙමින්
අප මුනිඳුන් කරුණාවෙන් - දෑස් හෙලන්නේ
බව සයුරෙන් එතෙරට යන - දහම ලැබෙන්නේ .....

ඇසළ සඳේ රැස් දහරින් - බරණැස් වන මිගදායෙන්
පස්වග මහණුන්ට කියන - දහම ඇසෙන්නේ
සාදු! සාදු! සිරි සදහම් - ලොව පැතිරෙන්නේ ....

දම්සක කැරකේ ය සොඳින් - දූන් දූන් ලැබ දේ ය නිවන්
දෙව් මිනිසුන් කැළ සසරින් - එතෙරට යන්නේ
දුකෙන් පිරුණු සංසාරෙන් - එතෙරට යන්නේ .....

බුදුරජුන්ගේ ලංකාගමනය

සිරිලක වඩිනා මුනිඳුන් - මියුගුණු සෑ බිම සිටිමින්
පත්කඩය ද එලා සොඳින් - දහැන් වඩන්නේ
අප මුනිඳුගෙ බුදු සිරුරින් - රැස් විහිදෙන්නේ....

ගිරි දිවයින පතින යකුන් - ආයෙත් මෙහි නොඑන ලෙසින්
සුමන සමන් සුරිඳුට රට - භාර කරන්නේ
සිරිලක රැකවරණ සදා - මුනිඳු වඩින්නේ....

සටනට වැද නාග රජුන් - මැණික් පුටුව ගන්ට බලෙන්
වැනසෙන විට ඔවුන් එයින් - මුනිඳු වඩින්නේ
සිරිලක සාමය ඇති කොට - සෙත සලසන්නේ ....

පහස ලබා කැළණි ගඟින් - වැඩහිඳ කැළණියේ සොඳින්
දෙසා ඒ අමා සදහම් - සෙත සළසන්නේ
අප මුනිඳුන් කරුණාවෙන් - සෙත සළසන්නේ....

සමන් සුරිඳුගෙන් ඇරයුම් - ලබා හිමේ වැඩි මුනිඳුන්
සමනොළ සිරසේ මුනිඳුගෙ - සිරිපාද තබන්නේ
සාදු! සාදු! අපි මුනිඳුගෙ - පාද වඳින්නේ....

බුදුරජුන්ගේ පිරිනිවන් පෑම

තුන් ලොව බැබළේ සසුනෙන්
- සතර අපා දොර වැසුනෙන්
පන්සාළිස් වසර සැණින් - නිම වී යන්නේ
අපගේ ගෞතම මුනිඳුගෙ - ආයු ගෙවෙන්නේ .....

කුසිනාරා සල් වනයෙන් - මිලාන වූ වෙසක් සඳෙන්
තුන් ලොව කම්පා කරමින් - නිවන් වඩින්නේ
අපගේ ගෞතම මුනිඳුන් - පිරිනිවන් වඩින්නේ .....

ධාතු වන්දනාව

රන්දෙණේ වැඩහිඳ - සඳුන් දර සෑයක් මත
දේව බලයෙන් ඇවිලුණු - බුදු සිරුර දැවෙනා විට
සිහි විය හැම දෙනට - මුනිඳු වදහළ බුදු බණ
හට ගත් සියලු දෙය - නැසී වැනසී යන බව

ගිනි දැල් නිවෙන විට - සුවඳ පැන් ඉස්සෝ ය දෙවියෝ
බැලූ විට රන් දෙණ හැර - බොහෝ දෙන හඬන්නට වන
අනේ අපගේ මුනිඳුගේ - දෙතිස් ලකුණින් වොරැඳුණ
ඒ රන් පැහැ දිලුණ - බුදු සිරුර මෙහි නැත්තේ

රන්දෙණේ වැඩසිටිය - මුනිඳුගේ ධාතූන් දැක
රහත් ශ්‍රාවක මුනිවරු - මේ ලෙසින් ඒ වදාළෝ
පසස් ඇති මුනිරජුගේ - ධාතූන් ඉතිරි වී ඇත
එක් තැන් කළ විටදී - ද්‍රෝණ අටකින් යුතු වෙයි

නොවිසිරී වැඩසිටින - ධාතූන් ද මෙහි ඇත්තේ
නළල් දා අප මුනිඳුගේ - ඉතා මැනැවින් දිස්වේ
දළදා වහන්සේලා - සිව් නමක් වැඩසිටිති
දෙනමක් අකු ධාතු - රන්දෙණේ වැඩසිටිති

දෙවන පෑතිස් නිරිඳුන් - දකුණු අකුදා රඳවා
ථූපාරාම නම ඇති - පළමු සෑ කරවන්නේ
සිරිලකට සෙත සැලසූ - ඒ මුනිඳු දා සිහිකොට
උතුම් ථූපාරාමය - වඳිමු අපි සිත සතුටින්

බඹුන්ගේ පිදුමන් ගෙන - බබලවා සෙත සළසන
සක්වලට සෙත පතුරන - විහිදුවා බුදුරැස් කඳ
බඹලොවෙහි වැඩසිටින - චාම අකු දා වහන්සේ
සාදර ගෞරවයෙන් - වඳිමු අපි සිත සතුටින්

කාවන්තිස්ස නිරිඳුන් - ඉතා සොඳුරුව නිමකළ
සේරුවිල විල් තෙර - මහා සෑයේ වොරැඳුණ
භගවත් මුනිරජුන්ගේ - ළලාට ධාතු සිහි කොට
සේරුවිල මහ සෑ රජුන් - වඳිමු අපි සිත සතුටින්

දළදා වන්දනාව

දන්ත කුමරු හා හේමා කුමරිය සිරසින් ගෙන වඩිනා
රාජසුපූජිත දළදා මැදුරේ සුවසේ වැඩ සිටිනා
රන් විමනක රන් කරඬුව තුළ සිට සුදු බුදු රැස් දිලෙනා
මම් නමදිම් වම් දළදා සමිඳුන් දොහොත් නඟා බැතිනා

සෝමවතිය හා ගිරි අබා කුමරු මහනාග වෙහෙර කරනා
නාග ලොවින් වැඩ සෑ ගැබ තුළ මිණි කරඬුව තුළ දිලෙනා
දේවබඹුන්ගේ වන්දනාව මැද සුදු බුදුරැස් දිලෙනා
මම් නමදිම් දකුණත් දළදා හිමි දොහොත් නඟා බැතිනා

තව්තිසාවෙ සක්දෙව් විමනේ මැද පරසතු මල් පිදෙනා
සිළුමිණි වෙහෙරේ මිණි කරඬුව මැඳ සුවසේ වැඩහිඳිනා
ලෝකනාථ මුනි ගුණ බලයෙන් නිති සුදු බුදුරැස් දිලෙනා
මම් නමදිම් සිරි දළදා සමිඳුන් දෙව්ලොව වැඩසිටිනා

දඹදිව් තලයේ කඳුහෙල් අතරේ නොපෙනී වැඩසිටිනා
දෙව්බඹ පිරිසේ රැකවල් ලැබ පින්සාර ගුණෙන් දිලෙනා

ගන්ධාර පුරේ වැඩසිටින උතුම් දළදා හිමි සිහිවෙමිනා
මම් නමදිමි සිරි දළදා සම්දුන් දොහොත් නඟා බැතිනා

මිහිඳු මහ රහතුන් වඳිමු

අරහත් මහ මිහිඳු නමින් - අනුබුදු හිමියන් වඩිමින්
මෙහි සම්බුදු සසුන සොඳින් - පිහිටාලන්නේ
සාදු! සාදු! මිහිඳු තෙරුන් - අපි නමදින්නේ....

සිරි මහ බෝ වැඩමවමින් - සඟමිත් තෙරණිය සමඟින්
ගෞතම බුදු සසුන සොඳින් - පතළ කරන්නේ
සාදු! සාදු! බුදු සසුනයි - මෙහි බබලන්නේ....

පැහැදී සිටි සිහළ පුතුන් - තුන් සරණය ලබා සොඳින්
ගෞතම සසුනේ පැවිදිව - නිවන් දකින්නේ
සාදු! සාදු! රහතුන්ගෙන් - සිරිලක බබලන්නේ....

ගෞතම බුදු සසුන සොඳින් - මෙහි සුරැකෙන බව දුටුවෙන්
අප මුනිඳුන් සක් දෙවිඳුට - භාර කරන්නේ
සසුන රකින්නට සිරිලක - භාර කරන්නේ....

ගැමුණු නිරිඳු පහළ වෙමින් - මිසදිටු බල පිටුදකිමින්
බුදු සසුනට පෙම වඩමින් - දියුණු කරන්නේ
රන්මැලි මහ සෑ සැදෙමින් - සසුන දිලෙන්නේ...

විදුරසුනේ වැඩ සිටි අප මුනිඳුන්
බුදු වෙන විට නසමින් හැම කෙලෙසුන්
පවන් සැලූ බෝ සෙවණ සළසමින්
වඳිමි මමත් ඒ බෝ රජු බැතියෙන්

දකුණු දෙසින් බෝ අත්ත තිබෙන්නේ
සිරිලක ඒ බෝධියයි වඩින්නේ
අනුරපුරේ මළුවේ වැඩ ඉන්නේ
සාදු! සාදු! මහ බෝධි වඳින්නේ

සෝමාවතිය මහා සෑ වරුණ

ජයසේන නම් නා රජු - බැති සිතින් අප මුනිඳුට
දකුණු දළදා රැකගෙන - තබා මිණි කරඬුව මැද
පිරිවර සමඟ නා ලොව - පුදා කඩුපුල් මල් දම්
අපමණ පුද පෙළහරින් - පූජා කළෝ දළදා

බටහිර දෙසට අධිපති - විරූපක් දෙව් මහරජු
නා පිරිවර ද පෙරටුව - වැඩම කොට සිත සතුටින්
දකුණු දළදා අභියස - නඟා දිව් හේවිසි හඬ
පුදා කඩුපුල් කුසුමන් - වැඳ වැටෙයි බුදු බැතියෙන්

එකල සිරිලක වැඩසිටි - රහතුන් වඩිති නා ලොව
පුදා නිලුපුල් කමල් - වඳිති දළදා සම්බුදුන්
කලක් ගත වෙන විට - රහතුන් සමඟ නා රජු
සැදැහැ සිත පුබුදුවාගෙන - වැඩුණි සුහදින් මිතුදම

පෙර සසරෙ සිට පැවතෙන - සුහද මිතුදම මතුවෙන
ජයසේන නා නිරිඳුන් - හිමි නමක් හා බැඳුණි සැදැහෙන්
මහින්ද නමින් යුතු - නිකෙලෙස් තාදි ගුණ ඇති
ඒ රහත් හිමි නිරතුරු - ලබයි පිදුමන් නාග රජුගෙන්

මගේ ගරුතර සම්බුදුනේ - ගෞතම සුගත් මුනිඳුගෙ
දකුණු දළදා ගෙන මම - රැකගනිමි දිව් හිමියෙන්

අප සම්බුදු රජුන්ගේ - දකුණු දළදා වැඳ වැඳ
දිවි ගෙවනා තරම් - වෙනත් සතුටක් නොමැත මා හට

ගෞතම සුගත් මුනිඳුගේ - උතුම් සම්බුදු සසුන බබලන
සයුර මැද මුතු ඇටයක් වැනි - බබලන දහම් දිවයින
රහත් මුනිවරු වැඩහිඳ - සුරකින උතුම් බුදු බණ
සිහල දීපය ගැන - මමත් ආදර බැතිය පුදනෙමි

දැනටමත් මුනිරජුගේ - සිරිමහ බෝධි වැඩහිඳ
සෙවණ සළසන හෙළබිම - ගඳකිළි වැන්න මුනිඳුගෙ
අකු ධාතු වැඩහිඳ - ලළාට ධාතු වැඩහිඳ
බුදුසිරින් ආසිරි ලැබ - ලොවේ බබලයි හෙළබිම

අනේ පින්වත් නා රජ - සැබෑවකි ඔබ කිව් බස
අප සුගත් බුදුරජුන්ගේ - ගඳකිළිය සිරිලක් බිම
එහි නිවැසි රහත් සඟනට - අහසින් වඩින බල ගෙන
එන්නට නා ලොවට - නොහැකි ම ය ඒ සියලු දෙන හට

ගෞතම බුදු රජුන්ගේ - බුදුගුණට පැහැදුණු ඔබ
සසරෙන් එතෙර කරවන - බුදු බණට පැහැදුණු ඔබ
මුනි රජුගෙ ශ්‍රාවක වූ - රහතුනට පැහැදුණු ඔබ
බොහෝ හිතසුව සළසන - තෙරුවනට පැහැදුණු ඔබ

භගවත් මුනිරජුන්ගේ - සිව්වණක් පිරිසෙන් යුතු
සැදැහැබර බුදු සව්වෝ - සිටිති මේ හෙළදීපේ
උතුම් තිසරණ ලැබගෙන - රකින සැදැහෙන් පන්සිල්
අටසිල් ද ලැබ පොහොදා - සුරකිති උපෝසථ සිල්

උතුම් ගෞතම සසුනේ - භව සයුරු තරණය කොට
නිවනින් නිවී යන්නට - පතාගෙන තිසරණ ලැබ

කසාවත ගත දවටා - විනයෙහි හොඳින් පිහිටා
සිත දරාගෙන බුදුබණ - වැඩසිටිති නිමල සඟගණ

අප සැමට හිත සුව දෙන - බුදු ගුණම සිහියට එන
දකුණු දළදා වහන්සේ - අප හෙළබිමට දෙනු මැන
නා රජුගෙ රැකවල් ගෙන - දෙව්බඹුන් ආසිරි ගෙන
සැමට සෙත සලසාලන - දළදා සමිඳු දෙනු මැන

හිමිට බැඳගත් පෙම ඇති - ඒ ජයසේන නා රජු
අරහත් බසට අවනත - සැදැහැ සිත් ගෙන පෙරටුව
ඒ රහත් හිමි අභියස - වැටෙමින් දෙපා සිඹ සිඹ
දළදා සමිඳු වෙත ගොස් - වැළඳගෙන මිණි කරඬුව

අනේ මගෙ සොඳ සමිඳුනි - මගේ භගවත් මුනිඳුගේ
උතුම් දළදා වහන්සේ - නැතිව ඉන්නේ කොහොමද
මනු ලොව රැගෙන ගිය විට - පුදා දළදා සමිඳුට
හැමට පින් කරගැනුමට - ලැබෙන බව දනිමි සමිඳුනි

වාවාගන්ට නොහැකිව - හඬා වැටෙනා මුත් සිත
මා හිතාදර සමිඳුගේ - නිකෙලෙස් පැතුම සිහිකොට
හදමඬල වන් මාගේ - දකුණු දළදා වහන්සේ
භාර දෙමි ඔබ හිමි හට - මම් ද සුරකිමි නිරතුරු

කාවන්තිස්ස නිරිඳුගේ - සැදැහැබර නැගෙණිය වන
සෝමාවතී කුමරිය - ගිරිඅබා කුමරුන් හා
අතිනත රැගෙන සතුටින - පැමිණි විට මේ රුහුණට
සේරු නගරේ සිව රජු - ඔවුන් පිළිගත සතුටින්

මහවැලි නදිය අසබඩ - කරවා සොඳුරු නුවරක්
සෝම නුවරැයි නම් කොට - දුන්නේය මේ දෙදෙනට

ගිරිඅබා කුමරුන් මෙහි - රජකම ලබා සතුටින්
පෙරට ගෙන සම්බුදු බණ - දැහැමින් රජය කළ විට

සෝමාවතී බිසවට - සම්බුදුපුදටමයි සිත
බුදුගුණ පෙරටු කොට - පැවසුවා ගිරිඅබා රජු හට
පින්වත් රජාණෙනි මට - ඇති විය සැදැහැබර සිත
ගෞතම සුගත් මුනිඳුට - මහා සෑයක් කොට පුදන්නට

ඉතා යහපති එය - සුපින්වත් සෝමවතියේ
නමුත් ඒ මහ සෑයට - ධාතු ලබමුද කෙලෙසේ
අප සුගත් මුනිරජුගේ - උතුම් ධාතුන් ලැබුමට
වැඩමවා සඟ රුවන - ඒ උතුමන්ට පවසමු

සැට නමක් සඟරුවන - වැඩමවාගෙන රජගෙට
දන්පැන් පුදා සොඳ - පැවසුවෝ මහ සෑයෙ වතගොත
සඟරුවන අතර සිටි - නිකෙලෙස් ගුණෙන් බබලන
මිහිඳු නම් තෙරිඳුන් ගැන - පුවත දැනගෙන බැතියෙන

අනේ පින්වත් සමිඳුනේ - ඒ දකුණු දළදා උතුම්
අප සදන මහ සෑයේ - වඩා හිඳුවනු මැනැවින්
දෙව්බඹුන් අහසේ සිට - නා රජුනේ පොළොවේ සිට
නිති පුදදෙමින් හැම විට - රකිනු ඇත සිරි දළදා

කිරි සුදු රුවෙන් බබලන - රන්වන් කොතින් දිළිසෙන
දිවමල් සුවඳ දෙන - සුදු බුදුරැස් ද විහිදෙන
සිරි දළදා වොරැඳුණ - සිරිලකට සිළුමිණ වන
සොඳුරු සෑයක් තැනවිණ - සෝමාවතිය නම ගෙන

සාදු! සාදු!! සාදු!!!

සාදු කියා බුදුරුවන වඳින්ටයි...

1. සාදු කියා බුදුරුවන වඳින්ටයි
මිහිරි දහම්පද මට සිහිවෙන්ටයි
නේක ගුණැති සඟරුවන වඳින්ටයි
සාදු! සාදු! තෙරුවන් නමඳින්ටයි

2. සෑම සිතක බුදු ගුණය දනෙන්ටයි
සීත අමා සුව සිසිල සැදෙන්ටයි
වීතරාගි බුදු පිහිට ලැබෙන්ටයි
සෝමාවතියෙන් රැස් විහිදෙන්ටයි

3. සැසි තිලෝගුරු මුනි සිහිවෙන්ටයි
දීපාලෝකෙන් සෑය දිලෙන්ටයි
සිරි දළදා හිමි මම නමඳින්ටයි
සෝමාවතියෙන් රැස් විහිදෙන්ටයි

4. රැස් විහිදෙන රන් කොත බබලන්ටයි
පින් සිතුවිලි සිත තුළ මතු වෙන්ටයි
කිරි සුදු පාටින් සෑය දිලෙන්ටයි
සෝමාවතියෙන් රැස් විහිදෙන්ටයි

5. සඳ මඬලේ ඇති සිසිල දනෙන්ටයි
හිරු මඬලේ ඇති පහස නිවෙන්ටයි
සුදුමුදු බුදු ගුණ සිහි කරගන්ටයි
සෝමාවතියෙන් රැස් විහිදෙන්ටයි

6. නාග ලොවින් නා රජුන් වඩින්ටයි
නා මෙනෙවියො සොඳ සඳුන් පුදන්ටයි
නාග දරණ මැද සුවඳ ඉසින්ටයි
නා රජවරු මහ සෑය වඳින්ටයි

7. මේඝ වළාකුළු විලස පෙනෙන්ටයි
සොඬවැල ඔසොවා නාද කරන්ටයි
ආසිරි දෙන දළදා නමඳින්ටයි
සෝමවතිය දළ ඇතුන් වඳින්ටයි

8. අප මුනිඳුගෙ බුදුගුණ මතුවෙන්ටයි
සිරි දළදා හිමි සෙත සළසන්ටයි
ගුණ විහිදාගෙන ලොව බබලන්ටයි
මහ සෑයෙන් බුදු රැස් විහිදෙන්ටයි

9. ලාමක ගතිගුණ බැහැරට යන්ටයි
රැට දවාලට මුනිඳු පුදන්ටයි
වාසනාව අප සැමට ලැබෙන්ටයි
මහ සෑයෙන් බුදු රැස් විහිදෙන්ටයි

10. සිත කය වචනය පිනට යොදන්ටයි
බුදු ගුණයට සිත අවනත වෙන්ටයි
සියලු දෙනා හට සෙත සැළසෙන්ටයි
මහ සෑයෙන් බුදු රැස් විහිදෙන්ටයි

11. රන්දාගෙන පින සිත රැකගන්ටයි
නින්නාදෙන් හැම සාදු කියන්ටයි
කැන්දාගෙන දෙව් පිරිස වඳින්ටයි
මහ සෑයෙන් බුදු රැස් විහිදෙන්ටයි

12. පරසතු මල් ගෙන සෑය පුදන්ටයි
පිච්ච මලින් වට සුවඳ කරන්ටයි
දැල්වෙන පහනෙන් එළිය සදන්ටයි
මහ සෑයෙන් බුදු රැස් විහිදෙන්ටයි

13. විහිදෙන සුවඳින් ධාතු පුදන්ටයි
මිහිරි සිසිල් පැන් වලින් පුදන්ටයි
සිහි කොට බුදු ගුණ සාදු කියන්ටයි
මහ සෑයෙන් බුදු රැස් විහිදෙන්ටයි

14. බෝ සෙවණේ ඇති සිසිළ දැනෙන්ටයි
අප මුනිඳුන් පිට දී වැඩඉන්ටයි
සෙල් පිළිමෙන් බුදු ගුණ මතුවෙන්ටයි
සාදු සාදු සෙල් පිළිම වඳින්ටයි

15. සිරි දළදාවේ පිහිට ලැබේවා
ඒකාලෝකව සසුන දිලේවා
රෑ කාලේ ඇති අඳුර මැකේවා
සෝමාවතියෙන් රැස් විහිදේවා

16. සාමය පැතිරී සතුට ලැබේවා
සැම දෙනා හට යහපත වේවා
සාර නිවන් සුව සිතට දැනේවා
සෝමාවතියෙන් රැස් විහිදේවා

17. සාදු සාදු අපි සෑය වඳින්නේ
- සිරිදළදා මහ සෑය වඳින්නේ
සාදු සාදු අපි සෑය වඳින්නේ
- බුදුරැස් විහිදෙන සෑය වඳින්නේ

සාදු සාදු අපි සෑය වඳින්නේ
- බබලන කිරි සුදු සෑය වඳින්නේ
සාදු සාදු අපි සෑය වඳින්නේ
- සෝමවතිය මහ සෑය වඳින්නේ
සාදු සාදු අපි සෑය වඳින්නේ
- රන් කොත බබලන සෑය වඳින්නේ
සාදු සාදු අපි සෑය වඳින්නේ
- සිළුමිණ දිළිසෙන සෑය වඳින්නේ
සාදු සාදු අපි සෑය වඳින්නේ
- දෙව්වරු වඳිනා සෑය වඳින්නේ
සාදු සාදු අපි සෑය වඳින්නේ
- නා රජු රකිනා සෑය වඳින්නේ
සාදු සාදු අපි සෑය වඳින්නේ
- දිවමල් පුදදෙන සෑය වඳින්නේ
සාදු සාදු අපි සෑය වඳින්නේ
- හේවිසි නදදෙන සෑය වඳින්නේ
සාදු සාදු අපි සෑය වඳින්නේ
- පිච්චමලින් සෑ සුවඳ කරන්නේ
සාදු සාදු අපි සෑය වඳින්නේ
- නෙළුම් පුදා මහ සෑය වඳින්නේ
සාදු සාදු අපි සෑය වඳින්නේ
- කොඩි පුදමින් මහ සෑය වඳින්නේ
සාදු සාදු අපි සෑය වඳින්නේ
- සුවඳ පැනින් මහ සෑය වඳින්නේ
සාදු සාදු අපි සෑය වඳින්නේ
- මී පැණි පුද දී සෑය වඳින්නේ
සාදු සාදු අපි සෑය වඳින්නේ
- ගිලන්පසින් මහ සෑය පුදන්නේ
සාදු සාදු අපි සෑය වඳින්නේ

- කොඩි වැල් පළඳා සෑය වඳින්නේ

සාදු සාදු අපි සෑය වඳින්නේ

- මාළ පළන්දා සෑය වඳින්නේ

සාදු සාදු අපි සෑය වඳින්නේ

- සිරි දළදා මහ සෑය වඳින්නේ

සාදු සාදු අපි සෑය වඳින්නේ

- පින් රැස් වෙන මහ සෑය වඳින්නේ

සාදු සාදු අපි සෑය වඳින්නේ

- දෙව් සැප සළසන සෑය වඳින්නේ

සාදු සාදු අපි සෑය වඳින්නේ

- නිවන් සුවය දෙන සෑය වඳින්නේ

සාදු සාදු අපි සෑය වඳින්නේ

- සෝමවතිය මහ සෑය වඳින්නේ

සාදු සාදු අපි සෑය වඳින්නේ

- බුදුරැස් විහිදෙන සෑය වඳින්නේ

බුදුරැස් විහිදෙන සෑය වඳින්නේ

- සාදු සාදු අපි සෑය වඳින්නේ

බුදුරැස් විහිදෙන සෑය වඳින්නේ

- සාදු සාදු අපි සෑය වඳින්නේ

බුදුරැස් විහිදෙන සෑය වඳින්නේ

- සාදු සාදු අපි සෑය වඳින්නේ

සාදු! සාදු!! සාදු!!!

දඹදිව බුද්ධ වන්දනාව

(ලුම්බිණිය, බුද්ධගයාව, බරණැස
ඉසිපතන මිගදාය, කුසිනාරාව,
ගිජ්ඣකූට පර්වතය සහ සැවැත්
නුවර වන්දනා කිරීම)

අප මහා බෝසතාණන් වහන්සේ උපත ලද ලුම්බිණී පින්බිම වන්දනා කරමු

පෙරුම් පුරා බෝසත් පුතු...

පෙරුම් පුරා බෝසත් පුතු තුසිත පුරෙන් බැස
මහමායා බිසොවුන් කුස දස මසක් ම වැස
ලුම්බිණී සල් උයනේ දී මහපොළොවට බැස
වැඩියා සත් පියුම් මතින් මහා පුදුම ලෙස

සල් උයනේ මල් පිපිලා සුවඳ හමන්නේ
මහමායා දේවිය පුතු සුරතට ගන්නේ
චාමර සලමින් දෙව් බඹ පිරිස සිටින්නේ
තුන් ලොවට ම සැපත සදන හිරු පායන්නේ

චූටි සිරිපතුල් පියවර තබා වඩින විට
රෝස පාට නෙලුම් මලේ පාට පෙනෙන විට
සත් පියවර තබමින් පුතු පෙරට වඩින විට
කොපමණ ලස්සන ද කියා මැවී පෙනේ මට

අම්මා කෙනෙකුගේ සිතේ උතුරන සෙනෙහස
මහමායා බිසොවුන් හට ගැලුවා ගඟ ලෙස
බලමින් තම කුසින් උපන් බෝසත් පුතු දෙස
ලැබුවා සිත් පුරා සතුට නිවන් සැපත ලෙස

සම්බුදුවරු උපත ලබන සුන්දර බිමකට
ලුම්බිණී සල් උයනට අපි ආවා පිනකට
බෝසත් පුතු වැඩි බිම මේ සිහිකොට හැම විට
දොහොත් මුදුන් දී වඳිනෙමි නිවන් දකින්නට

සාදු! සාදු!! සාදු!!!

ලුම්බිණී සල්වනේ...

01. ලුම්බිණී සල් වනේ - මල් පිපී සැරසුණේ
ඒ වෙසක් පොහො දිනේ - සිහි කරමි සමිඳුනේ

02. බිසොවුන් ද පැමිණුනේ - උයන් සිරි බලමිනේ
සන්තොසින් ඇවිද ගොස් - ගසක් යට නැවතුනේ

03. පිපුණු සල් අතු නැමී - දේවියට ළං වුණේ
සිව්වරම් දෙවිවරුන් - රැකවලට පැමිණුනේ

04. පුංචි බෝසත් බබා - මනුලොවට වඩින දා
සාදු නද පතුරමින් - දෙව් බඹුන් පැමිණුනේ

05. සිහින් දිය දහරෙකින් - බෝසතුන් නැහැවුණා
සිඟිති පුතු පිළිගන්ට - මහ බඹු ද පැමිණුනා

06. තුන් ලොව ම එළිය වී - සණඅඳුර නැතිවුණා
නිරිසතුන් පවා ඒ - එළිය දැක සැනසුණා

07. සාදු නාදෙන් ලොව ම - මිහිරි හඬ පැතිරුණා
දෙව් බඹුන් හා සැවොම - සොම්නසින් සැනසුණා

08. සිඟිති බෝසත් පුතා - වඩින විට පා තබා
සිරිපතුල් පිළිගන්ට - සත් පියුම් විහිදුණා

09. ඒ පියුම් මත සෙමෙන් - වඩින බෝසත් පුතුන්
මේ ලෙසින් කියන විට - මුළු ලොව ම සැනසුණා

10. මම ලොවට අග්‍ර වෙමි - මම ලොවට පළමු වෙමි
මම ලොවට උතුම් වෙමි - නැවත කිසිදින නොඑමි

11. සිඟිති බස් අස අසා - රන් රුවක සිරි බලා
කල්ප ගණනින් ලැබෙන - බුදු කෙනෙකු මතු වුණා

12. අහසෙ සිටි දෙව් බඹුන් - සලයි චාමර සෙමෙන්
මල් සුවඳ හා සුළං - හමයි සිසිලස දෙමින්

13. සිඟිති සිරිපා තැබුව - මේ උතුම් පින්බිමේ
අපිත් පා තබන විට - ඒ සිනිඳු සුව දැනේ

14. ලුම්බිණි පින් බිමේ - පැමිණ මම අද දිනේ
තබා නළලත මගේ - වඳින්නෙමි සමිඳුනේ

සාදු! සාදු!! සාදු!!!

බෝසතාණන් වහන්සේ සම්බුද්ධත්වයට පත් බුද්ධගයා පින්බිම වන්දනා කරමු

රාජ මාළිගා අතහැර

රාජ මාලිගා අතහැර ශ්‍රමණ වෙසක් ගෙන
පාත්තරේ ගෙන දෝතට පිණ්ඩපාතෙ යන
මහවනයේ කඳු අතරේ තනිවම යන එන
පුදුමයි මට අපගේ සිදුහත් කුමරුන් ගැන

කලබල නැති ඉවසීමයි හොඳ කරුණාවයි
සැමවිට සිහි නුවණින් යුතු දම් විමසීමයි
සැමතැන සොයමින් සිටියේ එක සැනසීමයි
තුන් ලොවට ම තිබුණේ ඒ ගැන නොදැනීමයි

අපගේ බුදු සමිඳාණන් නතර වුණේ නෑ
පෙරටම තැබූ සිරිපා යුග හැරවූයේ නෑ
වීරිය ඤාණය මඳකුත් අඩුවූයේ නෑ
ජය ලබනා තුරු ගත් මග අතහැරියේ නෑ

ගිනි අව්වේ කුසගින්නේ සිරුර තවන්නේ
සීත හිමේ ගඟ පතුලේ කිමිද සිටින්නේ
ඇත වනේ තනියහනේ හිමි සැතපෙන්නේ
නිවන සොයා විඳිනා දුක කවුරුද දන්නේ

හුස්ම නොගෙන වීරිය කොට බවුන් වඩන විට
වේදනාව දැනුණා හිස යටිපතුලේ සිට
අත්නොහැරම එක විට ඒ සිරුර තවන විට
දුබල වී ගියා සමිඳුන් පෑදීලා ඇට

සිහිසන් නොමැතිව වැටුණා වනයේ ගස් යට
සමිඳුට මොහොතයි තිබුණේ ළං වී මරණෙට
සංසාරේ පුරනා ලද පින්වල මහිමෙට
දිවි රැකුණා බුදු සමිඳුගෙ අපේම පිනකට

අත්හැරියා අන්ත දෙකම නොමගක් බව දැන
සොයා ගෙන මැදුම් පිළිවෙත අමා සුවය දෙන
වළඳා කිරිපිඬු ද එදා වෙසක් පොහෝ දින
ගඟෙන් එතෙර වී සමිඳුන් වැඩි බිම මේ තැන

සිලි සිලි ගාමින් බෝ පත් සෙලවී යන්නේ
අතු ඉති විහිදී බෝ රුක සෙවණ සදන්නේ
සඳ රැස් වැතිරී සැම තැන එළිය කරන්නේ
නැගෙනහිරින් වජ්‍රාසන බිම මතු වන්නේ

කුස තණ අතුරා සමිඳුන් එහි වැඩ ඉන්නේ
නොසැලෙන ලෙස වීරිය ගෙන සිත දැඩි වන්නේ
සමිඳුගෙ සිත දැන් ටික ටික දමනය වන්නේ
පෙරුම් පුරා ගෙන ආ බල දැන් මතු වන්නේ

ඒ මග වලකාලන්නට වසවත් මරු එනවා
දස බිම්බර මාර සෙනග සටනට සැරසෙනවා
බියකරු හෙණ හඬ පැතිරෙයි අවට ගිගුම් දෙනවා
මාර සෙනඟ මැදි කරගෙන සම්දුන් තනි වෙනවා

මුනිඳුට ජීවිත ආශා නැතිවී යන්නේ
නොසැලෙන අදිටන යළි යළි මතුවී එන්නේ
අහසට මහ පොළොවට උහුලනු බැරි වන්නේ
මිහිකත කම්පා වීමෙන් හඬ පැතිරෙන්නේ

මේ ඇඟ මස් ලේ දහර ද වියළී යේවා
ඉතිරි වෙතොත් නහර ඇට ද සම ද තිබේවා
මේ සටනින් පැරදුම නොව මරණය වේවා
කෙලෙස් සහිත දිවියට මේ නින්දා වේවා

බියපත් වූ මාර සෙනඟ පැරදී යන විට
වසවත් මරු දුන් ටික ටික පසුබා යන විට
සම්දුගෙ සිත දුන් එකඟව දූහැන් ලබන විට
පිරූ පිරුම් දම් මතුවී ආවා එකවිට

රෑ පෙරයම ගෙවමින් සිහි නුවණ වැඩෙන්නේ
භවෙන් භවේ ආ මග නිති සිහියට එන්නේ
කල්ප ගණන් අතීතයට සිත යොමු වන්නේ
පුබ්බේ නිවාසනුස්සති නුවණ ලබන්නේ

සියලු ලෝ සතුන් ගැන සිත යොමු කරලන්නේ
මැරි මැරි ඉපදෙන ජීවිත හොඳට පෙනෙන්නේ
කළකම් පල දෙමින් සිටින සතුන් දකින්නේ
චුතිය උපත ගැන දනගත් නුවණ ලැබෙන්නේ

දුක දකිනා සමිඳුගෙ සිත උණු වී යන්නේ
දුක් විඳිනා හේතුව දැන් විමසා ලන්නේ
හේතුව හැදෙනා විට මේ ඵල හට ගන්නේ
හේතුව නැති වී යන විට ඵල නැති වන්නේ

මුල් ඇදෙනා හැම කෙලෙසුන් සුන් වී යනවා
කල් බලලා මතුවෙන තණ්හා නැති වෙනවා
දුක් හැදෙනා හේතුව යළි නැතිවී යනවා
හැම කෙලෙසුන් නැතිවී යන නුවණ ලැබෙනවා

අසමසම බුදු නුවණ එයින් මතු වී ගියා
සොය සොයා ගිය අමා නිවන මතු වී ගියා
ගලා බුදුරැස් ලොවේ එළිය පැතිරී ගියා
කල්පයක ඝණ අඳුර යළිත් නැති වී ගියා

මගේ බුදුරජාණන් පහල වූ මේ බිමේ
ලොවේ දම් රජාණන් පහළ වූ මේ බිමේ
සුගත මුනි රජාණන් පහළ වූ මේ බිමේ
සදා මට දැනේවා බුදු සුවඳ මේ බිමේ

නලල බිම තබ තබා මම සදා වඳින්නම්
සාදු හඬ නග නගා බුදු ගුණම කියන්නම්
ජීවිතය මම පුදා බුදු සරණ ලබන්නම්
මමත් මේ බුදු සසුනෙ නිවන් සුව ලබන්නම්

සාදු! සාදු!! සාදු!!!

සිතේ ඇති හැම කෙලෙස් වනසා...

01. සිතේ ඇති හැම කෙලෙස් වනසා
ලොවම ජයගත් බුදුරජාණෙනි
බිම්බරක් දස මාර සේනා
පරදවාලූ වීරයාණෙනි

02. දෙව් මිනිස් ලොව සියලු දෙන හට
සැපත සැලසූ පින්වතාණෙනි
දෑත නළලේ තබා වඳිනා
වැඳුම් පිළිගත මැන සුවාමිනි

03. වාඩි වී වජිරාසනේ මත
වීරියෙන් දිනූ බුදුරජාණෙනි
සීල සංවර සිත් සමාහිත
නුවණ ලැබගත් පින්සරාණෙනි

04. විහිදුවා ෂඩ් වර්ණ බුදුරැස්
ලොවම එළි කළ බුදු පියාණෙනි
දෑත නළලේ තබා වඳිනා
වැඳුම් පිළිගත මැන සුවාමිනි

05. සීත නේරංජරා නදියේ
පැනින් සැනසුණ පින්වතාණෙනි
නේක දුක් නසනා නිවන් මග
සොයා ගත් මහ පැණවතාණෙනි

06. ලෝ සතුන්ගේ සැපත සැලසූ
     මහා කරුණා බුදුරජාණෙනි
දෑත නළලේ තබා වඳිනා
     වැඳුම් පිළිගත මැන සුවාමිනි

07. බෝ රුකේ ඇති සෙවණ යට හිඳ
     ලොවම ජයගත් බුදුරජාණෙනි
වාද නොකරන දහම මතු කළ
     ලොවේ අසදිස දම් රජාණෙනි

08. මිහිරි රස ඇති නිවන් රස දෙන
     අපේ සම්බුදු මුනි රජාණෙනි
දෑත නළලේ තබා වඳිනා
     වැඳුම් පිළිගත මැන සුවාමිනි

09. බොහෝ දුර සිට පැමිණියෙමු අපි
     අපේ ගෞතම බුදුරජාණෙනි
ඔහේ සසරේ ඇවිද ගිය අපි
     පිහිට ලැබුවෙමු දම් රජාණෙනි

10. කෙසේවත් නැහැ බැහැර වන්නේ
     සරණ ඔබමයි බුදුරජාණෙනි
දෑත නළලේ තබා වඳිනා
     වැඳුම් පිළිගත මැන සුවාමිනි

11. වාසනා ගුණ පිහිට වීමෙන්
     අපිත් ආවෙමු බුදුරජාණෙනි
නේක බුදු ගුණ සිහිකිරීමෙන්
     සිතත් රකිනෙමු දම් රජාණෙනි

12. දාන සිල් හා භාවනාවෙන්
අපිත් සැනසෙමු පින්වතාණෙනි
දෑත නළලේ තබා වඳිනා
වැඳුම් පිළිගත මැන සුවාමිනි

13. පුරා දස පාරමී ගුණදම්
ලොවට වැඩි මහ ගුණවතාණෙනි
ඇසතු රුක් සෙවණෙදී බුදුරැස්
විහිදුවාලූ බුදුරජාණෙනි

14. මුනිඳු ගෞතම ලෙසින් තුන් ලොව
වැඳුම් ලබනා දම් රජාණෙනි
දෑත නළලේ තබා වඳිනා
වැඳුම් පිළිගත මැන සුවාමිනි

15. අඳුරු වූ ලොව එළිය කරනා
මහා නුවණැති බුදුරජාණෙනි
අපට සැනසිලි සුවය සදනා
පිහිට ඔබමයි මුනිරාජාණෙනි

16. මල් පහන් හා සුවඳ දුම් හා
සිසිල් පැන් හා මේ ගිලන්පස
පුදමි සම්බුදු පියාණෙනි මම
පතාගෙන ඒ අම නිවන් සුව

17. සිතේ යහපත් ගුණ වැඩේවා
පව්ටු අකුසල් බල බිඳේවා
සිල් සමාහිත නුවණ මතු වී
නිවන් මග මා සිත රැඳේවා

18. කළණ මිතුරන් ඇසුර සැලසී
ලොවී ලොව්තුරු දම් ඇසේවා
සදාකාලික සැපත සදනා
ඒ අමා නිවනම ලැබේවා

සාදු! සාදු!! සාදු!!!

බුදුරජාණන් වහන්සේ දම්සක පැවත්වූ බරණැස ඉසිපතන මිගදාය පින්බිම වන්දනා කරමු

මිගදායේ ඇසළ සඳේ...

මිගදායේ ඇසල සඳේ රැස් විහිදෙනවා
මුව පොව්වන් නෙත් විදහා බලා සිටිනවා
ගස් වැල්වල මල් පිපිලා සුවඳ හමනවා
යළිත් වරක් තුන් ලෝකෙට දහම් ඇසෙනවා

අහස් තලේ දෙව් විමනේ දෙවියෝ එනවා
බරණැස ඉසිපතනේ දැන් එළි විහිදෙනවා
නමස්කාර දී දෙවියන් දහම් අසනවා
යළිත් වරක් තුන් ලෝකෙට නිවන ලැබෙනවා

මිගදායේ ගස් අතරේ රැ සඳ පානේ
පස්වග තවුසන් සිටියා මේ එළිමහනේ
සමිඳුගෙ මුවගින් එන බණ පදයක් ගානේ
අසා සිටිනු හැර ලොව වෙන සැපතක් නෑනේ

සැමදා පවතින දුක ගැන තෝරා දෙන විට
පුදුමයි එය ඇසෙනා තුරු දැනුනෙම නෑ මට
හඬමින් දුක් වී හිනැහී එහිම ලැගෙන විට
අමාරුමයි දුකින් මිදෙන්නට මිනිසුන් හට

දුක හටගන්නා හේතුව පහදා දෙන විට
අදහාගන්ට බෑ මේ ගැන ඇත්ත දකින විට
දැන දැන ඇලෙනා විට යළි මේ තණ්හාවට
කලකිරීම ඇතිවෙනවා මේ සංසාරෙට

අමා නිවන ගැන සමිඳුන් පහදා දෙන විට
සැබෑ ලෙසම හිතෙනව මට යන්නට නිවනට
තණ්හාවක් නොමැති අමා සැප සිහිවෙන විට
හඬා වැටෙනවා මා සිත බුදු සිරිපා යට

දුකින් මිදෙන නිවන් ලබන මග පවසන විට
පුදුමයි වැහිලා තිබුණා මුලු තුන් ලෝකෙට
තේරෙන විට ඒ බණ පද සුලුවෙන් හෝ මට
බියයි වැටෙන්නට ආයෙත් මේ සංසාරෙට

සම්බුදු බණ පද ටික ටික දැන් තේරෙන විට
එනවා තුටු කඳුලැලි සිත වාවනු බැහැ මට
මේ සම්බුදු සසුනෙම මට යන්නට නිවනට
කොපමණ වැන්දත් මදි මේ පින්බිම මා හට

මල් අතුරා සුවඳ පුදා බිම සරසන්නම්
සිල් රැකලා තුන් සරණය පිහිටට ගන්නම්
බණ අසලා සිත පහදා නුවණ වඩන්නම්
මගෙ බුදු සමිඳුගෙ සසුනෙම නිවන් දකින්නම්

කල්ප ගණන් ගෙවා ඇවිත් මේ	සංසාරේ
ඇවිලෙන දුක් ගිනි නිවමින් යන මේ	වාරේ
පෙන්වා දෙන විට යන හැටි සදහම්	පාරේ
සේදී යනවා හැම දුක් අම දිය	දහරේ

මගේ දිවිය තිබෙනා තුරු සිහියට	ගන්නම්
මේ පින්බිම සිහිකර කර මම	නමදින්නම්
බුදු සිරිපා සිපගත් බිම මම	සිපගන්නම්
මගේ බුදු සමිඳුගෙ සසුනෙම නිවන්	දකින්නම්

සාදු! සාදු!! සාදු!!!

❀ ❀ ❀

ඇසළ සඳේ සඳ එළියෙන්...

ඇසළ සඳේ සඳ එළියෙන් - මිගදායම බබලන්නේ
දම් සක් හඬ පැතිරෙන විට - සුදු බුදු රැස් විහිදෙන්නේ
අපගේ ගෞතම මුනිඳුන් - දහම් සකයි පෙරලන්නේ
යළිත් වරක් තුන් ලෝකෙට - ඒ එළියයි පැතිරෙන්නේ

දෙව්ලොව දෙවියන් සතුටින් - සාදුකාරදී එන්නේ
මුළු ලොව කම්පා කරමින් - සදහම් හඬ පැතිරෙන්නේ
පස්වග මහණුන් සතුටින් - සවන් යොමා සිටිමින්නේ
චතුරාර්ය සත්‍යය දැක - නිවන් මගට බැසගන්නේ

දම් සක පැවතුම් සුතුරයි - මිගදායෙන් රැව් දෙන්නේ
මුව පොව්වන් තැන් තැන්වල - නිහඬව කණ් දී ඉන්නේ

සිලි සිලි නද දී ගස්වැල් - මඳ සුළඟින් නැළැවෙන්නේ
යළිත් වරක් තුන් ලෝකෙට - සිරි සදහම් පැතිරෙන්නේ

ජීවිතයේ තිබෙන සියලු - දෙය ලොව වැනසී යන්නේ
වසඟෙට ගන්නට බැහැ එය - අනාත්ම බව දැනගන්නේ
අනත්ත ලක්ඛණ සුතුරයි - බුදු සමිඳුන් පවසන්නේ
පස්වග මහණුන් මෙහිදී - රහත් බවට පත් වන්නේ

ජීවිතයේ සැප සොයමින් - මෙහි යස කුමරුන් එන්නේ
සම්මා සම්බුදු සමිඳුන් - ඔහුට සැපත පෙන්වන්නේ
අමා නිවන් සැප සොයමින් - මේ පෙදෙසට එන්නේ
මේ ගෞතම බුදු සසුනේ - නිවන් සුවය ලැබගන්නේ

සිහින සැබෑවිය අපගේ - බුදු සමිඳුන් සිහි වන්නේ
චතුරාර්ය සත්‍යය ගැන - දැන් අපි ටික ටික දන්නේ
සදහම් දකිනා විට ඒ - බුදු සමිඳුන් දැකගන්නේ
මේ බුදු සසුනෙහිම අපිත් - සසරෙන් එතෙරට යන්නේ

අපි දඹදිව එන ගමනේ - පින් පුරවා ගෙන යන්ටයි
පෙහෙවස් රකිමින් අපගේ - සිල් ගුණදම් සපුරන්ටයි
දන් පැන් දෙන විට තුටිනේ - හැම කෙලෙසුන් දුරුවෙන්ටයි
නුවණ ලබාගෙන නිතිනේ - සසරෙන් එතෙරට යන්ටයි

දෙව්ලොව දෙවියන් හැම දෙන - අපගේ පින් ලැබ ගන්ටයි
මව්පිය ගුරුවරු සැමදෙන - සැපත සතුට ලැබ ගන්ටයි
දූ දරු පවුලේ සැමදෙන - හැම යහපත දැකගන්ටයි
අපට උදව් කළ සැමදෙන - සසරෙන් එතෙරට යන්ටයි

අකුසල් දුරුවීමෙන් - නිතර කුසල් සිහිවෙන්ටයි
සම්මා සම්බුදු සමිඳුගෙ - ගුණ නිතරම සිහිවෙන්ටයි
මරණය අබියස මා සිත - බුදු ගුණයෙම දැවටෙන්ටයි
සුවසේ සුගතියේ ඉපදී - සසරෙන් එතෙරට යන්ටයි

සාදු! සාදු!! සාදු!!!

බුදුරජාණන් වහන්සේ පිරිනිවන් පා වදාළ කුසිනාරා පින් බිම වන්දනා කරමු

දුක් විඳිනා ජීවිත ගැන...

දුක් විඳිනා ජීවිත ගැන සිත යොමු කළ විට
මහ කරුණා ගඟ ගැලුවා සමිඳුගෙ මනසට
සදා සැපය ලබාදෙන්ට ඒ දුක නැති කොට
බුදු සමිඳුන් වැඩම කළා නගරෙන් නගරෙට

මහවැසි ඇද හැලෙනා විට සමිඳුන් තෙමුණා
ගිනි අව් රැස් වැටෙනා විට සිරුරම දැවුණා
දන් පැන් නොලැබී යන විට කුසගිනි දැනුණා
ගමින් ගමන් වඩිනා විට සිරිපා රිදුණා

වෙහෙසක් නොබලන සමිඳුන් දහම් දෙසනවා
දුක් දොම්නස් නැති වී හැම නිවන ලැබෙනවා
මුළු තුන් ලොව සිරි සදහම් සුවඳ හමනවා
සදා සැපත උදා කරන සුවය දැනෙනවා

රජ මැදුරේ දිළිඳු පැලේ සැම දෙන ආවා
උසස් පහත් සියලු කුලේ සැම දෙන ආවා
ගිහි සැප හැරදා ඒ හැම සමිඳුන් ගාවා
අමා නිවන ලබාගන්ට සසුනට ආවා

භික්ෂු භික්ෂුණී බෝ දෙන අරහත් වන විට
ගිහි පිරිස ද බුදු සසුනේ ඵල ලබනා විට
බුදු සමිඳුන්ගේ ගුණ කඳ පැතිරී යන විට
හැම නිවසෙම තිසරණ ගැන කතා කරන විට

ඉරිසියාවෙන් පෙළෙන මිනිස් ලොව කැළැඹුණා
සමිඳු ගුණ දැකගන්ට බැරි තරම් පිරිහුණා
පැතිර යන සමිඳු ගුණ ඉවසන්ට බැරි වුණා
බුදු සමිඳු වනසන්ට ඔවුන් හැම පෙළඹුණා

සක්මනේ වඩින විට කළුගල් ද පෙරලුණා
පිඩු සිගා වඩින විට ඇත් රජා පැමිණුනා
අමා දම් දෙසන විට චිංචිය ද වැළපුණා
බුදු සමිඳු වනසන්ට කඩු කිණිසි එසවුණා

රාග ද්වේෂය නැසූ මෝහ මානය නැසූ
හැම කෙලෙස් මුල් නැසූ අපේ බුදු රජාණන්
සනාතන කරුණාව බුදු සිතේ දරාගෙන
සියලු දෙය අබියසම ශාන්තව හිනැහුණා

බුදු සමිඳුගෙ රුව දකින්ට හැම දෙන එන විට
ඒ සුමිහිරි බණ අසන්ට සවන් යොමන විට
සිහි කරනා බණ පද හැම තේරුම් යන විට
සියලු දෙනා වැඳ වැටුණා පාද පියුම් මත

කහ සිවුරෙන් ගත දවටා සම්බුදුන් පසු පසස
පේළි සැදී මහා රහතුන් බලන් වඩින යසස
වැඳ වැටෙමින් සැදැහැවතුන් දෝත තබා හිසස
සම්බුදුට මල් අතුරනවා සිරිපා අබියසස

සක්මනේ වඩින විට මල් රේණු වැතිරුණා
පිඬු සිඟා වඩින විට රජ බොජුන් ඉතිරුණා
අමා දම් දෙසන විට සාදු හඬ පැතිරුණා
බුදු සමිඳු දකගන්ට නෙතට ඉඩ මදිවුණා

රාග ද්වේෂය නැසූ මෝහ මානය නැසූ
හැම කෙලෙස් මුල් නැසූ අපේ බුදු රජාණන්
සනාතන කරුණාව බුදු සිතේ දරාගෙන
සියලු දෙය අබියසම ශාන්තව හිනැහුණා

දෙව් මිනිසුන් අතරේ යළි බණ පද ඇසුණා
පන්දහසක් කල් සසුනට බුදු බණ ලැබුණා
දුක් විඳිනා ජීවිත හැම නිවනට ඇදුණා
පන්සාලිස් වසර ගෙවී සම්බුදුන් ගෙවුණා

තුන් ලොවට බුදු සසුනෙ එළිය විහිදී ගියා
පුරා සතලිස් පහක් වසර ගෙවිලා ගියා
උදා හිරු බැසයන්ට ලකුණු මතු වී ගියා
බුදු සමිඳුගේ වයස කෙමෙන් ගෙවිලා ගියා

ගල් බොරළු මාවතේ සිරි පතුල් තබ තබා
දුක් විඳින සතුන් හට සැපත බෙදමින් ගියා
ගමන් නියම් ගම් පුරා අම නිවන බෙදන විට
වෙහෙස වුණ සිරිපතුල් යුගල ඉදිමී ගියා

බුදු සමිඳු ටිකෙන් ටික දුබල වී ලෙඩ වුණා
කලන්තය ඇතිවුණා පිපාසය ඇතිවුණා
පැන් බිඳක් ලැබන තුරු වෙහෙස වී සැතපුණා
නොඑන ගමනක් වඩින සමිඳු දැක වැලපුණා

අනඳ හිමියන් සමඟ මේ බිමට පැමිණුනා
සාල රුක් දෙකක් යට බුදු සමිඳු සැතපුණා
සල් රුකට පවා මේ බුදු ගුණය වැටහුණා
මල් පිපී අකාලෙට සමිඳු මත වැතිරුණා

තුන් ලොවම කැළැඹිලා දෙව් බඹුන් හඬන විට
රහත් මුනිවරු එදා බලාගෙන සිටින විට
අන් සියලු දෙන හඬා සමිඳු ළඟ වැටෙන විට
බුදු ගුණම කිය කියා වැටි වැටී හඬන විට

රාග ද්වේෂය නැසූ මෝහ මානය නැසූ
හැම කෙලෙස් මුල් නැසූ අපේ බුදු රජාණන්
සනාතන කරුණාව බුදු සිතේ දරාගෙන
සියලු දෙය අබියසම ශාන්තව හිනැහුණා

වෙසක් පුන් සඳ නැගී මලානික එළියදී
වළා අතරට වැදී අඳුරු වී ලා ගියා

මහණෙනී මෙයයි මට කියන්නට තියෙන්නේ
හටගත්ත සියලු දෙය වෙනස් වී නැසෙන්නේ
මා දෙසූ මේ දහම හොඳින් සිහි කරන්නේ
හැම දුකින් මිදෙන්නට දැන් පමා නොවන්නේ

බුදු මුවින් ගලා ගිය අමා ගඟ නැවතුණා
කරුණාව පැතිර ගිය නෙතු යුගල පියවුණා
සිහිල් වුණ හදමඬල සදහටම නැවතුණා
පහන් සිල නිවෙන ලෙස පිරිනිවන වෙත ගියා

දුරු කතර ගෙවා ගෙන සැදැහැයෙන් පැමිණි මම්
පිරිනිවන් වැඩිය බිම සදා සිහි කරන්නම්
ජීවිතය පුරා එය සදා සිහි කරන්නම්
සාදු! සාදූ! කියා සාදරෙන් වඳින්නම්

අහසේ හෝ පොළොවේ හෝ සිටිනා දෙවියෝ
මේ පින අනුමෝදන් වී සැපත ලබත්වා
යන එන මේ හැම තැනදිම අප රැක දෙත්වා
දෙව් පිරිස ද මේ සසුනෙම නිවන් දකිත්වා

අපගේ මව් පිය වැඩිහිටි නෑදෑ සැමදෙන
මිය ගිය කෙනෙකුන් වේ නම් ඒ හැම පින්ගෙන
සංසාරෙට සැනසුම හා සැපත ලබාගෙන
නිවන් දකිත්වා හැම දෙන අමා සැපත දෙන

අපගේ මව්පිය වැටිහිටි ගුරුවරු සැමදෙන
දූදරුවන් හා එකතුව පවුලේ හැමදෙන
නිදුක් නිරෝගව සැපසේ ලැබගෙන මේ පින
නිවන් දකිත්වා හැම දෙන අමා සැපත දෙන

මගෙ දිවිය තිබෙන තුරු සදා සිහි කරන්නම්
මේ පින්බිම සිහිකර කර මම නමදින්නම්
පිරිනිවනට වැඩි මේ බිම මම සිපගන්නම්
මගෙ බුදු සමිඳුගෙ සසුනෙම නිවන් දකින්නම්

සාදු! සාදු!! සාදු!!!

කුසිනාරාවේ පින්බිම ළඟ මේ...

01. කුසිනාරාවේ පින් බිම ළඟ මේ
සම්මා සම්බුදු සමිඳුන් සිහිවේ
අතීතයට මේ සිත යන මොහොතේ
කඳුලින් මාගේ නෙතු අග තෙත් වේ

02. වෙහෙසට පත් වී සමිඳු වඩින විට
අකලට සල් මල් පිපී දිලෙනවා
සල් රුක් සෙවනේ යහන සදන විට
සමිඳුන් සදහට එහි සැතපෙනවා

03. සල් මල් එකිනෙක නටුවෙන් ගැලවී
සම්බුදු සමිඳුන් ළඟ වැතිරෙනවා
දෙව් තුරු නද ආකාසෙහි පැතිරී
හෙමිහිට ඒ බුදු ගුණ මුමුණනවා

04. තුන් ලොව දුටු ඒ සදහම් ඇස දුන්
අයියෝ හෙමිහිට වියැකී යනවා
දස දහසක් ලෝ ධාතුව එක් වී
බුදු ගුණ අබියස කම්පා වෙනවා

05. අහස පුරා දෙව්වරු හඬනා විට
රහතුන් නිහඬව මෙය දකිනා විට
චංචල සිත් ඇති අය වැළපෙන විට
අමා ගඟුල ගැලුවා මෙහි මෙලෙසට

06. පින්වත් මහණෙනි ඇයි දුක් වන්නේ
ලොව අනියත බව දත යුතු වන්නේ

යළි යළි ඉපදෙන ලොවට නොඑන්නේ
සසරින් එතෙරට යා යුතු වන්නේ

07. හටගත් දේ හැම වැනසී යන්නේ
          ඒ බව අප හැම දත යුතු වන්නේ
     සිල් සමාධි ගුණ නුවණ වඩන්නේ
          නිවන් දකින්නට පමා නොවන්නේ

08. තුන් සරණය හැර නැත වෙන සරණක්
          ඒ බව ඔබ සැම දත යුතු වන්නේ
     ඒ සරණින් නිසි පිහිට ලබන්නේ
          අපා දුකින් හැම නිදහස් වන්නේ

09. දහම් අමා ගඟ නැවතී යනවා
          මහ කරුණා නෙත් පියවී යනවා
     ඒ බුදු සිත පිරිනිවන් පානවා
          පහන් සිලක් ලෙස නොපෙනී යනවා

10. පිරිනිවනට වැඩි බුදු සමිඳාණෙනි
          මගේ ලොව එළි කළ හිරු මඬලාණෙනි
     තුන් ලොව සැනසූ පින් සිරුරාණෙනි
          වඳිමි වඳිමි මම බුදු සමිඳාණෙනි

11. සසරෙන් එතෙරට වැඩි නිදුකාණෙනි
          සුගත තථාගත බුදු සමිඳාණෙනි
     අමා දහම් දෙසූ පුණ්‍යවතාණෙනි
          මගේ සරණ ඔබමයි සමිඳාණෙනි

සාදු! සාදු!! සාදු!!!

❀ ❀ ❀

සැවැත් නුවර සහ ගිජ්ඣකූට පර්වතය සිහි කොට වන්දනා කරමු

සැවැත් නුවර මේ...

01. සැවැත් නුවර මේ - දෙව්රම් වෙහෙරේ
ගෞතම මුනිඳුන් - වැඩ ඉන්නේ
ලොවට උතුම් වූ - මුනිඳු දකින්නයි
දූන් අපි සැමදෙන - මේ යන්නේ

02. අනාථපිණ්ඩික - නැණැති උපාසක
රන් කහවණු මෙහි - අතුරන්නේ
ජේත කුමරුගෙන් - ඉඩම ලබාගෙන
දෙව්රම් වෙහෙරයි - තනවන්නේ

03. සුවඳ සඳුන් හර - ඒ ගඳ කිලියෙහි
සම්මා සම්බුදු - හිමි වැඩ ඉන්නේ
සියලු සතුන් හට - නිවන් සැපත දෙන
සමිඳු දකින්නට - අපි යන්නේ

06. සූවිසි වසරක් - වස්සානය තුළ
සැවැත් නුවරමයි - වැඩ උන්නේ
දම් සක් පැතිරී - මොහ'ඳුර වැනසී
මග ඵල නිවනින් - සැනසෙන්නේ

07. මහනෙල් මල් ගෙන - සුවඳ සඳුන් ගෙන
සමිඳු දකින්නට - අපි එන්නේ
දෙව්රම් වෙහෙරේ - පාලුව පැතිරේ
කවදද සමිඳුන් - දැකගන්නේ

08. අපගේ මුනි රජු - සිහිකර ගන්නයි
අනඳ බෝධි හිමි - වැඩ ඉන්නේ
ඒ බෝ රජු වැඳ - බුදු සමිඳුන් දැක
පින් රැස් කරගෙන - සැනසෙන්නේ

09. අවන්ති දේසෙන් - සමිඳු සොයා ආ
සෝණ තෙරුන් ලෙස - අපි එන්නේ
සුප්පාරක නම් - පටුනෙන් පැමිණුන
බාහිය විලසින් - අපි එන්නේ

10. කිරි සොයමින් යන - වසු පැටියන් ලෙස
අපේ සම්බුදුන් - සොයමින්නේ
දෙව්රම් වෙහෙරට - අද අපි ආ විට
සමිඳු නැති නිසා - ළතැවෙන්නේ

11. සැරියුත් මුගලන් - රාහුල කස්සප
නන්ද තෙරුන් - ආනන්ද තෙරුන්
නේක ගුණෙන් යුතු - ඒ මහ රහතුන්
දැකගන්නට දැන් - නොලැබෙන්නේ

12. පිනැති විශාඛා - සුමන සුජාතා
චූල සුභද්‍රා - කොහි ඉන්නේ
හත්ථ ආලවක - පිනැති උපාසක
දැකගන්නට දැන් - නොලැබෙන්නේ

13. අනාථ පිණ්ඩික - පිනැති උපාසක
දෙව්ලොව ඉපදී - තුටු වන්නේ
දෙව්රම් වෙහෙරට - එන ඒ දෙවියන්
මෙලෙසින් මෙහි ගුණ - පවසන්නේ

14. සඟ ගුණ ඉතිරුණ - නැණවත් ඉසිවරු
දෙව්රම් වෙහෙරේ - වැඩ ඉන්නේ
ධර්මරාජ වූ - මගෙ බුදු සමිඳුන්
දකිනා විට සිත - සැනසෙන්නේ

15. පව් නොකිරීමෙන් - කුසල් වැඩීමෙන්
නුවණ උපදවා - ජය ගන්නේ
සිල් සුරැකීමෙන් - බවුන් වැඩීමෙන්
පිරිසිදු බව ලොව - ලැබගන්නේ

16. උපන් කුලෙන් හෝ - මිල මුදලෙන් හෝ
පිරිසිදු බව නැත - සැලසෙන්නේ
සම්බුදු සසුනේ - පිහිට ලබාගෙන
උත්තම සැනසුම - ලැබගන්නේ

17. අනාථ පිණ්ඩික - දෙවියන්ගේ බස
දෙව්රම් වෙහෙරෙදි - සිහි වන්නේ
අප බුදු සමිඳුන් - නුවණැති රහතුන්
කවදාදෝ අපි - දැකගන්නේ

18. සක්මන් මලුවට - සමිඳු වඩින්නේ
සක්මන් කරමින් - වැඩ ඉන්නේ
සත් හැවිරිදි වූ - සෝපාක හිමිත් එහි
සමිඳුන් පසුපස - වඩිමින්නේ

19. අනෝතත්ත විල - නා රජු රවටා
පැන් කොතලෙට පැන් - ගෙන එන්නේ
සත් හැවිරිදි වූ - සුමන රහත් හිමි
බුදු සමිඳුන් වෙත - පැමිණෙන්නේ

20. බණ පාඩම් නැහැ - වාසනාව නැහැ
චූල පන්ථකත් - හඬමින්නේ
දෙව්රම් වෙහෙරේ - දොරටුව අභියස
බුදු ගුණ සිතමින් - පසුවන්නේ

21. මහා කාරුණික - බුදු සමිඳාණන්
ඒ දොරටුව වෙත - වඩිමින්නේ
හිස අතගාමින් - ඒ පොඩි සමිඳුන්
අමා නිවන් වෙත - ගෙන යන්නේ

22. සිහිසන් නැති වී - ඇඳි වත නැති වී
පටාචාර මෙහි - පැමිණෙන්නේ
පින්වත් නැගණිය - සිහි අරගන්නැයි
බුදු සමිඳාණන් - පවසන්නේ

23. භික්ෂුණියක වී - ඇය සැනසෙන්නේ
සියලු ශෝක හුල් - නැතිවන්නේ
ලොව්තුරු සසුනක - පිහිට ලබන්නට
රැස් කර ගත් පින - ඇතිවන්නේ

24. අන්ධ වනයෙ වැඩි - තෙරණි සුභාවන්
ඇසක් අතට ගෙන - පැමිණෙන්නේ
මගෙ බුදු සමිඳුන් - දකින විට ම ඒ
ඇස සුවපත් වී - සැනසෙන්නේ

25. ඇඟිලි දහසකින් - මාල තනා ගෙන
ගුරු පූජාවට - සැරසෙන්නේ
සම්මා සම්බුදු - සමිඳු වඩින්නේ
අංගුලිමාල ද - සුරැකෙන්නේ

26. දරා කසා වත - අංගුලිමාල ද
අරහත් ඵලයට - පත්වන්නේ
ගැබිණි මවක් වෙත - වඩිනා ඒ හිමි
කරුණාවෙන් සෙත - සලසන්නේ

27. දෙව්රම් වෙහෙරෙහි - හිමි වැඩ හිඳිමින්
උතුම් දහම් සක - පතුරන්නේ
දර මිටියක් බැඳ - පැමිණෙන චිංචිය
බුදු හිමි නාමය - කෙලෙසන්නේ

28. මෙත් කරුණාවෙන් - පිරුණු සිතින් යුතු
සමිඳුන් නිහඬව - වැඩඉන්නේ
චිංචියගේ දර - මිටිය කැඩී ගොස්
දෙව්රම් වෙහෙරෙන් - පැනයන්නේ

29. අටලෝ දහමෙන් - කම්පා නොවෙනා
නිකෙලෙස් ගුණයෙන් - බබලන්නේ
අපගේ ගෞතම - සම්මා සම්බුදු
සමිඳු දකින්නට - අපි එන්නේ

30. මේ දන් වැඩියා - වාගෙ පෙනෙයි මට
කොහිද සමිඳුනේ - වැඩ ඉන්නේ
ඒ බුදු සිවුරේ - පාට පෙනෙයි මට
ඇයිදෝ බණ පද - නැසෙන්නේ

31. ඇසුණා සමිඳුනි - ඇසුණා අපටත්
ඒ සම්බුදු බණ - පද ඇසුණා
ලැබුණා සමිඳුනි - ලැබුණා අපටත්
ඒ ශ්‍රද්ධා ලාභය - ලැබුණා

32. දැනුණා සමිඳුනි - අපටත් දැනුණා
සසරෙහි ඇති - අනතුර දැනුණා
දුටුවා සමිඳුනි - දුටුවා ඒ අප
නිවන් දකින ඒ - මග දුටුවා

33. අපගේ ගෞතම - සම්මා සම්බුදු
සමිඳුන්ගේ ඒ - බුදු සසුනේ
සිල් ගුණ දම් රැක - නිවන් දකින්නට
අප හට පින් ඇති - බව දැනුණේ

34. කල්ප ගණනකින් - දකිනු නොහැකි ඒ
බුදු සසුනක සිරි - දැකගන්නේ
නටඹුන් පිරි මේ - දෙව්රම් වෙහෙරේ
ජීවමාන හිමි - දැකගන්නේ

35. කාත් කවුරුවත් - නොමැති නමුත් මෙහි
සම්බුදු බණ පද - රැව් දෙන්නේ
ඇති වී නැති වී - යන ලෝ දහමට
නොඇලෙන දහමකි - හමුවන්නේ

36. රැස් කරනා පින - එයි පසු පස්සේ
සැප සලසන්නට - හැම තිස්සේ
මේ රැස් කරනා - පින් එනවාමයි
යන යන ගමනේ - පසු පස්සේ

37. සීල සමාහිත - නුවණ වැඩීගෙන
නිවනට යන මග - වැටහේවා
දහම කියාදෙන - කළණ මිතුරු හැම
නිරතුරු ඇසුරට - පත්වේවා

38. ශෝක කෙලෙස් නැති - සීත නිවන් ඇති
සදහම් මග මට - සිහිවේවා
රාග විරාගිත - ඤාණ ප්‍රභාවිත
අමා නිවන් සුව - වැටහේවා

සාදු! සාදු!! සාදු!!!

බුද්ධං සරණේ සිරස දරාගෙන...

01. බුද්ධං සරණේ - සිරස දරාගෙන
ධම්මං සරණේ - සිත පහදාගෙන
සංඝං සරණේ - සිවුරු දරාගෙන
මේ තුන් සරණේ - යමු අපි සැම දෙන

02. ගිජුකුළු පව්වට - දැන් අපි එන්නේ
බුදු සමිඳුන් වැඩි - මගිනුයි යන්නේ
මහ රහතුන් සැම - පේළි සැදෙන්නේ
රහතුන් වැඩි මග - සිහියට එන්නේ

03. ගිජුකුළු පව්වයි - ඈත පෙනෙන්නේ
පේවී එන්නයි - අපි සැරසෙන්නේ
ඒ කඳු මුදුනේ - කුටිය තිබෙන්නේ
බුදු රැස් විහිදී - එළිය වැටෙන්නේ

04. දඹදිව් තලයේ - සියලු සතුන්නේ
පිනටයි බුදුවරු - මෙහි වැඩ ඉන්නේ
සම්මා සම්බුදු - ගුණ සිහිවන්නේ
ගිජුකුළු සිරසයි - අපි නමදින්නේ

05. සමිඳු දකින්නට - මිනිසුන් එන්නේ
බණ අසනා විට - සිත පහදින්නේ
සසරෙහි දොස් දැක - බිය ඇති වන්නේ
මේ බුදු සසුනේ - නිවන් දකින්නේ

06. සැරියුත් මුගලන් - රහතුන් වඩිනා
රාහුල කස්සප - රහතුන් වඩිනා
නිකෙලෙස් සිත් ඇති - රහතුන් වඩිනා
අපි යමු ඒ මග - රහතුන් වඩිනා

07. ලංකාදීපෙට - සමිඳු වඩින්නේ
සමනොළ සිරසෙහි - පාද තබන්නේ
ඒ ගැන දැන් අපි - සිහිකරමින්නේ
කරුණා කරමින් - කන්ද නගින්නේ

08. බිම්බිසාර රජු - මේ මග යන්නේ
ගල්පඩි සවිකොට - පාර තනන්නේ
සමිඳු දකින්නට - කවුරුත් යන්නේ
අමා නිවන් දෙන - දහම් අසන්නේ

09. දවසක් සමිඳුන් - සක්මන් කළ විට
දෙව්දත් එය දැක - නැග්ගා කන්දට
පළි අරගන්නට - සිතමින් හැමවිට
හෙළුවා ගල් කුල - සමිඳුන් සිරසට

10. පුදුමයි පුදුමයි - බුදු ගුණ පුදුමයි
වළකන්නට එය - ගලක් මතුව එයි
ඒ ගල මත ගල - වැටී බැහැර යයි
සමිඳු නසන්නට - ඔහුට නොහැකි වෙයි

11. රජගහ නුවරේ - සමිඳු වඩින්නේ
නාලාගිරි ඇතු - මත් වී එන්නේ
සමිඳු නසන්නට - මාන බලන්නේ
බුදුගුණ අබියස - දමනය වන්නේ

12. ගිජ්ජකූළ පව්වේ - හිමි වැඩ ඉන්නේ
සතර වරම් මහා - දෙවිවරු එන්නේ
ආටානාටිය - පිරිත කියන්නේ
බිය සැක දුරු වී - සැපත සදන්නේ

13. වක්කලි හිමියන් - සමිඳු දකින්නට
ගිජ්ජකූළ පව්වට - පැමිණිය විලසට
සැදැහැ සිතින් අපි - සිහිකොට බුදු ගුණ
නැගගමු හනිකට - ගිජ්ජකූළ පව්වට

14. සුදු පිරුවට හැඳ - පේවී ගන්නේ
බුදු ගුණයට සිත - නතු කර ගන්නේ
කඳු මුදුනට දැන් - අපි සැම එන්නේ
ගිජ්ජකූළ සිරසයි - අපි නමදින්නේ

15. වඳිමු වඳිමු මේ - ගිජ්ජකූළ පව්ව ද
වඳිමු වඳිමු මේ - ඉසිගිලි පව්ව ද
වඳිමු වඳිමු මේ - පාණ්ඩව පව්ව ද
වඳිමු වඳිමු මේ - හැම කඳු මුදුන ද

16. දෝත තබා හිස - සාදු කියන්ටයි
සීත නිවන් සුව - මට ලැබ ගන්ටයි
නේක දහම් ගුණ - සිහි කරගන්ටයි
සාදු! සාදු! මම - නිවන් දකින්ටයි

සාදු! සාදු!! සාදු!!!

පිරිත් දේශනා...

නමෝ තස්ස භගවතෝ අරහතෝ සම්මාසම්බුද්ධස්ස
ඒ භාග්‍යවත් අරහත් සම්මා සම්බුදුරජාණන් වහන්සේට නමස්කාර වේවා!

මහාමංගල සූත්‍රය
(මංගල කරුණු ගැන වදාළ දෙසුම)

ඒවං මේ සුතං. ඒකං සමයං භගවා සාවත්ථියං විහරති ජේතවනේ අනාථපිණ්ඩිකස්ස ආරාමේ. අථ ඛෝ අඤ්ඤතරා දේවතා අභික්කන්තාය රත්තියා අභික්කන්තවණ්ණා කේවලකප්පං ජේතවනං ඕභාසෙත්වා යේන භගවා තේනුපසංකමි. උපසංකමිත්වා භගවන්තං අභිවාදෙත්වා ඒකමන්තං අට්ඨාසි. ඒකමන්තං ඨිතා ඛෝ සා දේවතා භගවන්තං ගාථාය අජ්ඣභාසි.

මා විසින් මෙසේ අසන ලදී. එක් සමයෙක භාග්‍යවත් බුදුරජාණන් වහන්සේ සැවැත් නුවර ජේතවන නම් වූ අනේපිඬු සිටුතුමාගේ ආරාමයෙහි වැඩවසන සේක. එකල්හී එක්තරා දෙවියෙක් මධ්‍යම රාත්‍රියෙහි මනස්කාන්ත පැහැයකින් යුතුව මුළු දෙව්රම බබුළුවා ගෙන භාග්‍යවතුන් වහන්සේ ළඟට පැමිණියේය. එසේ පැමිණ භාග්‍යවතුන් වහන්සේට ආදරයෙන් වන්දනා කොට එකත්පස්ව සිට ගත්තේය. එකත්පස්ව සිටි ඒ දෙවියා භාග්‍යවතුන් වහන්සේට ගාථාවකින් මෙසේ පැවසුවේය.

1. **බහූදේවා මනුස්සා ච - මංගලානි අචින්තයුං**
ආකංඛමානා සොත්ථානං - බ්‍රෑහි මංගලමුත්තමං

බොහෝ දෙවි මිනිස්සුද
- සිතුවෝය මංගල කරුණු ගැන
යහපත කැමති ඔවුනට
- උතුම් මංගල කරුණු ගැන
පහදා දෙන්න මුනිඳුනි

2. **අසේවනා ච බාලානං - පණ්ඩිතානඤ්ච සේවනා**
පූජා ච පූජනීයානං - ඒතං මංගලමුත්තමං

නරක අය නොම ඇසුරද
- කළණමිතුරන් සමග නිති ඇසුරද
පිදිය යුත්තන් පිදුමද
- මේවා උතුම් මගුල් කරුණුය

3. **පතිරූපදේසවාසෝ ච - පුබ්බේ ච කතපුඤ්ඤතා**
අත්තසම්මාපණිධි ච - ඒතං මංගලමුත්තමං

යහපත් තැනක විසුමද - පෙර කළ පින් තිබීමද
තමා යහමඟ යාමද - මේවා උතුම් මගුල් කරුණුය

4. **බාහුසච්චඤ්ච සිප්පඤ්ච - විනයෝ ච සුසික්ඛිතෝ**
සුභාසිතා ච යා වාචා - ඒතං මංගලමුත්තමං

බොහෝ දැන උගත් බව
- නොයෙකුත් ශිල්ප දත් බව
විනයකින් යුතු බව - මනා කොට හික්මුන බව
සුභාසිත වූ යම් බසක් වෙද
- මේවා උතුම් මගුල් කරුණුය

5. **මාතාපිතු උපට්ඨානං - පුත්තදාරස්ස සංගහෝ**
අනාකුලා ච කම්මන්තා - ඒතං මංගලමුත්තමං

මව්පිය උපස්ථානය - අඹුදරුවන්ට සැළකුම
මැනැවින් වැඩ කෙරුම
- මේවා උතුම් මගුල් කරුණුය

6. **දානඤ්ච ධම්මචරියා ච - ඤාතකානඤ්ච සංගහෝ**
අනවජ්ජානි කම්මානි - ඒතං මංගලමුත්තමං

දන් පැන් පිදීමද - දහම තුළ හැසිරීමද
නෑයන්ට සැළකීමද - නිවැරදි දේ කිරීමද
මේවා උතුම් මගුල් කරුණුය

7. **ආරති විරති පාපා - මජ්ජපානා ච සඤ්ඤමෝ**
අප්පමාදෝ ච ධම්මේසු - ඒතං මංගලමුත්තමං

පවෙහි නොඇලීමද - හැම පවින් වැළකීමද
මත් පැනින් දුරුවීමද - දහම තුළ නොපමාවද
මේවා උතුම් මගුල් කරුණුය

8. **ගාරවෝ ච නිවාතෝ ච - සන්තුට්ඨී ච කතඤ්ඤුතා**
කාලේන ධම්මසවණං - ඒතං මංගලමුත්තමං

උතුමන්ට ගරු කිරීමද - නිහතමානී වීමද
ලද දෙයින් තුටු වීමද - කෙළෙහි ගුණ සැලකීමද
නිසි කලට බණ ඇසීමද
- මේවා උතුම් මගුල් කරුණුය

9. **ඛන්තී ච සෝවචස්සතා - සමණානඤ්ච දස්සනං**
කාලේන ධම්මසාකච්ඡා - ඒතං මංගලමුත්තමං

ඉවසන ගුණෙන් යුතු බව - යහපතට අවනත බව

ශ්‍රමණවරු බැහැ දැකුමද - නිසි කල දම් සභාවද
මේවා උතුම් මගුල් කරුණුය

10.   තපෝ ච බ්‍රහ්මචරියඤ්ච - අරියසච්චානදස්සනං
      නිබ්බාණසච්ඡිකිරියා ච - ඒතං මංගලමුත්තමං

තපසෙහි විසීමද - බඹසරෙහි හැසිරීමද
ආර්ය සත්‍යයන් දැකීමද - නිවන අවබෝධ වීමද
මේවා උතුම් මගුල් කරුණුය

11.   ඵුට්ඨස්ස ලෝකධම්මේහි - චිත්තං යස්ස න කම්පති
      අසෝකං විරජං ඛේමං - ඒතං මංගල මුත්තමං

අටලෝ දහම එන විට
                - නොසැළේ‌ද යමෙකුගෙ සිත
සෝක නැති කෙලෙසුන් නැති
                - බියක් නැති තැන සිටි විට
මේවා උතුම් මගුල් කරුණුය

12.   ඒතාදිසානි කත්වාන - සබ්බත්‍ථමපරාජිතා
      සබ්බත්‍ථ සොත්‍ථිං ගච්ඡන්ති තං
                - තේසං මංගලමුත්තමන්ති

මේ අයුරින් කටයුතු කොට
                - අපරාජිත වී හැම තැන
යහපතටම යති හැම තැන - එය ඔවුන් හට
      උත්තම මගුල් කරුණුය

ඒතේන සච්චේන සුවත්‍ථි හෝතු
මේ සත්‍යානුභාවයෙන් සැමට සෙත් වේවා!

රතන සූත්‍රය
(මැණික් ගැන වදාළ දෙසුම)

01. යානීධ භූතානි සමාගතානි
භුම්මානි වා යානිව අන්තලික්ඛෙ
සබ්බේව භූතා සුමනා භවන්තු
අථෝපි සක්කච්ච සුණන්තු භාසිතං

භූත පිරිස් කිසිවෙකු මෙහි සිටිත්ද රැස් වුන
අහසේ හෝ පොළොවේ හෝ ඒ හැම එක් වුන
සියලු භූතයෝ සැප ඇති සිත් ඇති වෙත්වා !
එමෙන්ම මා පවසන දෙය හොඳින් අසත්වා !

02. තස්මා හි භූතා නිසාමේථ සබ්බේ
මෙත්තං කරෝථ මානුසියා පජාය
දිවා ච රත්තෝ ච හරන්ති යේ බලිං
තස්මා හි නේ රක්ඛථ අප්පමත්තා

සියලු භූතයිනි එනිසා - අසව් යොමා සිත
මෙත් සිත පතුරව් නිතරම - හැම මිනිසුන් වෙත
ඒ කිසිවෙක් තොප හට පින් - දිව රෑ පුද දෙත
පමා නොවී තෙපි ඒ හැම - නිති සුරැකිය යුත

03. යං කිඤ්චි විත්තං ඉධ වා හුරං වා
සග්ගේසු වා යං රතනං පණීතං
න නෝ සමං අත්ථි තථාගතේන
ඉදම්පි බුද්ධේ රතනං පණීතං
ඒතේන සච්චේන සුවත්ථි හෝතු

මෙහි හෝ පරලොව හෝ ඇති
- යම් වස්තුවකට
දෙව්ලොව හෝ තිබෙනා යම්
- උතුම්ම මැණිකට
නොහැකිය ගන්නට කිසි විට
- බුදු රජ සම කොට
මෙය බුදු සමිඳුගෙ පවතින - උතුම්ම මැණිකකි
සැබෑ බසින් මෙම - සෙත සැලසේවා!

04. **ඛයං විරාගං අමතං පණීතං**
යදජ්ඣගා සක්‍යමුනී සමාහිතෝ
න තේන ධම්මේන සමත්ථි කිඤ්චි
ඉදම්පි ධම්මේ රතනං පණීතං
ඒතේන සච්චේන සුවත්ථි හෝතු

කෙලෙස් නසන වීතරාගී - අමා නිවන යුතු
යම් දහමක් ලැබුයේ නම් - මුනිඳු සමාහිත
ඒ දහමට සම කළ හැකි - කිසිවක් ලොව නැත
මෙය සදහම් තුළ පවතින - උතුම්ම මැණිකකි
සැබෑ බසින් මෙම - සෙත සැලසේවා!

05. **යං බුද්ධසෙට්ඨෝ පරිවණ්ණයී සුචිං**
සමාධිමානන්තරිකඤ්ඤමාහු
සමාධිනා තේන සමෝ න විජ්ජති
ඉදම්පි ධම්මේ රතනං පණීතං
ඒතේන සච්චේන සුවත්ථි හෝතු

බුදු සමිඳුන් අගය කළේ - "හොඳ" යයි යමකට
සමාධියයි එය, අතරක - නොරැඳෙන කිසිවිට
ගත නොහැකිය කිසිවක් ඒ - සමවත සම කොට
මෙය සදහම් තුළ පවතින - උතුම්ම මැණිකකි

සැබෑ බසින් මෙම - සෙත සැලසේවා!

06. **යේ පුග්ගලා අට්ඨ සතං පසත්ථා**
චත්තාරි ඒතානි යුගානි හොන්ති
තේ දක්ඛිණෙය්‍යා සුගතස්ස සාවකා
ඒතේසු දින්නානි මහප්ඵලානි
ඉදම්පි සංඝේ රතනං පණීතං
ඒතේන සච්චේන සුවත්ථි හෝතු

පුද්ගලයෝ අට දෙනෙක්ය - හොඳ අය පසසන
හතර දෙනෙකි මේ උතුමන් - යුගළ විලස ගෙන
මේ අය බුදු සව්වෝ වෙති - දනට සුදුසු වන
මහත් ඵලය ලැබදෙයි - මෙතුමන්ට පුදන දන
මෙය බුදු පිරිසෙහි පවතින - උතුම්ම මැණිකකි
සැබෑ බසින් මෙම - සෙත සැලසේවා!

07. **යේ සුප්පයුත්තා මනසා දළ්හේන**
නික්කාමිනෝ ගෝතමසාසනම්හි
තේ පත්තිපත්තා අමතං විගය්හ
ලද්ධා මුධා නිබ්බුතිං භුඤ්ජමානා
ඉදම්පි සංඝේ රතනං පණීතං
ඒතේන සච්චේන සුවත්ථි හෝතු

යමෙක් පිළිවෙතින් යුතු වෙද - මනසින් දැඩි කොට
නික්මෙන හැම කෙලෙසුන් ගෙන්
- බුදු සසුනෙහි සිට
ඒ උතුමන් පැමිණිය පසු - සුන්දර නිවනට
වළඳති සුවසේ නිවනම - සිතු සිතු විලසට
මෙය බුදු පිරිසෙහි පවතින - උතුම්ම මැණිකකි
සැබෑ බසින් මෙම - සෙත සැලසේවා!

08. යථින්දඛීලෝ පඨවිංසිතෝසියා
චතුබ්භි වාතේභි අසම්පකම්පියෝ
තථූපමං සප්පුරිසං වදාමි
යෝ අරියසච්චානි අවෙච්ච පස්සති
ඉදම්පි සංඝේ රතනං පණීතං
ඒතේන සච්චේන සුවත්ථි හෝතු

සිට වූ ගල්ටැඹක් විලස - පොළොවේ ඇඩි ලෙස
සතර දිගින් එන සුළඟින් - නොසැලේ කිසි ලෙස
යමෙක් "ආර්ය සත්‍ය " දකිත් නම්
- මෙහි ඇති ලෙස
ඒ සත්පුරුෂයට කියමි මෙය - උපමා ලෙස
මෙය බුදු පිරිසෙහි පවතින - උතුම්ම මැණිකකි
සැබෑ බසින් මෙම - සෙත සැලසේවා!

09 යේ අරිය සච්චානි විභාවයන්ති
ගම්භීරපඤ්ඤේන සුදේසිතානි
කිඤ්චා'පි තේ හොන්ති භුසප්පමත්තා
න තේ භවං අට්ඨමං ආදියන්ති
ඉදම්පි සංඝේ රතනං පණීතං
ඒතේන සච්චේන සුවත්ථි හෝතු

ගැඹුරු නුවණ ඇති බුදු සමිඳුන් - පවසන ලද
"ආර්ය සත්‍යයන්" මැනැවින් දුටු - යමෙකුන් වෙද
භවයේ රැඳෙමින් කොතරම් - පමාව සිටියද
ඔවුන් නොඑත්මය අටවැනි - භවයට කිසි ලෙද
මෙය බුදු පිරිසෙහි පවතින - උතුම්ම මැණිකකි
සැබෑ බසින් මෙම - සෙත සැලසේවා!

10. සභාවස්ස දස්සනසම්පදාය
තයස්සු ධම්මා ජහිතා භවන්ති

සක්කායදිට්ඨි විචිකිච්ඡිතඤ්ච
සීලබ්බතංවා'පි යදත්ථි කිඤ්චි
චතූහපායේහි ච විප්පමුත්තෝ
ඡචාභි ඨානානි අභබ්බෝකාතුං
ඉදම්පි සංඝේ රතනං පණීතං
ඒතේන සච්චේන සුවත්ථි හෝතු

ඔහු තුළ ඇති වන විටදිම - මඟ පල නුවණත්
සංයෝජන තුනක්ම දුරු වෙයි - තම සිතිනුත්
සක්කාය දිට්ඨියත් සමඟ - දහමේ සැකයෙනුත්
සීල ව්‍රතයට බැඳී තිබෙන - මේ කරුණේනුත්
සතර අපායෙන් හෙතෙමේ - මිදෙයි මනා කොට
නොකරයි සය තැනක කර්ම - වැටෙන අපායට
මෙය බුදු පිරිසෙහි පවතින - උතුම්ම මැණිකකි
සැබෑ බසින් මෙම - සෙත සැලසේවා!

11. **කිඤ්චා'පි සෝ කම්මං කරෝති පාපකං**
කායේන වාචා උද චේතසා වා
අභබ්බෝ සෝ තස්ස පටිච්ඡාදාය
අභබ්බතා දිට්ඨපදස්ස වුත්තා
ඉදම්පි සංඝේ රතනං පණීතං
ඒතේන සච්චේන සුවත්ථි හෝතු

කිසියම් පව් කමක් ඔහුගෙ අතින් කෙරුන විට
කයින් වචනයෙන් හෝ චේතනාව මුල් කොට
එය සඟවා ගෙන සිටින්ට නොහැකිය ඔහු හට
දහමකි මෙය සදහම් දැකගත්තු කෙනා හට
මෙය බුදු පිරිසෙහි පවතින - උතුම්ම මැණිකකි
සැබෑ බසින් මෙම - සෙත සැලසේවා!

12. වනප්පගුම්බේ යථාඵුස්සිතග්ගේ
ගිම්හානමාසේ පඨමස්මිංගිම්හේ
තථූපමං ධම්මවරං අදේසයී
නිබ්බාණගාමිං පරමං හිතාය
ඉදම්පි බුද්ධේ රතනං පණීතං
ඒතේන සච්චේන සුවත්ථි හෝතු

ගිම්හානේ පළමුව එන - වසන්ත කාලෙට
මල් පල බර වෙයි වනගොමුවල - සිරියාවට
දෙසූ සේක උත්තම සිරි සදහම් - එලෙසට
පරම සුවය සදමින් එය - ගෙන යයි නිවනට
මෙය බුදු සමිඳුගේ පවතින - උතුම්ම මැණිකකි
සැබෑ බසින් මෙම - සෙත සැලසේවා!

13. වරෝ වරඤ්ඤූ වරදෝ වරාහරෝ
අනුත්තරෝ ධම්මවරං අදේසයී
ඉදම්පි බුද්ධේ රතනං පණීතං
ඒතේන සච්චේන සුවත්ථි හෝතු

උතුම් මුනිඳු උතුම් දහම් දැන - එය බෙදමින
දෙසූ සේක උතුම් අනුත්තර - සදහම් බණ
මෙය බුදු සමිඳුගෙ පවතින - උතුම්ම මැණිකකි
සැබෑ බසින් මෙම - සෙත සැලසේවා!

14. ඛීණං පුරාණං නවං නත්ථි සම්භවං
විරත්තචිත්තා ආයතිකේ භවස්මිං
තේ ඛීණබීජා අවිරූළ්හිච්ඡන්දා
නිබ්බන්ති ධීරා යථායංපදීපෝ
ඉදම්පි සංඝේ රතනං පණීතං
ඒතේන සච්චේන සුවත්ථි හෝතු

වැනසුනි හැම පැරණී කර්ම
- යළි නොම රැස් වෙන
නො ඇලෙයි සිත අනාගතේ - කිසි භවයක් ගැන
වැනසී ගිය බිජුවට කිසිදා - නොම පැළ වෙන
නිවෙති රහත් සඟ නිවෙනා - මෙ පහන විලසින
මෙය බුදු පිරිසෙහි පවතින - උතුම්ම මැණිකකි
සැබෑ බසින් මෙම - සෙත සැලසේවා!

15. **යානීධ භූතානි සමාගතානි**
භුම්මානි වා යානිව අන්තලික්ඛෙ
තථාගතං දේවමනුස්ස පූජිතං
බුද්ධං නමස්සාම සුවත්ථි හෝතු

භූත පිරිස් කිසිවෙකු මෙහි සිටිත්ද රැස් වුන
අහසේ හෝ පොළොවේ හෝ ඒ හැම එක් වුන
දෙව් මිනිසුන් හැම පුද දෙන "බුදු සමිඳුන්" වන
නමදිමු අපි ඒ බුදු රජ - සෙත සැලසේවා!

16. **යානීධ භූතානි සමාගතානි**
භුම්මානි වා යානිව අන්තලික්ඛෙ
තථාගතං දේවමනුස්ස පූජිතං
ධම්මං නමස්සාම සුවත්ථි හෝතු

භූත පිරිස් කිසිවෙකු මෙහි සිටිත්ද රැස් වුන
අහසේ හෝ පොළොවේ හෝ ඒ හැම රැස් වුන
දෙව් මිනිසුන් හැම පුද දෙන "බුදු සමිඳුන්" වන
නමදිමු අපි සිරි සදහම් - සෙත සැළසේවා!

17. **යානීධ භූතානි සමාගතානි**
භුම්මානි වා යානිව අන්තලික්ඛෙ
තථාගතං දේවමනුස්ස පූජිතං
සංඝං නමස්සාම සුවත්ථි හෝතු

භූත පිරිස් කිසිවෙකු මෙහි සිටිත්ද රැස් වුන
අහසේ හෝ පොළොවේ හෝ ඒ හැම රැස් වුන
දෙව් මිනිසුන් හැම පුද දෙන "බුදු සමිඳුන්" වන
නමදිමු අපි බුදු පිරිසද - සෙත සැළසේවා!

ඒතේන සච්චේන සුවත්ථි හෝතු
මේ සත්‍යානුභාවයෙන් සැමට සෙත් වේවා!

කරණීයමෙත්ත සූත්‍රය
(මෙත් පැතිරවීම ගැන වදාළ දෙසුම)

01. **කරණීයමත්ථකුසලේන**
යං තං සන්තං පදං අභිසමෙච්ච
සක්කෝ උජූ ච සූජූ ච
සුවචෝ චස්ස මුදු අනතිමානී

නිවනට යන මඟ සිටින පතා ගෙන
ඇද නැති බව සිත තුළ රඳවා ගෙන
සුවච සුමුදු ගුණ ඇති කරවා ගෙන
කළ යුතුමය අතිමාන නසා ගෙන

02. **සන්තුස්සකෝ ච සුභරෝ ච**
අප්පකිච්චෝ ච සල්ලහුකවුත්තී
සන්තින්ද්‍රියෝ ච නිපකෝ ච
අප්පගබ්භෝ කුලේසු අනනුගිද්ධෝ

සතුටුව ලද දෙයකින් සුව සේ හිඳ
අඩු කොට වැඩ නිති සැහැල්ලුවෙන් ඉඳ
දමනය කළ ඉඳුරන්ද නුවණ මැද
හිත මිතුරුව කුලයේ නොඇලෙන සඳ

03. **න ච ඛුද්දං සමාචරේ කිඤ්චි**
යේන විඤ්ඤූ පරේ උපවදෙය්‍යුං
සුඛිනෝ වා ඛේමිනෝ හොන්තු
සබ්බේ සත්තා භවන්තු සුඛිතත්තා

නුවණැතියන් ගෙන් දොස් නොලබන්නේ
සුළු වරදක් හෝ නොම කරමින්නේ
බිය නැති සැප ඇති දිවි පතමින්නේ
සියලු සතුන් හට මෙත් පතුරන්නේ

04. **යේ කේචි පාණභූතත්ථි**
තසා වා ථාවරා වා අනවසේසා
දීඝා වා යේ මහන්තා වා
මජ්ඣිමා රස්සකාණුකථූලා

බියපත් තැති ගත් සතුන්ද වේවා
බිය සැක දුරු කළ රහතුන් වේවා
ලොකු පොඩි දිග මහ සතුන්ද වේවා
සැමට සැපත ඇති සිත් ඇති වේවා

05. **දිට්ඨා වා යේව අද්දිට්ඨා**
යේ ච දූරේ වසන්ති අවිදූරේ
භූතා වා සම්භවේසීවා
සබ්බේ සත්තා භවන්තු සුඛිතත්තා

පෙනෙන නොපෙනෙනා සතුන්ද වේවා
දුර ළඟ වසනා සතුන්ද වේවා
ඉපදුන-ඉපදෙන සතුන්ද වේවා
සැමට සැපත ඇති සිත් ඇති වේවා

06. **න පරෝ පරං නිකුබ්බේථ**
නාතිමඤ්ඤේථ කත්ථචි නං කඤ්චි

බ්‍යාරෝසනා පටිඝසඤ්ඤා
නාඤ්ඤමඤ්ඤස්ස දුක්ඛමිච්ඡෙය්‍ය

කිසිවෙක් කිසිවෙකු නොම රවටාවා
කිසි තැනකදි ඉහළින් නොසිතාවා
නපුරු දරුණු බස් නොම පවසාවා
අනෙකෙකුගේ දුක කැමති නොවේවා

07. මාතා යථා නියං පුත්තං
ආයුසා ඒකපුත්තමනුරක්ඛේ
ඒවම්පි සබ්බභූතේසු
මානසං භාවයේ අපරිමාණං

තම දිවි සම කොට පුතු සුරකින්නේ
එකම පුතෙකු ඇති මව් විලසින්නේ
මෙලෙසට ලොව සැම සතුන් දකින්නේ
අපමණ මෙත් සිතමය පතුරන්නේ

08. මෙත්තං ච සබ්බ ලෝකස්මිං
මානසං භාවයේ අපරිමාණං
උද්ධං අධෝ ච තිරියඤ්ච
අසම්බාධං අවේරං අසපත්තං

සියළු ලොවට එක ලෙස සලකන්නේ
උඩ-යට-සරසට හැම විලසින්නේ
වෛර සතුරු බාධා නැති වන්නේ
අපමණ මෙත් සිතමය පතුරන්නේ

09. තිට්ඨං චරං නිසින්නෝ වා
සයානෝ වා යාවතස්ස විගතමිද්ධෝ
ඒතං සතිං අධිට්ඨෙය්‍ය
බ්‍රහ්මමේතං විහාරං ඉධමාහු

සිටගෙන ඇවිදින හෝ හිඳිනා විට
නිදන වෙලාවට හෝ නොනිදන විට
සිහි කළ යුතු මෙත් සිතමය හැම විට
බඹවිහරණ ලෙස පවසයි එම විට

10.   දිට්ඨිං ච අනුපගම්ම සීලවා
දස්සනේන සම්පන්නෝ
කාමේසු විනෙය්‍ය ගේධං
නහි ජාතු ගබ්භසෙය්‍යං පුනරේතී ති

මිසදිටුවක සිත නොම පැටලෙමිනේ
සිල් ගුණ දම් රැක යන මඟ නිවනේ
කම් සැපයට කිසි විට නොඇලෙමිනේ
මව් කුස නිදනට යළි නොම පැමිණේ

ඒතේන සච්චේන සුවත්ථි හෝතු
මේ සත්‍යානුභාවයෙන් සැමට සෙත් වේවා!

සාදු! සාදු!! සාදු!!!

❀ ❀ ❀

මහාමේඝ ප්‍රකාශන

www.ingramcontent.com/pod-product-compliance
Lightning Source LLC
Chambersburg PA
CBHW072002060426
42446CB00042B/1356
* 9 7 8 9 5 5 0 6 1 4 1 4 1 *